# PARENTS :
# VOS DROITS, VOS OBLIGATIONS

DES MÊMES AUTEURS

*Le Secret professionnel en travail social et médicosocial*, avec Christophe Daadouch, Dunod, 6e éd., 2016.
*L'Enfant en danger et la justice, l'assistance éducative en 100 questions-réponses*, ASH, 2015.
*La Parole de l'enfant, aspects juridiques, éthiques et politiques*, Dunod – Jeunesse et Droit, 1999.
*Les Responsabilités en travail social*, Dunod – Jeunesse et Droit, 1998.

**Jean-Pierre Rosenczveig**

*La CIDE en 100 questions*, L'Harmattan, 2018.
*Rendre justice aux enfants*, Seuil, 2018.
*Le Livre de la loi*, boîtes de jeu « Place de la loi », Gallimard Jeunesse, 4e éd., 2016.
*L'Enfant victime d'infractions pénales face à la justice*, ASH, 2015.
*L'Enfant en conflit avec la loi face à la justice*, ASH, 2015.
*La Justice et les Enfants*, Dalloz, 2013.
*Les Droits de l'enfant*, Bayard, 2011.
*Pourquoi je suis devenu juge pour enfants*, Bayard, 2009.
*Le Dispositif français de protection de l'enfance*, Jeunesse et Droit, 4e éd., 2005.
*Justice pour les enfants*, Dalloz, 1999.
*L'Enfant et la séparation de ses parents*, Jeunesse et Droit, 1997.
*Enfants victimes, enfants délinquants*, Balland, 1989.

Et quelque 700 billets sur « Le blog d'un juge des enfants » (jprosen.blog.lemonde.fr)

**En collaboration**

*Citoyenneté, engagement et pratiques de la laïcité* : réponses à des lycéens, coordination avec Jean-Louis Auduc, L'Harmattan, 2017.
*Quelle justice pour les enfants délinquants ?*, avec Claude Goasguen, Autrement, 2010.
*Baffer n'est pas juger*, avec Olivier Mazerolles, Plon, 2007.

*(suite en fin d'ouvrage)*

JEAN-PIERRE ROSENCZVEIG
PIERRE VERDIER

# PARENTS : VOS DROITS, VOS OBLIGATIONS

l'Archipel

Un livre présenté par Liliane Delwasse

Notre catalogue est consultable à l'adresse suivante :
www.editionsarchipel.com

Éditions de l'Archipel
34, rue des Bourdonnais
75001 Paris

ISBN 978-2-8098-2617-3

# SOMMAIRE

*Avant-propos* ........................................................ 11

I
La filiation

***Au commencement est la filiation*** ......................... 15
Reconnaître un enfant ............................................ 18
La PMA et la GPA ................................................. 32
La possession d'état de parent ................................ 34
Le mariage ........................................................... 37
L'adoption ............................................................ 44
L'accouchement sous X ........................................... 53

2
L'identité de l'enfant

***Le droit premier de toute personne : être identifiée et dès lors singularisée*** ................................................ 57
Le nom de famille .................................................. 58
Le prénom ............................................................ 61
Les documents faisant preuve de l'identité ............... 63
La nationalité ........................................................ 67
L'autorisation et l'interdiction de sortie du territoire ................................................... 71

## 3
## Exercer l'autorité parentale

*Une mission, une responsabilité*............................ 75
Qui est titulaire de l'autorité parentale ? ............... 78
Les responsabilités des parents et des tuteurs......... 87
L'intérêt de l'enfant................................................ 92
Quels sont les droits des parents à l'égard
de leurs enfants ?.................................................... 105
Les devoirs des parents à l'égard de leurs enfants.. 116
La religion et la liberté de conscience................... 121

## 4
## L'autorité parentale, une liberté étayée et surveillée

*La famille en interaction*...................................... 133
L'accueil de l'enfant ............................................... 135
Les prestations familiales et allocations ................ 136
Les services sociaux de proximité.......................... 139
Les vaccinations ...................................................... 145
La responsabilité civile............................................ 147

## 5
## Être parents par-delà la séparation

*La séparation des parents, une éventualité
plus fréquente que jamais*...................................... 155
Questions fréquentes............................................... 156
La pension alimentaire ........................................... 166
L'insolvabilité du conjoint ...................................... 172

Les modes de résidence ........................................ 173
Le droit de visite ................................................ 175

## 6
## La scolarité de l'enfant

*La scolarité, un droit majeur pour tous les enfants* ... 179
Questions générales ............................................ 181
La déscolarisation................................................ 191
Les enfants nécessitant des conditions d'accueil spécifiques, voire spécialisées.............................. 193
La pratique religieuse............................................ 208
L'éducation sexuelle ............................................ 210
Le harcèlement et le racket ................................... 212

## 7
## Faire face aux enfants en butte à l'autorité

*Une autorité protectrice qui peut être mal vécue...* 215
Questions d'éducation ........................................... 218
Les enfants et le numérique .................................. 227
La sexualité ........................................................ 232
Parents en difficulté avec leurs enfants.................. 236
Quand les enfants veulent quitter le foyer............ 237

## 8

## Entendre que l'enfant a des droits

*L'enfant est une personne* ........ 243
Protection de l'enfance ........ 245
Le droit de l'enfant à son histoire ........ 255
Apprentissage ........ 256
Le travail ........ 257
Les convictions religieuses et l'engagement ........ 264
La vie amoureuse ........ 271
L'accès aux soins ........ 274
Dans la vie quotidienne ........ 278
En cas de délit commis par l'enfant ........ 282
En cas de décès des parents ........ 283
Héritage ........ 288

## 9
## Veiller aux relations des enfants avec des tiers

*Tout enfant vit en réseau* ........ 295
Les relations avec les beaux-parents ........ 296
Avec les frères et sœurs, demi-frères et demi-sœurs 301
Avec les grands-parents ........ 303
Et qu'en est-il des tiers à part entière ? ........ 305

## 10
## Être parent un jour, le demeurer toujours...

*Parent et enfant à vie* ........ 309

# Avant-propos

Au quotidien, les parents ou futurs parents s'interrogent sur ce qu'ils sont autorisés à faire, et sur ce qu'ils doivent faire pour leurs enfants mineurs à charge. Dans le même temps, avec une pression sociale tout aussi forte, ils sont renvoyés à leurs responsabilités sans que jamais on définisse explicitement dans le débat public quels sont leurs droits et leurs devoirs. Ils sont sommés d'être de bons parents et objets de menaces. On leur laisse penser en permanence qu'ils vont engager leur responsabilité civile, voire pénale, pour leur comportement, sinon pour celui de leur enfant s'il cause un dommage. Tout aussi déroutant, on leur demande de faire preuve d'autorité en leur disant cependant que tous les moyens ne sont pas bons à cet effet !

Bref, trop de parents sont perdus ou, à tout le moins, insécurisés. Dans le même temps, la société se dédouane souvent sur les parents de responsabilités qui lui appartiennent en propre. C'est le cas dans le champ de la prévention de la délinquance, aussi bien de la récidive que de la primo-délinquance.

« Nul n'est censé ignorer la loi ! », dit-on communément, mais qui la connaît vraiment, dès lors qu'elle n'est pas enseignée en tant que telle ? Elle est transmise, en particulier dans le champ familial, par les comportements et les habitudes, en imitation ou en opposition à ce que l'on a soi-même vécu enfant. En vérité, on fonctionne davantage en suivant la norme plutôt que la loi. L'habitude fait loi.

Et d'ailleurs, que dit précisément la loi, sachant que tout ne se trouve pas dans les textes mais souvent dans des décisions de justice qui les interprètent ? Qu'est-ce que cette autorité parentale dont on nous rebat sans cesse les oreilles ? Qu'impose-t-elle ? Que permet-elle ? Qui en est titulaire ? Qui est autorisé à l'exercer ? Quels sont son contenu et ses limites ? N'est-elle pas, tout compte fait, une liberté étroitement surveillée ? Ne s'analyserait-elle pas plutôt comme une mission sociale exercée sous contrôle de la société ? Comment cesse-t-elle ? Les parents peuvent-ils la partager ou la déléguer ? Comment y met-on fin ?

Bien évidemment, toutes ces questions font référence à de nombreuses autres aux contours parfois diffus. Par exemple, le statut de l'enfant. Appartient-il à ses parents ou à sa famille au même titre que l'armoire anglaise ou le micro-ondes, ou bien est-il une personne qui, comme telle, n'appartient à personne ? Jusqu'où peut-il s'émanciper de l'autorité parentale ? C'est encore la question de la famille qui est soulevée, sachant qu'elle n'est plus fondée seulement sur le mariage. C'est, bien sûr, la question fondamentale de la filiation et aujourd'hui des affiliations de l'enfant du fait du développement des pratiques matrimoniales – séparations parentales, recompositions familiales, etc. – et du recours aux procréations médicalement assistées avec donneurs. Bref le père et la mère ne sont plus seulement les géniteurs.

En d'autres termes, il est essentiel de remettre une planche ferme sous les pieds des parents ou futurs parents, mais également de professionnels de l'enfance, des politiques et des médias sur les termes modernes de l'autorité parentale et, plus largement, sur ce que sont les responsabilités parentales.

Ce jeu de questions-réponses se veut pratique et pédagogique. Il se propose de donner les principes fondamentaux des raisonnements à tenir, afin que le lecteur soit capable par lui-même de trouver la réponse à la question qu'il se pose ou se posera, mais que nous n'avons pas traitée.

# 1

# LA FILIATION

## *Au commencement est la filiation*

*La famille moderne constitue d'abord un réseau de solidarités entre individus de différentes générations fondé sur des liens, généralement de sang, mais en tout cas juridiques, qui unissent les uns aux autres.*

*Trois axes constituent la filiation : un axe biologique, c'est le lien de corps à corps, un axe social qui renvoie à la famille, et un axe juridique qui constitue la filiation. Ces trois axes impliquent souvent les mêmes acteurs, mais pas nécessairement. Ainsi l'adoption est une vraie filiation qui ne comporte que l'axe social et l'axe juridique.*

*Être parent, c'est* a priori *être le géniteur – homme ou femme – d'un enfant, mais c'est aussi voir ce lien du sang consacré par le droit. La modernité veut que l'on puisse devenir parent d'un enfant sans être son géniteur ou le devenir avec l'aide d'un donneur d'éléments de vie – spermatozoïde ou ovule – qui ne sera rien juridiquement pour cet enfant. On voit des femmes porter des enfants pour autrui dire qu'elles ne sont rien pour l'enfant. On peut aussi s'attacher à un enfant que l'on élève sans pour autant qu'il soit biologiquement le sien.*

*Bref, la filiation est désormais plurielle.* Quid *de l'enfant au cœur de ces pratiques ?*

*Il serait plus exact aujourd'hui de parler des affiliations de l'enfant même si le cas, le plus fréquent, demeure que deux personnes qui en font le choix ou en acceptent la perspective s'unissent pour donner la vie à un enfant qu'ils reconnaîtront et élèveront comme leur.*

*À l'inverse, pour la société, celui qui n'a pas un lien juridique avec l'enfant, même s'il est son parent biologique, n'est rien pour lui. Tout au plus est-il autorisé à intenter une démarche pour créer ce lien juridique, dans certaines conditions et certains délais.*

*L'enjeu moderne est de prendre en compte les différents liens – génétique, juridique, affectif notamment – qui relient l'enfant à des adultes en considérant ces différents attachements tout en lui garantissant l'essentiel : stabilité, affection et protection.*

*Ce lien juridique se construit. Parfois en justice. Il n'est plus automatique, comme c'est le cas pour l'enfant né d'un couple marié, où le mari est réputé être le père, sauf action en justice. Plus que jamais, il faut une démarche volontaire de celui ou celle qui se revendique comme parent.*

*Du lien de filiation juridiquement établi découlent les responsabilités parentales et l'autorité du même nom sur l'enfant, des droits et des devoirs. Quels liens entre un adulte et un enfant ? Qu'entraîne ce lien juridique ? Qu'est-ce que cette autorité parentale ?*

*Aux termes de la loi, un enfant est une personne de moins de 18 ans. Comme toute personne, l'enfant a des droits – il a aussi des devoirs – dont celui de voir établie sa filiation et clarifiées les responsabilités qui s'exercent sur lui.*

*Au commencement est donc la filiation… qui rattache un enfant à un ou à des adultes. De cette situation découlent des responsabilités réciproques.*

*La filiation juridique qui va entraîner des droits et des devoirs peut être établie de quatre manières (art. 310-1 du code civil) :*

– par l'effet de la loi. *Ainsi la femme qui accouche et donne son nom est-elle automatiquement la mère juridique de l'enfant, sans avoir besoin de le reconnaître. Si elle est mariée, son mari est automatiquement le père juridique. Sous certaines conditions, le mari peut combattre cette présomption qui le tient pour père ;*

– par une démarche volontaire, la reconnaissance devant l'officier d'état civil ou un notaire. *Cette démarche consiste pour une femme ou un homme à « revendiquer » comme sien un enfant dont il dit être sa génitrice ou son géniteur. Ce lien sera consacré, sauf à ce que quelqu'un qui y ait intérêt combatte avec succès cette reconnaissance devant les juges. Contrairement à une idée répandue, la mère ne peut pas empêcher celui qui se prétend être le père de reconnaître l'enfant. En revanche, la loi peut tenir pour impossible cette reconnaissance ou la justice peut estimer qu'elle n'est pas conforme à la vérité suite à une action en contestation de paternité ;*

– par la possession d'état, *à savoir le fait de se comporter au vu de tous comme parent et de le faire connaître par la justice ;*

– enfin par un jugement *visant à faire établir cette filiation. Ce sera le cas quand une mère exerce au nom de l'enfant une action en établissement de la filiation contre le père ou quand il s'agira, via l'adoption, de créer un lien entre un enfant et une personne adulte.*

*De la filiation découle l'autorité parentale. Dès lors que le lien de filiation est établi et n'a pas été détruit par une décision de justice ou une renonciation parentale, celui qui est en lien de filiation possède l'autorité parentale. S'il est seul, il a l'autorité parentale et l'exerce ; s'ils sont deux, ils ont l'autorité parentale l'un et l'autre et l'exercent, sauf décision de justice, conjointement.*

*On peut posséder l'autorité parentale sans pour autant pouvoir l'exercer ou ne pouvoir l'exercer que partiellement. Ainsi, quand dans une procédure de divorce l'enfant est confié à titre principal à l'un des deux parents.*

*Pendant longtemps, l'enfant ne pouvait être légitime que s'il était né dans le mariage de ses géniteurs. Éventuellement, il était légitimé après sa naissance par leur union. Les enfants nés hors mariage étaient tenus pour illégitimes. Ne parlons pas de la difficulté pour établir la filiation (adultérine) d'un enfant né d'une personne mariée avec une personne autre que le géniteur. Désormais tous les enfants sont légitimes – le mot a même disparu du code – qu'ils soient nés dans ou hors le mariage de leurs parents. Il est possible désormais qu'ils aient deux parents du même sexe s'ils sont mariés ensemble.*

## Reconnaître un enfant

### 1. *Peut-on reconnaître l'enfant avant la naissance ?*

Oui : on parle alors de reconnaissance au ventre ou anticipée. Bien sûr, elle ne prendra effet que si l'enfant naît vivant et viable.

Cette démarche n'est nullement obligatoire, mais elle peut présenter de l'intérêt notamment pour le couple non marié. Depuis quelques décennies, on voit ainsi des hommes, inquiets que la mère disparaisse au moment de la naissance, prendre cette précaution de reconnaître préventivement leur enfant. Cette pratique répond au discours : « Je veux un enfant quand je veux et de qui je veux et éventuellement sans homme ! »

On la conseille donc aux futurs pères qui ne sont pas mariés avec la mère.

• Si le couple n'est pas uni par le mariage :

La filiation maternelle est automatiquement établie lors de la déclaration de naissance, si la mère donne son nom – nous verrons que ce n'est pas obligatoire ; en revanche la filiation paternelle suppose une démarche du père.

Dans le cas d'une déclaration prénatale, l'enfant est reconnu par le père (acte de filiation) et ne pourra donc pas naître de père inconnu, même si celui-ci venait à décéder avant la naissance.

De même, elle permet au père d'avoir des droits sur son enfant si la mère venait à décéder après l'accouchement ou si elle décidait d'accoucher sous X sans donner son identité (voir question 35). Le père pourrait alors faire obstacle à ce que l'enfant soit adopté en le réclamant.

• Si les parents sont mariés :

La reconnaissance prénatale est moins utile, puisque la paternité du mari est automatiquement supposée dès lors que la mère donne son nom de femme mariée lors de l'accouchement.

Si une reconnaissance prénatale a déjà été faite par un autre homme, la contestation est possible. Le tribunal de grande instance est seul compétent pour les actions relatives à la filiation. L'assistance d'un avocat est alors nécessaire.

### 2. *Que se passe-t-il si un enfant n'est pas déclaré dans les cinq jours légaux ?*

Rien de dramatique, mais c'est le début de sérieuses difficultés administratives en perspective pour vous, sinon pour lui.

Il faudra obtenir un jugement consacrant l'identité de votre enfant. Ce jugement conditionne l'inscription à l'état civil. Le tribunal compétent est celui du lieu de la naissance.

La démarche peut être longue et aléatoire. Bref, c'est une situation à éviter.

Précisons que ce délai désormais fixé à cinq jours quand il était jusqu'ici de trois peut être porté à huit si les circonstances géographiques l'imposent avec un éloignement du lieu de naissance d'un lieu de déclaration. Le législateur a notamment été préoccupé par les enfants qui naissent en Guyane (département français) loin de toute mairie, parfois même à quelques jours de pirogue.

### 3. *La mère de mon fils m'interdit de le reconnaître ? Puis-je passer outre ?*

La mère de l'enfant ne peut en aucune manière vous interdire de reconnaître l'enfant dont vous estimez être le père biologique.

On rencontre régulièrement la situation où la mère estime que, tout compte fait, il n'est pas question pour elle de « faire sa vie » avec le père de son enfant. C'est son droit le plus strict. Elle peut même souhaiter que l'enfant n'entretienne aucune relation avec lui. Mais elle ne peut pas priver l'enfant de son père légal. Là est le problème.

Comme prétendu père, vous êtes donc en droit, à tout moment, de vous présenter à la mairie pour reconnaître votre enfant. Mais attention à ce qu'un autre homme n'ait pas fait cette démarche avant vous : « *Tant qu'elle n'a pas été contestée en justice, la filiation légalement établie fait obstacle à l'établissement d'une autre filiation qui la contredirait* » (art. 320 CC).

Vous devrez engager une action en justice pour contester cette reconnaissance qui ne correspondrait pas à la vérité biologique, puis reconnaître votre enfant. Pour éviter ces problèmes, vous pouvez reconnaître votre enfant avant sa naissance (voir question 1).

Ce type de difficulté à la naissance de l'enfant est révélateur de sérieuses difficultés entre les parents et il faudra sans doute saisir la justice pour cadrer l'exercice des responsabilités sur l'enfant. En pratique, ce sera au juge aux affaires familiales (JAF) d'intervenir.

### 4. *Suis-je obligé de reconnaître mon enfant ?*

Non. La loi n'oblige pas le géniteur ou la femme qui accouche à reconnaître l'enfant. Vu du côté de l'enfant, il faut constater, pour le regretter, que la loi ne reconnaît pas à l'enfant le droit de voir établies ses filiations maternelle et paternelle. Les adultes, en s'abstenant de toute démarche, peuvent légalement l'en priver ! Le droit des parents l'emporte – ici de n'être pas parent et de se défausser de leurs responsabilités – sur le droit de l'enfant. Il risque déjà d'être privé de ses origines.

En d'autres termes, si une mère ne reconnaît pas son enfant – elle peut même demander que le secret de son admission en maternité, et donc de son identité, soit préservé (art. 326 CC) – et si le père ne fait rien ou n'est pas poursuivi en justice, l'enfant sera privé de filiation.

Surprenant dans un pays qui place désormais l'intérêt de l'enfant au pinacle de ses raisonnements. Il laisse les adultes maîtres du lien de leur enfant avec eux... dans leur intérêt d'adultes.

L'enfant devenu majeur pourra engager une action pour rechercher juridiquement ses parents. D'ici là, le parent titulaire de l'autorité parentale pourra exercer une action en justice aux fins d'établir l'autre filiation, ce qui s'appelle une « recherche de paternité » ou de maternité, mais rien ne l'y oblige.

**5. *Le père de mon enfant ne l'a pas reconnu. Puis-je l'empêcher de le faire ? de le voir ? d'exercer son autorité parentale ?***

Non, l'homme qui s'estime être le père biologique de l'enfant est en droit et, selon nous, en devoir, de le reconnaître. Vous ne pouvez pas l'empêcher de reconnaître son enfant.

Une limite cependant : si l'enfant a déjà une filiation paternelle établie, le père prétendu devra commencer par contester cette reconnaissance avant de pouvoir lui-même reconnaître son enfant (art. 320 CC).

Dès qu'il a pu accomplir cette formalité, il devient le père légal de l'enfant et dispose d'autant de droits (et de devoirs) que vous à l'égard de l'enfant, à une condition cependant qu'il ne faut pas négliger : sa reconnaissance doit être intervenue avant le premier anniversaire de l'enfant. On a voulu protéger la mère délaissée le temps de sa grossesse ou peu de temps après la naissance contre le retour deux ou trois ans plus tard, sinon plus, du père qui revendiquerait de prendre l'enfant (art. 372 al. 2 CC).

Si cette deuxième reconnaissance intervient avant le premier anniversaire, vous exercerez tous les deux à égalité l'autorité parentale comme si vous étiez mariés.

Si cette perspective vous préoccupe, et à défaut d'accord entre vous, il vous faut donc saisir le JAF afin de vous faire attribuer l'exercice unilatéral de l'autorité parentale ou, si vous désirez rester dans un exercice conjoint, faire fixer la résidence de l'enfant chez vous.

Le père peut également demander à ce que la résidence de l'enfant lui soit accordée.

### 6. *Je veux quitter mon compagnon. Pour m'empêcher de le quitter, il me dit que je ne peux pas partir avec l'enfant sans son accord.*

De fait, s'il a reconnu l'enfant, il a autant de droits que vous. Il peut donc souhaiter que l'enfant reste avec lui et légitimement s'opposer à ce que vous partiez avec lui.

La vie commune ou la séparation n'interfèrent pas avec l'exercice des responsabilités pour les parents non mariés ensemble vis-à-vis de leurs enfants.

Tout dépend donc de l'établissement de la filiation. S'ils ont l'un et l'autre reconnu l'enfant, ils exercent toujours ensemble les responsabilités parentales même en cas de séparation, sauf si l'un d'eux souhaite saisir le JAF pour limiter ou clarifier les droits de l'autre.

Il vous revient donc de saisir le JAF comme si vous étiez mariés, non pas pour être autorisée à quitter le domicile – vous n'êtes pas mariés –, mais sur les conditions d'exercice de l'autorité parentale, spécialement sur la résidence de l'enfant qui est essentielle.

**7.** ***Que se passera-t-il si le tribunal établit que cet homme est le père biologique ? Ne pourra-t-il pas alors me prendre l'enfant ?***

On conçoit votre inquiétude, mais soyez rassurée. Une fois la filiation établie à l'égard du parent, le tribunal sera amené à se prononcer sur l'exercice de l'autorité parentale et la résidence de l'enfant. Il inclinera souvent à donner l'exercice unilatéral de l'autorité parentale au parent qui élève d'ores et déjà l'enfant et a agi en justice contre l'autre. Il tiendra compte de l'histoire.

Des circonstances de fait peuvent conduire à un exercice conjoint de l'autorité parentale. On peut se retrouver dans la situation classique d'un couple séparé qui voit le JAF se prononcer sur les modalités d'exercice des responsabilités parentales (art. 331 CC).

**8.** ***Ma femme m'a trompé. Je ne suis pas le père biologique de son enfant mais je ne contesterai pas cette filiation. J'élèverai l'enfant comme le mien. Peut-elle un jour remettre en cause cette filiation ?***

Oui, la paternité peut être contestée en rapportant la preuve que le mari ou l'auteur de la reconnaissance n'est pas le père (art. 333 CC), mais la démarche n'est pas aisée. La loi pose des conditions strictes et les tribunaux sont très réticents à détruire des filiations s'il ressort des faits que l'enfant a établi une relation avec le demandeur. L'intérêt de l'enfant étant toujours tenu pour supérieur à toute autre considération.

Deux hypothèses :

– Si vous vous comportez comme le père, l'action en contestation de la filiation, pendant et hors mariage, est ouverte à votre épouse, à l'enfant directement à sa majorité et, via un parent le temps de sa minorité, à celui qui se prétend le parent véritable et, bien sûr, à vous-même. Elle se prescrit alors par cinq ans à compter du jour où la possession d'état a cessé ou du décès du parent dont le lien de filiation est contesté. L'action est impossible lorsque la possession d'état – c'est-à-dire le fait de se comporter comme parent – a duré au moins cinq ans depuis la naissance ou la reconnaissance. Concrètement, si l'auteur de la reconnaissance a élevé l'enfant pendant cinq ans, sa paternité ne peut plus être remise en cause même s'il n'est pas le parent biologique de l'enfant.

– En l'absence de possession d'état conforme à l'acte de naissance ou à l'acte de reconnaissance, l'action est ouverte à tout intéressé justifiant d'un intérêt légitime. Le délai de prescription est plus long (dix ans). Ce délai est suspendu au profit de l'enfant durant sa minorité (art. 321 CC). Il peut donc agir jusqu'à l'âge de 28 ans.

Le ministère public peut également contester la filiation légalement établie si des indices tirés des actes eux-mêmes la rendent invraisemblable – par exemple, une différence d'âge trop faible entre enfant et parent – ou en cas de fraude à la loi (art. 336 CC).

En cas de succès, le lien de filiation est annulé de manière rétroactive : il est purement et simplement effacé ; les droits et les obligations qui pesaient sur le parent n'existent plus. Cette annulation entraîne de plein droit le changement de nom de l'enfant mineur.

### 9. *Mon fils a 15 ans. Peut-il m'obliger à le reconnaître ?*

Non. La reconnaissance est un acte volontaire et un enfant ne peut certainement pas traîner l'un ou l'autre de ses parents à la mairie ou devant un notaire.

En revanche, il peut agir en justice contre vous.

Là encore, il faut tenir compte de la minorité. Seul le parent titulaire de l'exercice de l'autorité parentale a compétence le temps de sa minorité pour agir en justice au nom de l'enfant le temps de sa minorité.

Lorsque l'enfant atteint l'âge de la majorité, il dispose de la pleine capacité d'exercer ses droits. Il lui faut alors saisir par l'intermédiaire d'un avocat le Tribunal de grande instance (TGI) seul compétent pour connaître des actions relatives à la filiation (art. 318-1 CC).

Il dispose de dix ans à compter de sa majorité pour agir.

### 10. *Notre enfant n'est pas né viable. Puis-je le reconnaître ?*

Malheureusement, des enfants naissent morts nés ou juste après leur naissance.

S'il est viable, l'enfant a droit à une identité et déjà une filiation (art. 318 CC). En revanche, aucune filiation ne peut être établie à l'égard d'un enfant né sans vie et il n'acquiert pas la personnalité juridique.

• Dans le cas de l'enfant non viable après moins de vingt-deux semaines d'aménorrhée :

Depuis quelques années, la loi permet aux parents d'inscrire sur le livret de famille un enfant né vivant ou décédé, non viable. La loi concerne tous les enfants nés après le 11 janvier 1993. La maternité où a eu lieu l'accouchement délivrera un certificat médical d'accouchement.

Les parents peuvent contacter des pompes funèbres et organiser des funérailles. Cependant, il faut au préalable voir si cela est possible auprès des services de la mairie, car l'inhumation ne peut pas avoir lieu dans n'importe quel cimetière.

Cet enfant n'est pas pris en compte pour les services de la Caisse d'assurance-maladie ou Caisse d'allocations familiales.

À noter qu'après la sortie de la maternité, la maman bénéficie, non pas d'un congé de maternité, mais d'un arrêt maladie.

• Dans le cas de l'enfant né sans vie à partir de vingt-deux semaines d'aménorrhée :

L'acte d'enfant sans vie peut être obtenu, à la demande des familles concernées, par l'officier de l'état civil, sur production d'un certificat médical d'accouchement.

Le certificat médical doit mentionner l'heure, le jour et le lieu de l'accouchement.

L'acte d'enfant né sans vie permet aux parents d'inscrire cet enfant sur les registres d'état civil et sur le livret de famille. Les parents non mariés, dont l'enfant sans vie est le premier enfant, peuvent demander un livret de famille. Il est établi par l'officier d'état civil qui a rédigé l'acte d'enfant sans vie et comporte :

– un extrait d'acte de naissance du ou des parents ;
– l'indication d'enfant sans vie ;
– la date et le lieu de l'accouchement.

La famille peut faire procéder, à sa charge, à l'inhumation ou à la crémation du corps.

La Caisse d'assurance-maladie et la Caisse d'allocations familiales doivent être informées du décès de cet enfant.

Les parents peuvent choisir les pompes funèbres de leur choix pour une inhumation ou une crémation. De même, cet enfant peut être enterré dans le cimetière du choix parental. Les parents qui ne souhaiteraient pas s'occuper des obsèques doivent en parler avec les professionnels de la maternité.

Le père bénéficie d'un congé de paternité (quatorze jours) et la mère des congés pré et postnatal.

### 11. *Peut-on être légalement le père d'un enfant sans être son géniteur ?*

Oui. Déjà, tout homme peut reconnaître l'enfant né d'une femme non mariée ou ayant reconnu son enfant sous son nom de jeune fille. Cela arrive couramment qu'un homme fréquente une femme ayant eu un enfant sans être mariée. Il va le reconnaître pour former famille, et encore plus si cette filiation peut apparaître comme vraisemblable. Si personne ne conteste sa démarche, il sera le père légal d'un enfant qu'il n'a pas conçu.

Plus encore, en cas d'adoption : il n'y a aucun rapport biologique entre adoptant et adopté. L'adoption crée un lien de droit entre l'adopté et le ou les adoptants.

On peut aussi devenir père juridique en se comportant comme père et en étant tenu comme tel par l'environnement. C'est la possession d'état. Il faudra qu'un jugement entérine ce lien.

### 12. *Peut-on avoir plusieurs pères au regard de la loi ?*

En l'état de notre droit, *a priori*, on n'a qu'un père et une mère sur le plan juridique. Mais des exceptions ont été introduites. Ainsi, avec l'adoption simple, un enfant peut avoir une nouvelle filiation paternelle sans pour autant perdre la précédente si celle-ci avait été établie. Simplement la nouvelle filiation entraîne exercice de l'autorité parentale par l'adoptant.

Plus surprenant, l'action « à fins de subsides » « *permet à la mère d'un enfant dont seule la filiation maternelle est établie ou à cet enfant lui-même de réclamer des subsides à celui ou à ceux avec lesquels elle a eu des relations intimes pendant la période légale de conception de l'enfant, c'est-à-dire entre le 180e et le 300e jour avant sa naissance»* (art. 342 CC).

Les subsides prennent la forme d'un secours financier.

L'action est ouverte à la mère de ce dernier au cours de sa minorité ou à l'enfant lui-même pendant une période de dix ans après sa majorité.

Cette action peut être intentée lorsqu'il existe un empêchement absolu au mariage entre la mère et celui avec qui elle a eu des relations intimes à l'époque de la conception.

Elle est également recevable lorsque le père prétendu ou la mère étaient engagés avec une autre personne dans les liens du mariage. *A priori*, quand il est difficile d'établir la preuve positive d'une filiation biologique, l'action peut être engagée avec succès contre plusieurs hommes. Désormais, il y a peu de chances pour qu'on se retrouve dans une telle situation.

Durant la minorité de l'enfant, le TGI du domicile de l'enfant est compétent; lorsque l'enfant est majeur, c'est celui du lieu du domicile du défendeur.

La preuve des relations intimes peut être apportée par tous moyens (courriers, photos, témoignages...) par le demandeur, et il en va de même pour le défendeur qui peut apporter la preuve contraire par tous moyens, notamment par une expertise biologique (test ADN).

Si le demandeur peut lui aussi solliciter une expertise biologique afin de prouver que le défendeur est bien le père biologique de l'enfant, ce dernier peut refuser de s'y soumettre.

Il convient de noter que le refus du défendeur de se soumettre à une expertise biologique posera de façon certaine un soupçon quant à sa paternité, de sorte que le juge pourra y voir une façon de se soustraire à ses responsabilités.

À la différence de l'action en recherche de paternité, l'action à fins de subsides ne vise pas à établir un lien de filiation, mais simplement à obtenir le versement d'une aide financière. Elle cesse dès lors que la filiation paternelle est établie avec une autre personne que le débiteur.

Lorsque la paternité est confirmée ou qu'elle est vraisemblable, le défendeur sera condamné à verser une pension alimentaire dont le montant sera calculé en fonction des besoins de l'enfant et des capacités du débiteur (ressources et situation familiale).

Le demandeur à une action à fins de subsides ne pourra prétendre réclamer que les aliments pour la période postérieure à son action en justice[1]. En effet, les aliments sont destinés à subvenir aux besoins présents et futurs de l'enfant, et non aux besoins passés. Ils pourront être versés après la majorité de l'enfant s'il n'est toujours pas en mesure de subvenir lui-même à ses besoins.

En cas de décès du débiteur, ses héritiers devront assurer le versement de la pension alimentaire.

Par ailleurs, l'action à fins de subsides ne fait pas obstacle à l'exercice ultérieur d'une action en recherche de paternité.

La dernière hypothèse est depuis 2013 celle de l'adoption d'un enfant par un couple de personnes de même sexe. L'enfant aura légalement deux pères, voire trois s'il s'agit d'une adoption simple pour un enfant dont la

1. Cour de cassation, 19 mars 1985.

filiation est établie : le père biologique juridique et les deux adoptants.

### 13. *Comment s'établit la filiation juridique ?*

La filiation juridique à l'égard de la mère découle de la déclaration de naissance avec mention du nom de la mère (art. 310-1 CC).

La filiation juridique à l'égard du père dépend du mariage ou non entre les géniteurs :

– si les parents sont mariés ensemble, la filiation de la mère et vis-à-vis du père est établie dès lors que l'enfant est déclaré sous le nom de conjoint(e)/partenaire de la mère ;

– si les parents ne sont pas mariés ensemble ou ne sont pas mariés, la filiation paternelle s'établit de trois façons : par la reconnaissance de l'enfant en mairie ou devant notaire, par jugement – le TGI peut créer ce lien sur demande d'un des parents agissant au nom de l'enfant ou en son nom propre – ou encore par le fait de s'être comporté comme parent au vu et au su de tous, ce qu'on appelle la possession d'état.

Force est de constater que de plus en plus d'enfants – notamment de premiers enfants – naissant hors le mariage ensemble de leurs géniteurs, il faudra plus souvent que par le passé un acte volontaire du père pour établir la filiation.

C'est la possession d'état qui finalement doit être reconnue par le tribunal qui délivre un acte de notoriété permettant l'inscription à l'état civil (voir question 19).

## La PMA et la GPA

### 14. Quid *de l'autorité parentale si l'on procède à une PMA avec donneur ?*

En l'état, la PMA (procréation médicalement assistée) n'est autorisée que pour les couples hétérosexuels mariés. On retombe donc dans l'hypothèse du couple uni ou ayant été uni par le mariage. On se situe dans le registre du traitement médical de la stérilité d'un couple.

Le donneur est ignoré. La filiation n'est pas établie à son égard.

Il est projeté de faciliter le recours à une procréation médicalement assistée avec donneur à toutes les femmes souhaitant avoir un enfant. Dans cette hypothèse le Comité national d'éthique recommande de permettre à l'enfant d'accéder à la connaissance des coordonnées du donneur.

### 15. *Et comment cela se passe-t-il en cas de GPA ?*

La GPA (gestation pour autrui) ou recours à une « mère porteuse » n'est pas autorisée en France ni reconnue par les autorités françaises quand elle a été pratiquée à l'étranger dans des pays comme les États-Unis, qui l'acceptent.

Si elle est pratiquée à l'étranger, selon la loi du pays, l'enfant peut avoir une double filiation paternelle établie dans le pays de naissance et généralement pas de filiation maternelle établie. Il a donc une identité.

En revanche, en France, même si les deux hommes sont mariés, l'enfant n'aura qu'une seule mention paternelle à son état civil. Il faudrait qu'une adoption par l'autre parent soit recherchée et acceptée par les juges pour qu'il en soit autrement.

Néanmoins (*cf.* la circulaire Justice de 2013), la France reconnaît à l'enfant la nationalité française et lui accorde un passeport, dans la mesure où l'un de ses parents est français.

Avec l'ouverture des frontières, les situations de recours à des GPA par des ressortissants français se multiplient. On a vu dans certains cas les pères ménager une place pour la femme – la mère à tout le moins gestatrice – qui a donné naissance à l'enfant.

## 16. *Ou lorsque les parents ne sont pas mariés ensemble ?*

Dès lors que les parents de l'enfant ne sont pas unis entre eux au moment de la naissance, il faut que chacun établisse sa filiation avec l'enfant.

Si l'un seulement le fait – généralement la mère pour qui l'indication du nom dans l'acte de naissance établit la filiation (art 311-25 CC) –, il aura l'autorité parentale et son exercice exclusif.

S'ils le font tous les deux, ils auront l'un comme l'autre l'autorité parentale et l'exerceront conjointement, à la condition que les deux reconnaissances soient intervenues avant le premier anniversaire.

Si l'une des reconnaissances – généralement celle du père – intervient après le premier anniversaire, c'est le premier qui a reconnu qui exerce l'autorité parentale et aura donné son nom à l'enfant. Si les deux parents s'accordent, ils pourront remplir une déclaration d'exercice conjoint au greffe du JAF.

Dans l'hypothèse où cette deuxième filiation a été établie en justice, ce dernier parent aura l'autorité parentale, mais pas son exercice, sauf s'il obtient plus tard une décision de justice en ce sens.

## La possession d'état de parent

**17.** ***Comment vais-je prouver que Louis est mon fils ?***

Différents documents font preuve : l'acte de naissance de l'enfant, l'acte de reconnaissance, l'acte de notoriété constante ou encore un jugement.

La manière la plus simple et la plus fréquente est la présentation du livret de famille remis par l'officier d'état civil lors de la célébration du mariage ou à la déclaration de naissance du premier enfant.

Les personnes qui ne sont pas mariées peuvent aussi obtenir un livret de famille. La mère célibataire reçoit son livret de famille lors de la déclaration de naissance de son premier enfant (mais ce peut être aussi un père célibataire).

Les parents qui vivent maritalement peuvent recevoir un livret de famille commun lors de la reconnaissance de leur enfant ou postérieurement. Dans ce cas, il faut s'adresser à la mairie du lieu de naissance ou à celle du domicile.

**18.** ***Je n'ai pas reconnu mon enfant. Quelles sont mes obligations envers lui ? Quels sont mes droits en tant que mère ?***

Dans cette hypothèse, il n'existe aucun lien de droit entre vous et votre enfant, sauf si vous avez indiqué votre nom dans la déclaration de naissance, ou si vous êtes mariée, auquel cas la filiation est établie automatiquement sans qu'il soit besoin de reconnaissance.

Votre enfant et vous êtes juridiquement des étrangers même si vous vous connaissez et avez un lien affectif fort.

Vous n'avez aucun droit sur lui, ni aucune obligation. Il ne porte pas votre nom, il ne peut pas hériter de vous ;

vous n'avez l'un à l'égard de l'autre aucune obligation alimentaire.

Mais les choses peuvent évoluer.

D'abord, à tout moment, sauf si quelqu'un a déjà reconnu l'enfant, vous pouvez le reconnaître. S'il a déjà été reconnu, il faudra commencer par contester cette filiation.

L'enfant lui-même devenu majeur ou son parent en son nom dans les premières années de sa vie peuvent engager une action en justice pour établir la filiation, ce que l'on appelle une recherche en paternité ou une recherche en maternité.

Il pourra encore essayer de se faire délivrer un acte de notoriété attestant que vous êtes son père car vous vous êtes comporté comme tel.

### 19. *Qu'est-ce que la possession d'état?*

Fréquemment, des gens se comportent au quotidien comme les parents d'un enfant et sont tenus pour tels par son entourage. Généralement, ils sont juridiquement ses parents par le jeu de la reconnaissance volontaire en mairie, d'un jugement ou des présomptions légales, mais il se peut qu'il n'en soit rien faute de démarche ou de jugement. Leur comportement constaté en justice va créer ce lien de droit.

La possession d'état de parent permet donc d'établir l'existence d'un lien de filiation et de parenté entre un parent et son enfant qui se comportent comme tels dans la réalité, même s'ils n'ont aucun lien biologique.

«*La possession d'état peut être constatée, à la demande de toute personne qui y a intérêt, dans le délai de dix ans à compter de sa cessation ou du décès du parent prétendu.*

*Pour être inscrite à l'état civil, la possession d'état doit être constatée dans un acte de notoriété délivré par le juge*» (art. 330 CC).

Un juge doit la consacrer. Le juge d'instance est compétent en cette matière.

## 20. *Comment se prouve la possession d'état ?*

La possession d'état s'établit par une réunion suffisante de faits qui révèlent le lien de filiation et de parenté entre une personne et la famille à laquelle elle est dite appartenir (article 311-1 CC).

Ce sera notamment le cas :

1. si cette personne a été traitée par celui ou ceux dont on la dit issue comme leur enfant et qu'elle-même les a traités comme son ou ses parents ;
2. si ceux-ci ont, en cette qualité, pourvu à son éducation, à son entretien ou à son installation ;
3. si cette personne est reconnue comme leur enfant, dans la société et par la famille ;
4. si elle est considérée comme telle par l'autorité publique ;
5. si elle porte le nom de celui ou ceux dont on la dit issue.

Ajoutons que «*la possession d'état doit être continue, paisible, publique et non équivoque*» (art. 311-2 CC).

## 21. *Sur le plan juridique, un enfant peut-il avoir deux pères ou deux mères, voire plus ?*

Oui. *A priori*, le droit français n'admet pas que deux liens de filiation paternelle ou maternelle soient établis avec un enfant. En d'autres termes, l'officier d'état civil refusera une reconnaissance d'enfant si l'état civil en mentionne déjà une. Il appartient à celui qui se revendique comme le père de combattre la première et, une fois celle-ci mise à bas, de reconnaître l'enfant.

À la différence de l'adoption plénière qui remplace une filiation par une autre si celle-ci existe encore au jour de l'adoption (voir question 28), l'adoption simple permet de créer deux liens de filiation paternelle ou maternelle qui s'ajoutent aux précédents. Ce nouveau lien entre le ou les personnes qui adoptent l'enfant n'anéantit pas les liens s'ils existent encore. Concrètement un enfant adopté simplement pourra donc avoir, sur le plan juridique, deux pères ou deux mères sachant que seuls les parents adoptants exerceront l'autorité parentale.

Si un couple homosexuel marié adopte, l'enfant pourra donc, au regard de la loi, avoir trois pères ou trois mères (voir *supra*).

## Le mariage

### 22. *Sommes-nous obligés de nous marier à la mairie alors que nous nous sommes mariés à l'église ?*

On peut se marier devant le maire comme on peut célébrer son union devant une autorité religieuse, mais :

1 – L'État ne reconnaît que le mariage civil prononcé par le maire ou un adjoint délégué. C'est ainsi que le mariage coutumier pratiqué dans certains pays d'Afrique, ou par certains Africains en France, n'a aucune reconnaissance légale sur notre territoire. Un mariage religieux effectué sans mariage civil n'a aucune valeur légale et l'union équivaut alors à un concubinage aux yeux de la loi.

2 – Le mariage civil doit précéder le mariage religieux. C'est même un délit puni de six mois de prison et de 7 500 euros d'amende pour un ministre d'un culte de procéder de manière habituelle aux cérémonies religieuses de mariage sans que lui ait été justifié l'acte de mariage préalablement reçu par les officiers de l'état civil (art 433-21 CP).

### 23. *Quelles sont les conditions pour se marier civilement ?*

Depuis la loi de 2013 sur le mariage dit « pour tous », le mariage est possible entre deux personnes quel que soit le sexe de ces personnes. Traditionnellement, ils devaient être de sexe différent, désormais ils peuvent être de même sexe.

Les deux candidats au mariage doivent avoir au moins 18 ans. Jusqu'à peu, la jeune fille avait le droit de se marier à partir de 15 ans alors que les garçons devaient avoir plus de 18 ans. Il s'agissait fondamentalement de protéger les jeunes gens contre les « séductrices » – et leur famille – qui pouvaient être tentées de vouloir s'approprier la fortune du garçon. Sous la pression internationale qui luttait contre les mariages précoces imposés aux jeunes filles dans de trop nombreux pays, la France s'est alignée sur l'âge de 18 ans pour les filles comme pour les garçons.

Toutefois, le mariage demeure possible à partir de 15 ans avec une dispense du procureur de la République et l'accord de l'un des deux parents du mineur.

La loi exige un examen médical, ce qui ne veut pas dire que seules les personnes en bonne santé sont autorisées à se marier. On veut simplement que, conscient de son état de santé, le/la conjoint(e)/partenaire se positionne par rapport à l'autre.

Pour la loi, «*il n'y a pas de mariage lorsqu'il n'y a point de consentement*» (art. 146 CC). Cette disposition fonde la nullité des «mariages forcés».

Le consentement est recueilli par le maire ou un conseiller municipal habilité.

Lecture est donnée des articles concernant les devoirs des conjoint(e)s/partenaires entre eux et des termes de l'autorité parentale.

Un livret de famille est délivré aux conjoint(e)s/partenaires.

### 24. *Je me suis mariée à l'étranger, mon mariage sera-t-il reconnu par la France?*

C'est possible. Lorsque des personnes, dont l'une au moins est française, envisagent de se marier à l'étranger, elles doivent remplir certaines conditions et accomplir certaines formalités pour que le mariage soit valable et valide en France. Il faut distinguer les différents statuts selon l'autorité qui les a consacrés.

• *Le mariage consacré par des autorités françaises*

Le mariage à l'étranger de deux Français ou d'un Français avec un étranger peut être célébré par l'ambassadeur ou le consul de France territorialement compétent. Toutefois, chaque ambassade ou consulat français n'étant pas habilité à célébrer tous les types de mariage dans le pays concerné, il est recommandé de se renseigner au préalable. En pratique, dans la plupart des pays, le mariage à l'ambassade et au consulat est limité au mariage entre deux Français. Lorsque le mariage a été célébré et enregistré par une autorité diplomatique française, il est automatiquement reconnu en France.

• *Le mariage consacré par l'officier d'état civil local*

Le mariage à l'étranger de deux Français ou d'un Français avec un étranger peut être célébré par l'officier de l'état civil local.

Ce mariage doit faire l'objet d'une transcription sur les registres de l'état civil du consulat de France pour être valide et opposable en France. On reportera dans les registres consulaires français les indications contenues dans un acte établi à l'étranger par une autorité étrangère.

La transcription est réalisée à la demande de l'un des conjoint(e)s/partenaires.

Pour obtenir cette transcription, toutes les démarches préalables auprès de l'ambassade ou du consulat doivent avoir été accomplies. De plus, les conjoint(e)s/partenaires doivent avoir été présents au moment de la célébration et avoir librement consenti au mariage.

La liste des pièces à fournir et le formulaire de demande de transcription doivent être téléchargés sur le site du consulat général de France compétent dans le pays concerné.

Le/la conjoint(e)/partenaire effectue la demande de transcription auprès de l'autorité consulaire ou diplomatique compétente au regard du lieu de célébration du mariage.

## 25. *Quel est encore l'intérêt du mariage de leurs parents pour les enfants ?*

Sur le plan juridique, on peut se le demander. En effet, beaucoup d'efforts ont été déployés pour que les enfants ne soient pas discriminés au regard du statut matrimonial de leurs géniteurs. Trop longtemps, on a qualifié d'illégitimes les enfants nés hors mariage. Autrefois, on parlait même de bâtards. Le législateur a eu pour souci de privilégier les responsabilités, c'est-à-dire l'ensemble des droits et devoirs entre les membres de la famille, plutôt que de veiller à la défense *pro forma* de l'institution du mariage elle-même.

À travers plusieurs lois sur quatre décennies on a veillé à ce que les deux parents soient d'entrée de jeu à égalité de responsabilités, qu'ils soient mariés ou non ;

On verra (voir *infra*, question 117) qu'on a aussi eu le souci qu'ils continuent à exercer conjointement l'autorité parentale en cas de séparation, sauf décision judiciaire.

Désormais, mariés ou non, vivant ensemble ou non, les deux parents ont l'exercice conjoint de l'autorité parentale dès lors que la filiation est établie à l'égard de l'un et de l'autre sauf si un conflit majeur entre eux amène à une décision de justice à la demande de l'un ou de l'autre.

Actuellement, plus d'un premier enfant sur deux d'un couple naît hors mariage des parents entre eux.

Reste que, chaque année, 230 000 couples s'unissent en mairie. Par souci d'un engagement solennel et solide ? Rien ne démontre que l'union consacrée en mairie soit plus solide que celle qui est consacrée devant des amis !

La pression sociale qui voulait que les relations sexuelles ne soient justifiées que par le souci de fonder une famille s'est relâchée. Toutefois, elle n'a pas disparu dans des milieux très imprégnés par la loi religieuse, catholique ou musulmane notamment.

Maintenant, et de longue date, on admet que la famille peut ne pas être fondée sur le mariage et être tout aussi heureuse. Les mouvements familiaux réunis au sein de l'Union nationale des associations familiales (UNAF) ont même accepté en leur sein les mouvements de familles monoparentales.

Certains esprits matérialistes ont avancé que le délaissement du mariage s'expliquait par des raisons fiscales, les couples non mariés étant avantagés. L'argument a pu valoir mais il n'est plus aussi pertinent depuis 1997 où les avantages qui pouvaient exister pour les couples non unis par le mariage ont été supprimés. Du reste, avant cette date, seuls les parents ayant des revenus d'un certain niveau et comparables trouvaient avantage à ne pas être mariés. Si on ne doit jamais négliger que beaucoup de personnes ont l'œil rivé sur leur feuille d'impôt, il est douteux que ce seul argument suffise à expliquer ce refus du mariage.

En vérité, bien d'autres explications doivent être recherchées.

Le mariage comme engagement formel et solennel offre parfois l'image d'une « prison » et d'une privation de liberté alors même que le divorce a été facilité. Plus encore aujourd'hui, avec le divorce par consentement mutuel par convention conjointe établie par avocats et déposée devant notaire.

C'est surtout la volonté de ne pas s'engager sur une trop longue période qui a pu jouer sur nombre de jeunes quand la durée de la vie a singulièrement augmenté et augmente encore – en Occident faut-il le préciser ? – soit en France 84 ans pour les femmes et 79 pour les hommes.

À l'inverse, on constatera – et c'est le plus important – que le fait de ne pas se marier n'est pas le signe d'un comportement irresponsable. Aujourd'hui, 80 %

environ des pères non mariés reconnaissent volontairement leur enfant quand ils n'étaient que 15 % au mitan des années 1960.

Le législateur moderne, convaincu désormais de l'effet traumatique de nombre de séparations pour les enfants, abandonnant toute approche moralisante, même s'il en subsiste encore quelque relent ici ou là, a eu le souci de ne pas sanctionner les enfants du comportement matrimonial de leurs parents.

Dans l'esprit développé par la Convention internationale des droits de l'enfant (CIDE), il a souhaité que les deux parents exercent pleinement leurs responsabilités et garantissent « dans la mesure du possible » le droit de l'enfant à être élevé par ses deux géniteurs.

Le souci des jeunes, femmes comme hommes, de maîtriser leur vie n'est certainement pas étranger à la baisse du nombre de mariages observée ces quarante dernières années et aujourd'hui stabilisée. Les jeunes couples savent que les unions sont moins solides que par le passé, car fondées davantage sur les sentiments partagés que sur des intérêts économiques. Chacun entend maîtriser son itinéraire de vie alors que ce n'était pas le cas auparavant, notamment pour les femmes. Surtout, on se marie moins pour acquérir un statut social, que donnent principalement les études, ou pour préserver des intérêts immobiliers. Et, somme toute, l'amour reste plus volatil que les intérêts matériels et moraux de la famille. D'où le taux de divorce ou de séparation plus important que par le passé. Là encore, le législateur a dû veiller à ce que les enfants ne paient pas l'éclatement du couple conjugal.

À quelque chose malheur est bon. La massification des séparations a banalisé, donc dédramatisé, leur impact.

Encore fallait-il que la loi y contribue en affirmant que les deux parents devaient se préoccuper de leurs enfants par-delà la séparation. Finalement, le couple parental perdure au-delà du couple conjugal, et le contenu – les responsabilités – est plus important que le contenant – le mariage.

On peut penser que la baisse du nombre de mariages a été enrayée parce que les parents ou futurs parents ont aujourd'hui le souci de rassurer les enfants présents ou à venir sur la stabilité du couple parental. On sait à quel point nombre d'enfants s'interrogent sur la séparation possible de leurs parents au regard de tout ce qu'ils observent autour d'eux.

Ainsi, ce sont bien des considérations culturelles qui commandent l'attitude vis-à-vis du mariage – on s'engage explicitement dans le temps et sachant que le divorce est toujours possible –, subsidiairement des arguments techniques : les parents cherchent à obtenir plus sûrement l'égalité de droits qu'ils pourront facilement établir vis-à-vis de leurs interlocuteurs.

## *L'adoption*

### 26. *Qu'est-ce qu'une adoption ?*

Il s'agit d'une démarche passant nécessairement par un jugement qui crée un lien juridique de filiation entre l'adopté et le ou les adoptants.

L'adoption n'est pas réservée aux enfants. C'est même tardivement, en 1923, que l'adoption a été ouverte aux mineurs. On ne voulait pas que les très nombreux orphelins de la Première Guerre mondiale terminent comme pupilles de l'État recueillis à ce titre par l'Assistance publique jusqu'à leur majorité alors fixée à 21 ans. La même démarche s'est déroulée aux États-Unis et en Grande-Bretagne.

On peut donc adopter un adulte, mais alors, seule l'adoption simple peut être utilisée. Avec, par exemple, le souci de transmettre un nom ou une fortune ou tout simplement de manifester et de concrétiser l'attachement qu'on a avec telle personne.

La loi exige une différence d'âge de quinze ans entre adopté et adoptant(s) ou de dix ans si l'adopté est l'enfant du conjoint.

Elle demande que l'enfant donne son accord à partir de 13 ans. Avant cet âge, on recueillera son avis s'il a le discernement.

L'adoption est prononcée par décision de justice, en l'espèce par le Tribunal de grande instance.

Une fois l'adoption prononcée, on ne doit plus parler de filiation adoptive, mais de filiation tout court. Tous les parents juridiques se valent. Ils ont les mêmes droits et les mêmes devoirs.

### 27. *Qu'est-ce qu'une adoption simple ?*

L'adoption simple est une nouvelle filiation qui s'ajoute à la filiation première. Elle est possible quel que soit l'âge de l'adopté.

L'adoption simple vise à créer un lien de droit entre une personne et un ou des adoptants.

La décision de justice n'efface pas la filiation première de l'enfant s'il en a une ; elle lui en ajoute une deuxième qui sera « active ». Le ou les parents par adoption exercent pleinement l'autorité parentale.

Deux conjoint(e)s ou partenaires époux peuvent adopter ensemble. Ils doivent remplir les conditions suivantes :

– ne pas être séparés de corps ;

– avoir tous les deux au moins 28 ans sauf s'ils sont mariés depuis plus de deux ans.

Si l'adoptant est marié, le consentement de son époux est nécessaire.

L'enfant porte *a priori* le nom des adoptants, mais il conserve son nom d'origine.

À partir de l'âge de 15 ans, on ne peut recourir qu'à l'adoption simple.

La différence d'âge entre adoptant et adopté doit être d'au moins quinze ans.

En théorie, cette adoption simple est réversible. En cas de motifs graves et justifiés, elle peut être révoquée à la demande de l'adopté ou de l'adoptant après la majorité de l'adopté. Lorsque l'adopté est mineur, la révocation de l'adoption ne peut être demandée que par le procureur de la République.

Si elle est annulée, on revient à la situation antérieure.

À compter de sa majorité, la personne qui a fait l'objet d'une adoption simple peut demander qu'elle soit annulée (loi du 14 mars 2016).

L'adoption simple répond mieux aux enfants d'un certain âge qui ont une mémoire de leur géniteur. Il est difficile d'affirmer juridiquement qu'il n'existe pas quand l'enfant sait que la réalité est autre.

L'adopté a les mêmes droits et devoirs dans sa nouvelle famille qu'une personne dont la filiation est fondée sur la procréation.

Le nom des parents adoptifs s'ajoute au nom de l'adopté ou le remplace. Il est possible de demander au tribunal un changement de prénom de l'adopté.

L'adoption simple ne permet pas à l'enfant adopté d'acquérir automatiquement la nationalité française. L'enfant qui a fait l'objet d'une adoption simple par un Français doit la demander en faisant une déclaration.

L'adopté hérite de ses deux familles, biologique et adoptive. Toutefois, il n'est pas héritier réservataire à l'égard de ses grands-parents adoptifs. Ceux-ci peuvent le déshériter.

Si en théorie l'adoption simple est révocable, en réalité, cela demeure exceptionnel. Le TGI doit être saisi à cet effet. La demande peut émaner de l'adoptant ou de l'adopté. La demande de révocation faite par l'adoptant n'est recevable que si l'adopté a plus de 15 ans (art. 370 CC). Le demandeur doit justifier de motifs graves (art. 370 al. 1 CC) comme le comportement injurieux ou délictueux de l'adopté à son égard. De son côté, l'adopté peut faire valoir l'indignité de l'adoptant dans l'exercice de l'autorité parentale ou son attitude injurieuse au point de rendre impossible le maintien des liens créés par l'adoption.

La révocation fait cesser pour l'avenir tous les effets de l'adoption (art. 370-2 CC). Ce jugement n'est pas rétroactif. On y met fin, mais on ne dit pas que l'adoption n'a jamais existé ni n'a jamais produit d'effets.

## 28. *Et l'adoption plénière ?*

L'adoption plénière crée entre un enfant et le ou les adoptants un lien de droit encore plus fort que l'adoption simple (voir question précédente). La nouvelle filiation se substitue totalement à l'ancienne qui est censée n'avoir jamais existé, elle est même effacée. À la différence de celui créé par l'adoption simple, le lien de filiation est irréversible : on ne peut pas saisir un tribunal pour l'annuler. En revanche, les parents, comme n'importe quels parents, peuvent « abandonner » leurs droits et confier l'enfant à l'Aide sociale à l'enfance (ASE) aux fins d'adoption. Depuis la loi Mattéi, une nouvelle adoption peut cependant intervenir en cas d'échec de la première.

L'enfant perd son nom premier et prend celui de l'adoptant.

Âgé de 13 ans au moins, l'enfant doit donner son accord – et non un simple avis – pour être adopté.

### 29. *Quels enfants peuvent bénéficier d'une adoption ?*

Couramment, on imagine que seuls les enfants abandonnés et confiés au service de l'ASE ou à un organisme privé habilité, ou bien les enfants orphelins peuvent être adoptés. Il n'en est rien. Tout enfant peut être adopté. Il est ainsi possible au mari ou au compagnon d'une femme d'adopter l'enfant de celle-ci avec l'accord du père si celui-ci est vivant.

Bien sûr, sont adoptables les enfants pupilles de l'État – ils sont environ 2 300 aujourd'hui – pris en charge par l'ASE sous l'autorité du président du conseil départemental et dont le préfet est tuteur. Ils peuvent bénéficier d'une adoption simple ou d'une adoption plénière.

### 30. *Un enfant handicapé peut-il être adopté ?*

Oui, mais cela est récent. Jusqu'à la loi du 6 juin 1984, on exigeait que l'enfant soit en bonne santé… dans l'intérêt des adoptants que l'on entendait encourager. Cet obstacle a été levé… dans l'intérêt des enfants sans famille. On voit même des adoptions prononcées pour des enfants qui ont une espérance de vie très limitée.

Tout enfant, même porteur d'un handicap, peut donc faire l'objet d'une adoption, sachant que nombre d'enfants pupilles de l'État sont porteurs de handicap.

## 31. *Comment adopter un enfant d'un autre pays ?*

Des Français peuvent souhaiter se diriger vers l'accueil d'un enfant venu d'un autre pays.

Pour adopter, ils doivent disposer d'un agrément délivré par le président du conseil départemental de leur domicile attestant de leurs capacités.

Attention ! Beaucoup de pays refusent l'adoption par des couples de personnes de même sexe.

Encore faut-il que l'enfant qu'on entend adopter soit adoptable au regard de la législation de son pays.

On peut toujours engager des démarches personnelles pour rechercher un enfant à adopter dans son pays d'origine ; il est cependant préférable de passer par un organisme français agréé par les autorités françaises et reconnu par les autorités du pays concerné qui connaît les arcanes juridiques, administratifs et autres du pays. Il y a en effet beaucoup d'escrocs. Non seulement vous risquez d'engager de l'argent en pure perte mais vous risquez aussi de créer une situation difficile à vivre et compliquée, dont l'enjeu est un enfant avec tous les drames humains qui en découlent. Sans compter les incidents diplomatiques comme il a déjà pu s'en produire.

On conseillera de prendre l'attache de l'Agence française de l'adoption (AFA) qui dépend du ministère des Affaires étrangères. Placée sous la tutelle des ministères des Affaires étrangères et européennes, de la Famille, de la Justice et de l'Intérieur et créée par la loi du 4 juillet 2005, elle a pour mission d'informer, de conseiller et d'accompagner les familles, et de servir d'intermédiaire pour l'adoption de mineurs étrangers de quinze ans.

### 32. *Existe-t-il un dispositif permettant à l'enfant délaissé de connaître ses origines ?*

Chacun s'interroge un jour ou l'autre sur son identité – « *Qui suis-je ? Mes parents sont-ils mes parents ?* » – et sur son parcours – « *D'où est-ce que je viens ? Où vais-je ?* ». Généralement, il est aisé de répondre à la question des origines, même s'il est des secrets de famille parfois impénétrables. On échange en famille ; il y a des photos qui parlent d'elles-mêmes, des documents facilement accessibles, etc. Il y a tout simplement le ressenti.

Force est de constater que certains ne parviennent pas à trouver ces réponses et sont, de ce fait, dans une grande souffrance. Encore plus lorsqu'ils soupçonnent l'administration sociale de savoir et de ne pas vouloir parler au nom du secret promis aux géniteurs qui les ont délaissés. L'injustice est majeure et très difficile à vivre. C'est le cas de l'enfant né sous X, par exemple.

Connaître son origine est selon nous un droit pour toute personne, adoptée ou non, qui a été délaissée et privée *a priori* de filiation. Mais ce n'est pas encore un droit juridique affirmé sans conteste puisque les parents de naissance peuvent y faire légalement obstacle.

Pour les aider dans leurs recherches, la loi, à l'initiative de Ségolène Royal, alors ministre déléguée à la Famille, a créé en 2002 le Conseil national pour l'accès aux origines personnelles (CNAOP) afin de permettre à ceux qui le souhaitent de rechercher leurs origines et proposer une médiation si les parents biologiques sont retrouvés. Dans chaque département, le Conseil national d'accès aux origines personnelles (CNAOP) dispose de correspondants au sein des services du Conseil départemental qui apporteront leur aide à la personne en recherche.

Cependant, il est essentiel de savoir que, dans l'hypothèse où les informations recherchées sont trouvées, il faudra obtenir l'accord du parent biologique – souvent la mère – pour que ces informations soient dévoilées. On a privilégié le droit de la mère au secret.

## 33. *Qu'est-ce qu'un enfant pupille de l'État ?*

Les pupilles de l'État sont les enfants privés de parents sur lesquels l'État exerce une tutelle complète.

Ce sont des enfants dont la filiation est inconnue (enfants trouvés ou nés sous X, c'est-à-dire dont la mère a refusé qu'on enregistre son identité) ou qui ont été remis à titre définitif par leurs parents, mais encore ceux qui ont été déclarés délaissés par une décision du TGI.

Des enfants accueillis par l'ASE peuvent acquérir le statut de pupille de l'État si le lien de filiation du géniteur avec eux est rompu, soit parce qu'ils sont confiés aux fins d'être adoptés, soit parce que la justice prononce le délaissement – nouveau nom en 2016 donné à la procédure d'abandon judiciaire.

On ne compte désormais qu'un peu plus de 2 300 pupilles quand, en 1900, pour une population bien moindre, on en dénombrait 150 000. On doit se réjouir que bien moins d'enfants que par le passé soient délaissés. Cela démontre que les enfants nés en France sont plus souvent désirés que subis, comme cela a pu être le cas quand la contraception n'était pas maîtrisée, que les politiques sociales d'aide aux parents fonctionnent et que le statut de la mère célibataire appelée « fille mère » n'est plus infamant, comme il a pu l'être, pour la femme.

Certes, la tâche de ceux qui entendent adopter un enfant est dès lors plus malaisée quand trop vivent encore sur la représentation d'une ASE qui regorge d'enfants adoptables. D'autant que ceux-ci ne correspondent pas systématiquement avec ceux qui sont *a priori* recherchés, à savoir de très jeunes enfants, de moins de 3 mois, en parfaite santé, de type européen et sans frère ni sœur.

L'enfant pupille de l'État est sous la tutelle du préfet assisté d'un conseil de famille qui prend les décisions importantes relevant de l'autorité parentale tandis que le président du conseil départemental s'en voit confié l'éducation au quotidien ainsi que l'exercice de l'autorité parentale.

Chaque année, la situation de l'enfant doit être réévaluée. On doit former un projet de vie pour lui. L'adoption peut être l'une des réponses retenues si elle apparaît adaptée aux besoins de l'enfant dont il s'agit.

### 34. *Nous sommes trois. Nous avons beaucoup d'affection les uns envers les autres. Nous voulons adopter un enfant ensemble. Est-ce possible ?*

Non. Un enfant ne peut être adopté que par une personne ou deux si elles sont mariées ensemble. En l'état de notre droit, on peut acheter un appartement à deux, trois, quatre personnes ou plus, mais pas adopter un enfant à plusieurs, hors mariage, comme certains commencent à le revendiquer.

À partir du moment où l'on sépare la filiation juridique de la filiation biologique, rien ne devrait empêcher demain plusieurs personnes de revendiquer d'adopter un enfant ensemble. En d'autres termes, les choses peuvent bouger dans l'avenir.

## *L'accouchement sous X*

**35. *Mon amie veut accoucher sans que personne ne le sache car elle n'entend pas élever cet enfant. La loi ne reconnaît-elle pas l'accouchement sous X?***

La France est le seul pays d'Europe avec le Luxembourg et quelques pratiques en Italie à admettre qu'une femme puisse décider de «*demander que le secret de son admission et de son identité soit préservé*» et donc d'accoucher anonymement, appelé vulgairement accouchement sous X, que ce soit dans un établissement public ou privé, conventionné ou non (art. 326 CC). Concrètement, la mère sort de la clinique ou de l'hôpital sans avoir eu à révéler son identité.

L'enfant devient alors pupille de l'État, sauf s'il est recueilli par un organisme autorisé pour l'adoption (OAA).

La mère dispose de deux mois pour se rétracter et créer ce lien en reconnaissant son enfant.

Le père – dès lors qu'il a été informé de la naissance de l'enfant – est, pour ce qui le concerne, en droit d'établir sa filiation avec lui et d'empêcher ainsi qu'il soit proposé à l'adoption. Il pourra obtenir que l'enfant lui soit remis. D'ailleurs cette démarche doit intervenir de sa part avant que l'enfant n'ait été confié pour être adopté. En cas de difficulté, il peut saisir le procureur de la République qui procédera à des recherches (art. 62-1 CC).

On peut comprendre le fait qu'une mère, pour des raisons qui sont les siennes et sur lesquelles on n'est pas en droit de porter un jugement de valeur, estime ne pas pouvoir ou ne pas vouloir élever son enfant. Toutefois, faut-il aller jusqu'à priver cet enfant de sa filiation ? La filiation appartient aux deux géniteurs, mais également à l'enfant : on est père ou mère de... ; on est fils de... L'accouchement sous X privilégie la reconnaissance des droits de la mère sur le droit de l'enfant à connaître ses origines. Rien ne démontre que l'argument avancé pour justifier ce dispositif – à savoir empêcher les infanticides – ait un quelconque fondement scientifique. Les pays qui ne reconnaissent pas l'accouchement sous X n'ont pas plus d'infanticides que la France.

C'est pourquoi tout un mouvement entend remplacer l'accouchement anonyme par un accouchement protégé si la mère le demande.

En effet, beaucoup de femmes qui accouchent dans le secret veulent être protégées de leur entourage, du qu'en-dira-t-on, mais pas de leur enfant. Les motifs qui ont présidé au secret de la filiation ne sont plus d'actualité : pendant longtemps la misère et l'opprobre qui entouraient les « filles-mères », la prohibition de l'avortement et la peur de l'infanticide en étaient les causes principales. On n'en est plus là, heureusement.

Des associations, regroupées autour de la CADCO (Coordination des actions pour le droit à la connaissance des origines) ont donc proposé de mettre en place un dispositif consistant à maintenir pour la mère le droit de demander, lors de son accouchement, le secret de son identité, en l'informant que ce secret lui est garanti pendant la minorité de l'enfant (18 ans), mais que son identité pourra être communiquée à l'enfant qui en ferait la demande après sa majorité. Le secret, qui est un savoir protégé, remplace l'anonymat. On parle alors d'accouchement protégé.

# 2

# L'IDENTITÉ DE L'ENFANT

## ***Le droit premier de toute personne : être identifiée et dès lors singularisée***

*Avant tout, un enfant est un individu. Comme tout individu, la loi internationale et nationale lui reconnaît le droit à une identité : un nom, un prénom, une nationalité. Pourtant, moins d'un tiers des humains vivant sur cette planète dispose de documents d'identité. Il peut même arriver que des enfants soient niés dans leur existence même. Ce fut le cas en Chine durant plusieurs décennies du fait de la « politique de l'enfant unique », avec son lot de drames pour les enfants concernés.*

*Cette identité rattache l'enfant à ses deux lignées, à son histoire et, dans le même temps, le singularise au sein de la famille et de la société en général.*

*Elle lui permet de se mouvoir socialement. Presqu'à chaque instant de sa vie, il sera désormais identifié, quand ce n'est pas fiché.*

*Concrètement, comment se construit cette identité juridique ? Elle découle partiellement de règles extérieures à la famille : le nom de famille qui découle de la filiation est transmis sur ordre de la loi. En revanche, le prénom est choisi* a priori *par ses parents sous le contrôle de la société qui pose des limites à ce choix à travers un contrôle* a posteriori. *Parfois, des règles exogènes offrent une marge de manœuvre comme pour la nationalité.*

*La société s'appuie sur ce processus d'identification de chaque personne qui la compose pour s'organiser et s'y retrouver. Elle accepte, dans des conditions très strictes, les demandes de modification du nom et du prénom.*

*À la fois parce qu'il s'agit d'un sujet sensible des droits humains, mais également d'un dispositif d'ordre public, seul un juge peut accepter ces modifications.*

*Il ne suffit pas d'avoir une identité ; il est tout aussi important de pouvoir en faire la preuve. De plus en plus souvent, la société l'exige.*

## Le nom de famille

### 36. *Qui décide du nom et du prénom d'un enfant ?*

Le nom est donné en héritage et transmis par les parents. Il découle de la filiation.

- *Pour l'enfant né d'un couple marié*

L'enfant prend désormais[1] le nom de son père ou de sa mère selon leur choix, mais les parents peuvent décider de lui donner leurs deux noms dans l'ordre qu'ils choisissent, quitte à les séparer par un tiret. Exemple : Jean Dupond-Durand.

Le choix du nom de famille pour l'aîné vaut pour les cadets : tous les enfants portent le même nom de famille, issu du choix effectué lors de la déclaration de naissance du premier enfant commun.

1. Jusqu'en 2005, c'était le nom du mari.

Sauf en cas d'intérêt légitime, l'acquisition d'un nom est irrévocable et ne pourra pas être changée. C'est un enjeu de société majeur que de pouvoir identifier avec certitude et stabilité chaque individu.

En cas de désaccord sur le choix du nom, désaccord signalé à l'officier de l'état civil par l'un des deux parents, l'enfant prend les deux noms de ses parents dans l'ordre alphabétique (dans la limite du premier nom de famille de chacun d'eux).

- *Pour l'enfant né d'un couple non marié*

Si la filiation est établie à l'égard des deux parents simultanément, c'est-à-dire si les enfants sont reconnus en même temps, les parents ont le choix de la fixation du nom de famille de leur enfant entre le nom du père, le nom de la mère, les noms du père et de la mère ou encore le nom de la mère et du père dans la limite d'un seul nom de famille pour chacun d'entre eux. Si les parents ont déjà un double nom, ils n'en transmettent qu'un, mais s'ils ont un nom composé, ils le transmettent en entier.

Ce choix se fait par déclaration conjointe écrite à l'officier de l'état civil. À défaut de déclaration conjointe, l'enfant prend le nom de celui qui l'a reconnu en premier et le nom de son père si sa filiation est établie simultanément à l'égard de l'un et de l'autre.

Pour l'unité de la famille, lorsqu'un nom a été donné par des parents non mariés ensemble à un enfant commun, ce choix vaut pour les autres enfants communs (ord. 4 juillet 2005).

Le prénom en revanche est choisi par les parents sous le contrôle du parquet[1] (voir question 38).

1. En l'espèce, le parquet civil du TGI qui surveille l'état civil et renseigne.

### 37. *Est-il possible de changer de nom de famille ou de prénom ?*

Oui, mais la procédure est lourde, voire longue, afin de dissuader des pratiques de pures convenances ou des effets de mode. Le nom est un instrument très utile pour chacun, afin de s'inscrire dans une lignée. On voit même beaucoup de personnes s'attacher à éviter la perte du nom de famille dont ils ont hérité. Le dispositif d'évolution des noms de famille est aussi un pilier de l'organisation sociale qui permet d'identifier chaque individu déjà au sein d'une lignée et de régler les rapports de chacun avec le reste de la société. Le prénom permettra de l'individualiser. Conséquence : le nom se transmet automatiquement en suivant certaines règles fixées par la loi alors que le prénom est choisi sous le contrôle de la loi.

On voit la difficulté qui existe dans certains pays où, beaucoup de noms ayant disparu, ce ne sont pas 500 ou 1 000 personnes qui ont le même patronyme, mais des centaines de milliers.

En d'autres termes, si la société accepte un changement de nom, ce ne peut être que pour des motifs graves afin de limiter le nombre de changements.

On vise les noms ridicules ou qui, du fait de l'Histoire, ont pris une connotation difficile à porter. Ainsi il est aujourd'hui délicat de s'appeler Hitler ou Staline ! Il peut s'agir tout simplement de franciser un nom pour faciliter l'intégration de la famille ou de sauvegarder un nom de famille risquant de disparaître. Il faudra donc obtenir un décret du garde des Sceaux, ministre de la Justice.

Le demandeur devra prouver un « intérêt légitime ».

Ce changement de nom vaut pour l'intéressé mais aussi pour ses enfants.

## Le prénom

**38.** ***Le procureur de la République peut-il s'opposer à ce que nous prénommions notre fille Djihad?***

Les parents donnent officiellement des prénoms à l'enfant lors de la déclaration de naissance. La plus grande liberté dans ce choix et dans leur orthographe leur est désormais permise. Ils ne sont plus contraints par le calendrier religieux. Le prénom peut venir d'une autre culture.

Toutefois, lorsque ces prénoms ou l'un d'eux, seul ou associé aux autres prénoms ou au nom, lui paraissent contraires à l'intérêt de l'enfant ou au droit des tiers à voir protéger leur nom de famille, l'officier de l'état civil en avise sans délai le procureur de la République. Celui-ci peut saisir le JAF.

Si le juge estime que le prénom n'est pas conforme à l'intérêt de l'enfant ou méconnaît le droit des tiers à voir protéger leur nom de famille, il en ordonne la suppression sur les registres de l'état civil. Le cas échéant, à défaut d'un nouveau choix par les parents qui soit conforme aux intérêts susvisés, il attribue à l'enfant un autre prénom qu'il détermine lui-même. Mention de la décision est portée en marge des actes de l'état civil de l'enfant.

Le parquet responsable de l'état civil n'effectue plus qu'un contrôle *a posteriori* du choix des prénoms fait par les parents. Il saisit le JAF pour faire retirer le prénom qu'il conteste. «Djihad» est un nom qui en tant que tel ne pose pas de problème. Un magistrat a pu estimer que le refuser serait un acte antimusulman primaire. Cependant, le TGI de Chartres, via le JAF, dans un jugement du 22 novembre 2016, sans nier que le prénom en tant que tel n'est pas un appel au terrorisme, estime que pour l'enfant il serait difficile à porter et il en ordonne le retrait :

« *Le prénom de Djihad a,* a priori, *une acception positive dans le monde arabe où il est associé à des valeurs fortes, comme le combat sacré, le travail et l'effort. Toutefois, l'enfant né le 25 mai 2016 à Châteaudun a vocation à grandir dans le monde occidental et, à ce jour, au regard des événements terroristes, ce prénom ne peut être vecteur de valeurs positives et porte préjudice à l'enfant qui se trouve stigmatisé, et associé aux valeurs portées par l'islam radical de l'État islamique.* »

Dans d'autres décisions, des juges ont refusé des prénoms retenus pour une tout autre raison, toujours avec le souci de l'enfant. Par exemple, il a pu paraître difficile de se prénommer Mégane sans risquer d'être comparée à une voiture.

### 39. *Puis-je reprocher à mes parents de m'avoir donné un prénom que je juge ridicule ?*

Le leur reprocher moralement, oui ; juridiquement, non.

Tout au plus pouvez-vous engager une procédure pour changer votre prénom pour un autre moins lourd à porter (art. 60 CC). La demande est remise à l'officier de l'état civil du lieu de résidence ou du lieu où l'acte de naissance a été dressé. L'adjonction, la suppression ou la modification de l'ordre des prénoms peut également être demandée.

Toute personne peut demander à l'officier de l'état civil à changer de prénom. Si l'intéressé est mineur ou majeur en tutelle, la demande est remise par son représentant légal. La décision de changement de prénom est inscrite sur le registre de l'état civil. On relèvera que l'accord de l'enfant âgé de 13 ans et plus est nécessaire pour changer son prénom.

La loi du 18 novembre 2016 a introduit une nouvelle procédure simplifiée pour changer de prénom permettant de s'adresser à l'officier d'état civil et non plus au JAF.

## Les documents qui prouvent l'identité

### 40. *Qu'en est-il du livret de famille pour l'enfant né hors mariage ?*

Un livret de famille est délivré aux parents non mariés à l'occasion de la naissance de leur premier enfant commun. Son contenu et les conditions de sa délivrance sont réglementés.

Le livret est délivré uniquement si une autorité française détient l'acte de naissance de l'enfant et celui d'au moins un parent.

La mairie du lieu de naissance possède l'acte. Pour l'enfant né à l'étranger, l'acte est détenu par le service central d'état civil de Nantes.

L'établissement du livret de famille se fait automatiquement au moment de la déclaration de naissance ou sur demande en cas de naissance d'un enfant sans vie si le ou les parents ne possèdent pas de livret.

Le livret de famille délivré lors de la naissance du premier enfant contient les extraits d'actes de naissance du ou des parents et l'extrait d'acte de naissance de l'enfant.

En outre, il contient des informations sur le droit de la famille (mariage, filiation, adoption, autorité parentale, etc.).

Les informations concernant les parents sont renseignées si :

– le parent apparaît dans l'acte de naissance de l'enfant ;

– l'acte de naissance du parent est détenu par un officier d'état civil français.

À défaut, la page du livret qui concerne le parent ne sera pas renseignée.

Les informations concernant l'enfant sont inscrites si son acte de naissance est détenu par un officier d'état civil français.

Lorsqu'il y a plusieurs enfants, les informations sont consignées dans l'ordre des naissances.

### 41. *Puis-je obtenir un livret de famille ?*

Non. Le livret de famille est un document officiel délivré automatiquement lors du mariage, de la naissance ou de l'adoption du premier enfant issu d'un couple marié ou d'une personne seule. Comme son nom l'indique, il est composé d'extraits d'actes de l'état civil concernant les personnes d'une même famille, c'est-à-dire nées des mêmes parents ou du même père ou de la même mère lorsque la filiation n'est établie qu'à l'égard de l'un des parents.

### 42. *Avons-nous l'obligation de faire établir une carte nationale d'identité pour notre enfant ?*

Non. Elle peut être utile, même très tôt, mais elle n'est nullement obligatoire.

Par exemple, elle peut être intéressante lors d'un contrôle de police ou pour une sortie scolaire. Elle permet de circuler dans l'espace Schengen[1] en l'absence de passeport.

Mais d'autres documents, plus ou moins officiels, pourront contribuer à établir l'identité de l'enfant contrôlé.

### 43. *Mon fils de 14 ans peut-il demander seul la délivrance d'une carte nationale d'identité ?*

Non. Et cela est surprenant pour deux raisons : d'abord parce que l'identité d'un enfant lui appartient. Il doit donc pouvoir se faire délivrer un document officiel qui en atteste. Et ce d'autant plus que se multiplient dans les rues les contrôles d'identité visant des jeunes.

Ensuite, parce que la loi de 1955 valable en cette matière ne prévoit pas qu'il faille l'accord d'un des parents pour l'obtention de ce document. Ni le décret d'application du 22 octobre 1955 pour lequel « *la carte nationale d'identité est délivrée sans condition d'âge à tout Français qui en fait la demande* ». En revanche, les instructions générales du ministère de l'Intérieur du 1er décembre 1955 demandent l'accord de l'un ou l'autre des parents pour le mineur non émancipé. Cette circulaire est illégale, mais elle est respectée dans toutes les préfectures.

Vous aurez donc à apposer votre signature sur le formulaire de demande que votre enfant déposera en mairie.

L'enfant et son responsable qui exerce l'autorité parentale sont invités à se présenter ensemble au guichet. Il peut s'agir du père, de la mère ou du tuteur. Il doit présenter sa propre pièce d'identité.

---

1. Du nom de la bourgade luxembourgeoise où il fut signé le 14 juin 1985 un espace de libre circulation des personnes entre les États signataires de l'accord de Schengen. Vingt-six États y participent dont vingt-deux de l'UE et des pays extérieurs comme la Norvège, l'Islande et la Suisse.

Entre 0 et 12 ans, le responsable signe le talon photo accompagné de la mention « le père », « la mère » ou « le tuteur ».

À partir de 13 ans, si son responsable est d'accord, l'enfant peut signer le talon photo.

Sinon, c'est le responsable qui appose sa signature accompagnée de la mention « le père », « la mère » ou « le tuteur ».

Depuis le 1er janvier 2014, la durée de validité des cartes nationales d'identité (CNI) délivrées aux personnes majeures est passée de 10 à 15 ans. Pour les cartes délivrées entre le 2 janvier 2004 et le 31 décembre 2013, la date d'expiration ne correspond donc pas à la date qui est inscrite sur la carte.

### 44. *Comment mon fils peut-il se procurer un passeport ?*

Le passeport français sert bien évidemment pour voyager, mais il est encore une pièce qui prouve l'identité d'une personne.

Sans que cela soit obligatoire, il est important qu'un enfant possède un passeport personnel.

Pour demander le passeport biométrique d'un mineur, l'enfant et son représentant doivent se rendre dans une mairie équipée avec les pièces justificatives nécessaires. Les documents à présenter dépendent de la possession ou non d'une carte d'identité sécurisée.

Le responsable doit exercer l'autorité parentale : il peut s'agir du père, de la mère ou du tuteur.

Il doit présenter sa propre pièce d'identité.

Tout mineur français peut avoir un passeport quel que soit son âge. Un bébé peut disposer d'un passeport avec une photo… qui sera rapidement datée.

Un enfant ne peut plus être inscrit sur le passeport de l'un de ses parents, il doit avoir un passeport personnel.

L'enfant âgé de 12 ans doit nécessairement accompagner son parent pour déposer cette demande ; en revanche, l'enfant de moins de 12 ans en est dispensé.

## La nationalité

### 45. *À quelles conditions un enfant est-il français ?*

Si vous êtes français, votre fils est français, qu'il soit né en France ou à l'étranger. Si l'un de ses deux parents est français, il est français même s'il est né à l'étranger.

S'il naît en France de parents étrangers, il n'est pas français automatiquement – sauf si l'un de ses parents est lui-même né en France –, mais il peut acquérir la nationalité française (art. 27-1 et s. CC).

Les parents étrangers d'un enfant âgé de 13 à 16 ans né en France et y résidant habituellement depuis l'âge de 8 ans peuvent réclamer, en son nom, la nationalité française par déclaration.

Le consentement de l'enfant est obligatoire, sauf si ses facultés mentales ou physiques l'en empêchent. Il convient de prendre contact avec le greffe du tribunal pour connaître la liste des documents à fournir. Après remise de la totalité des pièces nécessaires, le greffier en chef délivre un récépissé. Il dispose d'un délai de 6 mois, à compter de cette délivrance, pour enregistrer la déclaration (accord) ou refuser cet enregistrement (décision d'irrecevabilité de la demande). Le refus d'enregistrement peut être contesté devant le tribunal de grande instance du domicile du déclarant dans un délai de 6 mois suivant sa notification.

L'enfant né en France de parents étrangers peut devenir français sans attendre sa majorité. Il peut, dès l'âge de 16 ans, réclamer la nationalité française par déclaration si au moment de cette déclaration il réside en France et s'il a eu sa résidence habituelle en France pendant une période continue ou discontinue d'au moins cinq ans, depuis l'âge de 11 ans.

Il peut faire seul cette démarche sans autorisation parentale (sauf s'il est empêché d'exprimer sa volonté par une altération de ses facultés mentales ou corporelles).

**46. *Nous sommes français et notre enfant est né à l'étranger. Est-il français ?***

Oui, sans difficulté (voir question précédente). Vous aurez déclaré sa naissance au consulat du lieu de naissance.

S'il naît sur un bateau ou dans un avion, il sera rattaché à la mairie du 1er arrondissement de Paris.

**47. *Un enfant né à l'étranger de parents étrangers mais présent sur le territoire français peut-il devenir français ?***

Oui. Deux voies s'ouvrent à lui :

• *Avant sa majorité par la déclaration de nationalité française de l'enfant*

La loi (art. 21-12 CC) permet à l'enfant étranger confié depuis trois ans à l'Aide sociale à l'enfance ou élevé pendant cinq ans par un particulier de réclamer la nationalité française un peu avant sa majorité.

Le juge des tutelles n'a pas de pouvoir d'appréciation sur l'opportunité de l'accès à la nationalité française.

Il lui faut simplement vérifier que les conditions requises par la loi sont remplies.

L'enfant est automatiquement français dès qu'il réclame cette nationalité.

La naturalisation d'un enfant mineur, resté étranger bien que l'un de ses parents ait acquis la nationalité française, peut être demandée. L'enfant doit résider en France avec ce parent depuis au moins cinq ans à la date de la demande.

• *Après sa majorité il pourra demander sa naturalisation au préfet*

Cette procédure classique, qui suppose déjà cinq ans de vie sur le territoire national, est plus aléatoire. La loi admet qu'un enfant dépose sa demande dès l'âge de 17 ans, mais le décret de naturalisation interviendra seulement à partir de sa majorité.

### 48. *Notre fils peut-il renoncer à la nationalité française ?*

Contrairement à ce que l'on peut penser, il est difficile de renoncer à la nationalité française dans la mesure où la France ne souhaite pas favoriser l'apatridie.

Entre 17 ans et demi et 19 ans, un enfant né à l'étranger dont un seul parent est français ou un enfant né en France dont un seul parent est né en France, peut répudier la nationalité française c'est-à-dire renoncer à la nationalité française.

La déclaration de répudiation est faite devant le juge d'instance du domicile de l'enfant ou bien devant le consul.

L'enfant doit prouver qu'il possède la nationalité d'un autre État étranger. La mention de cette déclaration est portée en marge de son acte de naissance (art. 28 et 28-1 CC). Elle n'a pas d'effet rétroactif, c'est-à-dire qu'elle ne produit d'effets qu'à compter de son inscription sur l'acte de naissance.

### 49. *Notre fils peut-il avoir plusieurs nationalités ?*

Bien sûr. Chaque État est maître des conditions d'octroi de sa nationalité. Certains refusent d'accorder leur nationalité à celui qui en a déjà une.

En revanche, un État ne peut pas interdire à un autre d'octroyer sa nationalité à qui il souhaite.

Beaucoup de personnes ont une double ou une triple nationalité. Parfois sans l'avoir demandé, dès la naissance, du fait même d'éléments sur lesquels elles n'avaient pas prise.

On peut renoncer à une nationalité ou on peut la perdre, la communauté internationale étant vigilante d'abord à ce que personne ne soit apatride. La Convention de 1954 relative au statut des apatrides et la Convention de 1961 sur la réduction des cas d'apatridie sont les principales conventions internationales en matière d'apatridie. Elles sont complétées par les traités internationaux des droits de l'homme et des dispositions relatives au droit à une nationalité.

Tous les États du monde, tant s'en faut, n'ont pas ratifié les conventions de 1954 et 1961. La France sur ce point est ambiguë, puisqu'elle tient un discours condamnant l'apatridie mais n'a pas ratifié les conventions internationales sur le sujet. Par exemple, on peut être français car né en France d'une personne elle-même née en France, mais dans le même temps avoir la nationalité de ses deux parents.

En d'autres termes, on peut être français et algérien ou tunisien, suisse, américain, etc., et posséder plusieurs passeports comme on possède plusieurs cartes de crédit.

**50.** ***Je viens de devenir français par naturalisation. Qu'en est-il pour mes enfants?***

*A priori*, ils vont devenir français de plein droit.

Si des personnes deviennent françaises, leurs enfants mineurs le deviennent automatiquement dès lors que deux conditions ont été respectées pour répondre à l'article 22-1 du code civil:

1. Il faut que ce parent ait porté son existence, sauf impossibilité ou force majeure, à la connaissance de l'administration chargée d'instruire la demande préalablement à la signature du décret.
2. Il faut qu'il ait, à la date du décret, résidé avec ce parent de manière stable et durable sous réserve, le cas échéant, d'une résidence en alternance avec l'autre parent en cas de séparation ou de divorce.

Le demandeur doit fournir, «*le cas échéant, la copie intégrale des actes de naissance de ses enfants mineurs étrangers qui résident avec lui de manière habituelle ou alternativement dans le cas de séparation ou de divorce, ainsi que les pièces de nature à établir cette résidence*». (art. 37-1 décret du 30 décembre 1993).

## L'autorisation et l'interdiction de sortie du territoire

**51.** ***L'autorisation de sortie du territoire est-elle obligatoire pour un enfant mineur?***

Un enfant voyageant avec son père ou sa mère n'a pas besoin d'autre papier qu'un document attestant de son identité et du lien qu'il a avec celui-ci.

En revanche, depuis le 15 janvier 2017, un enfant mineur qui vit en France et voyage à l'étranger seul ou sans être accompagné par l'un de ses parents doit être muni d'une autorisation de sortie du territoire (AST). Il s'agit d'un formulaire établi et signé par un parent (ou responsable légal). Le formulaire doit être accompagné de la photocopie d'une pièce d'identité du parent signataire.

Article 371-6 du code civil :

« *L'enfant quittant le territoire national sans être accompagné d'un titulaire de l'autorité parentale est muni d'une autorisation de sortie du territoire signée d'un titulaire de l'autorité parentale.*

[...]

*Un enfant qui réside habituellement en France, qu'il soit français ou étranger, doit être muni d'un titre d'identité ou de voyage, d'une autorisation de sortie de territoire et de la photocopie du titre d'identité de l'un de ses parents.* »

Les règles dépendent de la nationalité du parent signataire de l'AST.

L'enfant qui voyage à l'étranger sans être accompagné de l'un de ses parents doit être muni des documents suivants :

– une pièce d'identité valide pour lui : carte d'identité ou passeport accompagné éventuellement d'un visa si le pays de destination l'exige (à vérifier en consultant les fiches des pays sur le site diplomatie.gouv.fr) ;

– la photocopie de la carte d'identité ou passeport du parent signataire. Le titre doit être valide ou périmé depuis moins de cinq ans ;

– l'original d'un formulaire CERFA signé par l'un des parents titulaires de l'autorité parentale.

### 52. *Puis-je obtenir une interdiction de sortie de territoire pour protéger ma fille ?*

Deux dispositifs existent. Lorsqu'un parent craint que son enfant soit emmené à l'étranger par l'autre parent, il peut recourir à une procédure d'opposition (OST) en cas d'urgence ou à une procédure d'interdiction de sortie du territoire (IST).

• *En cas d'urgence : l'opposition à la sortie du territoire*

L'opposition à la sortie du territoire à titre conservatoire permet au parent (ou à la personne exerçant l'autorité parentale) de s'opposer, sans délai, à la sortie de France de son enfant. En France, pour obtenir cette opposition de sortie du territoire d'un enfant mineur, il faut déposer une demande auprès de la préfecture ou sous-préfecture. Mais si l'urgence le demande (la nuit, les jours fériés ou les week-ends), elle peut être obtenue directement auprès du commissariat de police ou de la brigade de gendarmerie. Dès ce moment-là, elle vaut pour sept jours, le temps d'obtenir une décision judiciaire.

• *L'interdiction de sortie du territoire*

Le parent qui souhaite que l'autre parent ne puisse pas sortir l'enfant sans son autorisation doit demander au juge aux affaires familiales une interdiction de sortie du territoire. Cette interdiction peut être levée temporairement.

# 3

# EXERCER L'AUTORITÉ PARENTALE

## *Une mission, une responsabilité*

*La question est plus complexe qu'il n'y paraît. Commençons par préciser de quoi on parle : qu'est-ce qu'un enfant aux termes de la loi ?*

*1 – Il y a enfant et enfant*

*Le terme « enfant » a plusieurs significations : on est enfant par l'âge et on est enfant par la filiation. Ainsi l'article 371 du code civil édicte « l'enfant, à tout âge, doit honneur à ses père et mère » : à 30 ans on reste l'enfant de ses parents ; mais dans d'autres textes, enfant signifie « mineur ». C'est en ce sens que l'on parle de juge des enfants ou de tribunal pour enfants.*

*2 – Qu'en est-il du rapport enfant-parent ?*

*Incapable de faire valoir ses droits – et déjà celui de survivre seul –, tout enfant est sous l'autorité d'une personne, physique ou morale, qui veille à ses intérêts.*

*L'autorité parentale se veut un ensemble de droits et de devoirs ayant pour finalité l'intérêt de l'enfant (art. 371-1 CC).*

*3 – Qui en est titulaire ?*

*« L'autorité parentale appartient aux parents jusqu'à la majorité ou l'émancipation de l'enfant. »*

*Le point essentiel est que cette autorité est finalisée : elle n'est conférée aux parents par la loi qu'avec l'objectif de protéger l'enfant dans sa sécurité, sa santé et sa moralité, pour assurer son éducation et permettre son développement, dans le respect dû à sa personne. Cela justifie qu'il peut y avoir contrôle de la société.*

*Avant d'être un pouvoir reconnu aux parents sur l'enfant, l'autorité parentale est d'abord une mission qui leur est confiée pour veiller aux besoins de l'enfant.*

*Tout enfant mineur est sous l'autorité d'une personne morale ou physique,* a priori *ses parents, à défaut un tuteur. Les enfants délaissés, sans famille au sens large, deviendront pupilles de l'État avec le préfet comme tuteur.*

A priori *est titulaire de l'autorité parentale celui qui a un lien de filiation établi avec l'enfant. Et celui-là exerce ce droit. Mais les vicissitudes de la vie viennent souvent compliquer ce schéma de base.*

*De quoi parle-t-on ? L'autorité parentale est un ensemble de droits et de devoirs reconnus ou imposés aux parents (art. 371-1 CC). La loi fixe un objectif aux titulaires : veiller à pourvoir aux besoins de l'enfant.*

*De cette autorité découle la reconnaissance d'une liberté et la consécration d'un pouvoir sur l'enfant. Les parents sont libres d'élever leurs enfants dans les valeurs et selon les modalités de vie qui leur plaisent. Pour autant, cette liberté est surveillée et le pouvoir reconnu aux parents peut être canalisé, sinon contrôlé :*

*1– Ce pouvoir est finalisé, il vise à répondre à l'intérêt de l'enfant à travers certains objectifs : veiller à sa santé, sa sécurité et son éducation. « Pour » est le mot essentiel de l'article 371-1 du code civil qui caractérise cette mission : « pour veiller... » ;*

*2- Ce pouvoir est donc limité : les parents ne sont pas autorisés à faire n'importe quoi. L'autorité exercée sur l'enfant ne permet pas de le maltraiter en lui imposant des sanctions ou des punitions disproportionnées. Tout simplement des règles d'ordre public – qui s'appliquent à tous et en tout lieu – contraignent l'exercice de ce pouvoir sur l'enfant. Par exemple, certaines vaccinations s'imposent ou encore la scolarisation est obligatoire.*

*Une mission (veiller à l'intérêt de l'enfant) et un pouvoir (l'autorité de prendre les décisions qui s'imposent) : les éléments sont réunis pour parler de responsabilité. Et c'est d'ailleurs parce qu'ils sont responsables de leur enfant que les parents ou le tuteur devront réparer les dégâts causés par la jeune pousse qui oubliera de fermer un robinet ou bousculera une personne dans la rue au point de la blesser.*

*Des parents peuvent renoncer partiellement ou totalement à exercer l'autorité parentale ou même renoncer à leurs droits envers l'enfant, dans des conditions prévues par la loi, et sous contrôle du juge car l'autorité parentale est indisponible ; ils peuvent aussi être privés par décision judiciaire de l'exercice de ce pouvoir ou même voir rompu le lien avec l'enfant en cas de non-exercice ou de mauvais exercice des responsabilités.*

*Il arrivera que des proches, des enseignants ou les services sociaux suggèrent un soutien à la famille en difficulté à travers des réseaux publics ou privés de soutien à la parentalité, mais aussi l'Aide sociale à l'enfance qui peut aller jusqu'à accueillir physiquement l'enfant avec l'accord des parents ; il adviendra parfois que la justice soit saisie à travers le juge des enfants qui tentera de recueillir l'adhésion des parents sur les mesures préconisées, mais pourra retirer l'enfant à ses parents pour une durée plus ou moins longue.*

*L'autorité parentale, pouvoir reconnu à tout parent au service de la liberté d'élever son enfant, peut donc aussi s'analyser comme une fonction sociale cadrée pour laquelle on pourra être soutenu, interpellé au point d'être amené à rendre des comptes, sanctionné ou encore suppléé. On est loin de la toute-puissance liée au lien de sang que certaines personnes s'évertuent encore à présenter.*

## Qui est titulaire de l'autorité parentale ?

### 53. *Qui en est titulaire ?*

Du lien de filiation avec l'enfant découle une série de droits et de devoirs à son égard que l'on qualifie d'autorité parentale.

Elle caractérise le lien entre une personne mineure – l'enfant – et un adulte.

Si une personne a un lien de filiation juridique avec l'enfant, elle a l'autorité parentale et l'exerce.

Si deux personnes de sexe différent ou de même sexe ont un lien de filiation avec l'enfant, elles ont toutes les deux l'autorité parentale et l'exercent ensemble sauf décision de justice.

### 54. A priori, *qui exerce l'autorité parentale ?*

Exerce l'autorité parentale celui ou celle qui a un lien de filiation juridique établi avec l'enfant.

S'il est ou si elle est seule, il ou elle a l'exercice complet de l'autorité parentale.

S'ils sont deux, ils l'exercent conjointement, sauf décision de justice la confiant à l'un ou à l'autre.

Dans l'hypothèse d'une délégation partielle ou totale de l'autorité parentale, qui ne peut résulter que d'un jugement (art. 376 CC) le ou les parents juridiques peuvent être privés de l'exercice de tel ou tel attribut de l'autorité parentale comme, par exemple, les décisions relatives à l'orientation scolaire.

## 55. *Qui exerce l'autorité parentale si le couple est marié ?*

Si le couple est uni par le mariage, les deux parents exercent conjointement l'autorité parentale.

Il en est de même désormais pour des parents non mariés dès lors qu'ils ont reconnu l'un et l'autre leurs enfants.

Les deux parents se représentent l'un et l'autre dans les actes courants de l'autorité parentale à l'égard des tiers de bonne foi, c'est-à-dire de ceux qui n'ont aucune raison de savoir que le couple est en conflit ou en désaccord sur l'éducation de leur enfant en général ou une question en particulier. On part de l'idée qu'un couple s'entend sur ce qui concerne les enfants (art. 372-2 CC).

Il revient à celui des parents qui serait inquiet de faire le nécessaire en saisissant la justice.

En outre, la loi prévoit qu'il faut parfois explicitement l'accord des deux parents sur tel ou tel point essentiel. Par exemple, dans le cas d'une opération chirurgicale importante (voir question 87) ou pour consentir à l'adoption.

## 56. *Qui exerce l'autorité parentale si les parents sont divorcés ?*

Désormais, après un train de trois lois (1987, 1993, 2002), preuve que la chose n'a pas été facile à obtenir, les deux conjoints ou partenaires divorcés continuent à exercer conjointement l'autorité parentale, sauf si une décision de justice a confié l'exercice à un seul d'entre eux. Auparavant il y avait un gagnant qui « gardait » les enfants et un perdant qui ne disposait que d'un droit de visite et d'hébergement et se voyait imposer une pension alimentaire pour les enfants. Le législateur a eu le souci des parents qui voulaient le rester à part entière par-delà la séparation ; il a surtout eu la préoccupation de garantir à tout enfant ses parents dans son univers par-delà l'éclatement du couple conjugal.

Le juge se prononcera sur la résidence, les droits de visite et d'hébergement et les contributions financières pour les enfants.

### 57. *Dois-je reconnaître mon enfant pour exercer l'autorité parentale ?*

Avant de répondre sur ce cas, il faut rappeler que le code pose que l'autorité parentale – ensemble de droits et de devoirs – appartient aux parents.

Pour que des adultes l'exercent, il faut donc qu'ils soient juridiquement les parents, c'est-à-dire que la filiation soit établie entre eux et l'enfant. Ils peuvent être ses géniteurs, mais pas nécessairement, comme c'est le cas dans l'adoption.

La filiation juridique est automatiquement établie pour la mère si elle est désignée dans l'acte de naissance (art. 311-25 CC). De même, l'homme avec lequel la mère est mariée est juridiquement le père (art. 312 CC).

Dans les autres cas, la filiation juridique découle d'une reconnaissance de paternité ou de maternité qui peut être faite avant ou après la naissance (art. 316 CC) ou à l'issue d'un jugement.

Ce cadre rappelé, on peut examiner ce cas. Vous ne pouvez pas être dedans et dehors en même temps ! L'autorité parentale découle de la filiation. Or, n'ayant pas reconnu votre enfant, juridiquement parlant, même si vous y êtes affectivement attaché et si vous vous préoccupez de lui, vous n'êtes rien pour lui.

Il y a des cas où le père biologique qui n'a pas reconnu l'enfant veut se comporter comme tel et se comporte comme tel. Par exemple, quand il s'est vu interdire par la mère de reconnaître l'enfant et a suivi cette demande, par affection pour elle ou pour ne pas rompre cette injonction. En l'état, il ne dispose d'aucun des attributs de l'autorité parentale.

Il vous faut donc franchir le pas et reconnaître votre enfant en vous rendant à la mairie. Un autre équilibre s'installera alors.

### 58. *Je viens d'accoucher, à 16 ans, d'un enfant que j'ai reconnu. Ma mère veut s'en occuper à ma place. En a-t-elle le droit ?*

Non. Un parent mineur – père comme mère – peut reconnaître son enfant et dispose de tous les attributs de l'autorité sur son enfant dès lors que la filiation est établie.

Quoique mineure vous avez tous les droits sur votre enfant et vous pouvez les exercer personnellement.

Cela peut surprendre, voire dérouter, mais le père ou la mère mineurs, eux-mêmes sous l'autorité de leurs propres parents, exercent entièrement leurs droits et obligations à l'égard de leur propre enfant. Le statut de parent l'emporte sur le statut d'enfant mineur. De toute façon, cette situation n'est pas appelée à durer très longtemps.

Si le parent mineur met l'enfant en danger, par exemple par négligence ou manque de savoir-faire, le juge pour enfants peut être saisi pour confier l'enfant à une tierce personne – un des grands-parents – ou à une institution publique ou privée. Ce sera le cas de la jeune mère qui sort fréquemment, notamment de nuit, en laissant son bébé ou jeune enfant tout seul ; de celle ou de celui des parents qui l'emmène dans toutes ses équipées ou qui tout simplement n'ayant pas les gestes appropriés refuse toute aide ou tout soutien.

### 59. *Un parent peut-il renoncer juridiquement à exercer ses droits ?*

Bien sûr. À la naissance, il suffit déjà de ne pas établir de lien juridique avec l'enfant en ne le reconnaissant pas. On a vu (voir question 1) que les parents n'avaient pas l'obligation de reconnaître leur enfant, voire le droit de ne pas donner leur identité.

Par ailleurs, si la filiation est établie, la loi reconnaît le droit à ce parent de renoncer à l'autorité parentale en remettant l'enfant au service de l'ASE. Il disposera d'un délai de rétractation de deux mois. On notera que la loi ne parle plus d'abandon avec pour conséquence d'identifier les enfants comme ayant été abandonnés, comme des rejets, mais de remise – geste positif – qui généralement sera aux fins d'adoption, approche plus positive de la même réalité douloureuse pour le(s) parents(s) et pour l'enfant.

Un parent peut encore demander au JAF une délégation d'autorité parentale (art. 377 CC) en faveur d'un tiers ou de l'ASE.

### 60. *Un parent peut-il être privé de l'exercice de ses responsabilités ?*

Oui. Un parent peut perdre l'exercice de l'autorité parentale ou en être provisoirement privé, en totalité ou en partie. Le code civil (art. 373) pose le principe général : « *Est privé de l'exercice de l'autorité parentale le père ou la mère qui est hors d'état de manifester sa volonté, en raison de son incapacité, de son absence ou de toute autre cause.* »

En conséquence, l'autre parent, s'il existe, exerce totalement l'autorité parentale, sauf s'il est lui-même dans cette situation. Ainsi, « *si l'un des père et mère décède ou se trouve privé de l'exercice de l'autorité parentale, l'autre exerce seul cette autorité* » (art. 373-1 CC).

L'enfant pourra même devenir adoptable s'il n'y a plus de parent exerçant l'autorité parentale.

### 61. *Y a-t-il une différence selon que les parents sont mariés, ensemble ou non ?*

Désormais, et c'est une avancée extraordinaire, fruit de presque deux siècles de combats, peu importe que l'enfant soit né dans un couple parental uni par le mariage ou non, ses deux parents juridiques exercent ensemble l'autorité parentale.

« *Tous les enfants dont la filiation est légalement établie ont les mêmes droits et les mêmes devoirs dans leurs rapports avec leur père et mère. Ils entrent dans la famille de chacun d'eux* » (art. 310 CC).

En d'autres termes, l'important est le contenu (la filiation), plus que le contenant (le statut matrimonial).

### 62. *Peut-on demander la restitution des attributs de l'autorité parentale qui ont été retirés ?*

Oui. Le retrait de l'autorité parentale relève d'une décision de justice qui peut être rapportée en cas de circonstances nouvelles.

Le retrait peut être prononcé par le TGI si le ou les parents ont été condamnés :

- comme auteurs, coauteurs ou complices d'un crime ou délit commis sur la personne de leur enfant ou de l'autre parent,
- ou comme coauteurs ou complices d'un crime ou délit commis par leur enfant (art 378 CC).

Il peut aussi être prononcé en dehors de toute condamnation pénale contre des parents qui mettent manifestement en danger la santé, la sécurité ou la moralité de leur enfant (art 378-1 CC).

Sauf s'il est suivi d'une adoption plénière qui, par définition, est irréversible (voir question 28), le retrait d'autorité parentale n'est pas définitif. Pour demander la restitution de leur autorité parentale, le ou les parents doivent justifier de circonstances nouvelles et justifier que cette restitution est conforme à l'intérêt de l'enfant.

Cette restitution peut être totale ou partielle.

La demande peut être présentée devant le TGI, uniquement un an après le jugement ayant prononcé le retrait. L'enfant ne doit toutefois pas être placé en vue d'une adoption.

### 63. *On me dit que j'ai l'autorité parentale, mais que je ne peux pas l'exercer. Est-ce vrai ?*

Le plus souvent, les parents sont titulaires de l'autorité parentale et exercent pleinement leurs responsabilités.

Il peut cependant arriver que les titulaires de l'autorité parentale, volontairement ou contraints, voient leurs responsabilités déléguées par décision judiciaire, provisoirement ou définitivement, à une personne physique ou morale.

Ce sera banalement le cas lors d'une séparation arbitrée en justice avec l'un des parents qui se voit confié à titre principal l'exercice d'autorité parentale.

Ce sera encore le cas dans l'hypothèse d'une délégation d'autorité consentie à une mère de famille ou un tiers avec l'accord de la justice quand le titulaire sera hors d'état, un certain temps, d'exercer ses responsabilités. Par exemple, un parent hospitalisé, incapable sur cette période d'exercer ses responsabilités.

### 64. *Mon ex s'est vu confier l'exercice à titre principal de l'autorité parentale. Qu'est-ce que je deviens ?*

Vous conservez des droits et… des devoirs à l'égard de votre enfant, ainsi le devoir de surveiller son entretien et son éducation, notamment sa scolarité, en demandant à être destinataire de son bulletin scolaire (art. 373-2-1 CC) : « *Le parent qui n'a pas l'exercice de l'autorité parentale conserve le droit et le devoir de surveiller l'entretien et l'éducation de l'enfant. Il doit être informé des choix importants relatifs à la vie de ce dernier. Il doit respecter l'obligation (de veiller à l'éducation de l'enfant) qui lui incombe en vertu de l'article 371-2.* »

Vous devez être informé(e) des choix importants qui sont faits le concernant, sous-entendu qui ne nécessitent pas l'accord des deux parents. Bref, vous ne devez pas être mis(e) au pied du mur. Vous devez, vous pouvez jouer un rôle auprès de votre enfant, quoique ne vivant pas avec lui. Vous pouvez être amené(e) à donner des autorisations. Vous devez contribuer, selon la décision du tribunal, à l'entretien de l'enfant.

### 65. *La décision de confier l'exercice de l'autorité parentale à titre principal après notre séparation est-elle définitive ?*

Non. S'agissant d'un enfant, rien n'est jamais définitif : avec le temps, ses besoins ou ses envies évoluent ; il faut en tenir compte. Votre situation peut aussi évoluer favorablement et vous pouvez vous trouver en meilleure situation que vous étiez au moment de la décision pour exercer vos responsabilités. À l'inverse, le parent qui bénéficie de la résidence peut traverser de sérieuses difficultés, notamment de santé.

Vous avez le droit à tout moment de solliciter que ce jugement soit corrigé en demandant au JAF un exercice conjoint, voire l'exercice à votre profit exclusif si vous avez des arguments forts à faire valoir.

De même, un membre de la famille ou encore le ministère public peuvent tenter d'obtenir une adaptation de la décision en cours (art. 291 CC).

L'enfant se voit privé de la possibilité de saisir le JAF pour que ses conditions de vie soient adaptées, alors qu'il peut saisir le juge des enfants s'il s'estime en danger. On aurait pu imaginer qu'à un certain âge – 13 ans, l'âge où il peut être incarcéré – ce droit lui soit accordé. Il faudra que les deux parents soient vigilants à ce que vit leur enfant pour anticiper des passages à l'acte ou des moments dépressifs quoi qu'il leur en coûte.

Le parent qui appelle à une modification, notamment pour relayer l'enfant privé du droit d'agir, devra saisir le JAF.

Vous n'êtes pas obligé de vous faire assister d'un avocat, mais on vous le recommandera.

Dans chaque tribunal, les avocats sont organisés en barreaux et le secrétariat du bâtonnier peut vous communiquer la liste des avocats spécialisés.

## Les responsabilités des parents et tuteurs

### 66. *Qui est normalement responsable d'un enfant?*

Est responsable celui qui aura des comptes à rendre sur ce qu'il aura fait ou pas fait à l'égard de sa conscience, des autres et de la société.

Est responsable aussi celui qui a une mission ou une charge.

On aura alors des comptes à rendre sur la mission ou la charge que l'on avait à assumer, mais à une condition: avoir disposé des moyens permettant de faire face à la mission confiée. Une mission sans pouvoir ne permet pas d'engager la responsabilité de l'intéressé. Ainsi, les parents disposent du droit de contrôler leur enfant, de lui poser des interdits ou des obligations; ils sont aussi en droit de le punir, de façon proportionnée.

*A priori*, est responsable de l'enfant celui, celle ou ceux qui exercent l'autorité parentale. L'autorité parentale est une mission autorisant à exercer une contrainte morale, voire physique sur l'enfant. On doit rendre des comptes sur la manière dont on l'exerce. Si l'enfant est confié à une institution ou à un tiers, celui-ci ou celle-ci sera responsable au quotidien, devra rendre des comptes sur l'exercice de sa mission et sera civilement responsable si l'enfant cause des dégâts.

### 67. *Quels sont les actes de la vie courante ou usuels ?*

La loi autorise celui qui a l'enfant avec lui à prendre toutes les initiatives nécessaires à sa vie sans avoir à en référer à quiconque, notamment pas à l'autre parent dont il peut être séparé physiquement, sinon juridiquement. Le code civil vise les actes usuels (art. 372-2) sans définir cette notion, ni en dresser la liste. Fort heureusement au demeurant, car la loi serait régulièrement dépassée par la vie et source alors de paralysie ou de drames. On va essayer au regard de l'expérience de cerner ce qui entre dans l'une et l'autre des deux catégories.

Auparavant relevons qu'à la différence des actes non usuels qui exigent une preuve formelle de l'accord des deux parents, les actes usuels sont présumés être accomplis avec l'accord de l'autre parent. Cette présomption d'accord pour les actes courants ne vaut que pour les tiers « de bonne foi » (les professionnels de l'école, de la crèche, etc.), c'est-à-dire ceux qui ne sont pas informés d'un éventuel désaccord de l'autre parent. La présomption d'accord entre les parents disparaît dès lors que l'autre parent a fait connaître explicitement son désaccord, par exemple avec les orientations éducatives prises ou parce que l'autre parent ne l'informe de rien et fait ainsi échec au principe de coparentalité.

Si l'un des parents a fait connaître son désaccord, les tiers en relation avec l'enfant ne peuvent plus s'occuper de lui ou prendre de décisions le concernant, sans obtenir expressément l'acquiescement des deux parents. Et en cas de situation de blocage, l'un des parents étant obligé d'exprimer formellement son désaccord même pour les actes usuels – cela arrive lorsque l'autre parent ne l'informe de rien et ne respecte donc pas son devoir d'information –, le JAF devra être saisi.

On voit ainsi que même si, de fait, le parent avec qui réside habituellement l'enfant a une prépondérance dans l'exercice de l'autorité parentale quotidienne, elle doit être contrebalancée par le devoir d'information envers l'autre parent.

Dès lors, quels sont les actes habituellement qualifiés d'usuels ou d'actes graves ? On peut aisément identifier les extrêmes du spectre ; on est plus en difficulté en ce qui concerne les cas intermédiaires.

Il va de soi qu'au titre des actes courants, un parent peut seul inciter son enfant à se doucher et se brosser les dents, faire en sorte qu'il regarde moins la télévision ou navigue moins sur Internet, aille se coucher ou se lève pour aller en cours, surveiller ses relations, etc. Autant de compétences reconnues à celui qui a à charge un enfant. À l'inverse, il est tout aussi évident qu'une opération à cœur ouvert suppose l'accord des deux parents.

Mais qu'en est-il pour l'orientation scolaire, l'inscription à une activité sportive plus ou moins à risque comme un sport de combat ou une sortie du territoire ?

Les tribunaux renvoient à d'autres concepts tout aussi subjectifs, mais plus facilement mobilisables : au titre des actes non usuels, on vise les actes importants, graves ou qui engagent l'avenir. On peut admettre que la pratique du saut à l'élastique est plus rare et préoccupante que l'inscription à un club de basket. Les tribunaux visent aussi les pratiques habituelles qui ne rompent pas avec le passé. Si jusqu'ici les enfants faisaient du ski, on comprendrait difficilement pourquoi ils n'en feraient plus, à l'initiative du parent qui est avec eux.

On peut dresser une liste des actes usuels ou non usuels à travers l'analyse des décisions de justice. Les services sociaux et les tribunaux ont élaboré une liste analogue, puisque ce sont les mêmes concepts qui sont utilisés dans les rapports des parents avec l'ASE : il y a les actes que celle-ci est légitime à exercer seule et ceux pour lesquels elle ne peut pas se passer de solliciter l'accord d'un parent, voire des deux parents. À défaut, il faut que le juge l'habilite à passer outre l'accord des parents (art. 375-7 CC) (voir question 180).

## 68. *Quels soins doit-on apporter aux enfants ?*

Il revient aux parents de prodiguer les soins nécessaires à l'enfant. Dès le temps de la grossesse, des recommandations, des obligations (les visites médicales), sinon des interdits, sont avancés pour prévenir des problèmes de santé de la mère mais aussi de l'enfant.

À sa naissance, l'enfant est doté d'un carnet de santé. Des examens sont obligatoires pour pouvoir réagir au plus tôt à d'éventuels problèmes. Notre droit se cale sur les mœurs et pratiques, à savoir qu'il laisse les parents veiller sur la santé de leur enfant en mobilisant les dispositifs de proximité comme les pédiatres ou les autres médecins généralistes ou spécialisés. La PMI (Protection maternelle et infantile) offre un dispositif de médecine sociale, ouvert à tous et notamment à ceux qui seraient en difficulté.

L'urgence et l'absence des parents pourront justifier que des tiers en cas d'incident – légère blessure – ou d'accident se substituent aux parents qui reprendront la main au plus tôt.

Pour les actes importants comme certaines interventions chirurgicales, les médecins demanderont, sauf urgence, l'accord d'un parent, voire (voir *supra*) des deux parents. La sortie de l'hôpital s'effectuera avec l'accord et l'accompagnement d'un parent.

Bien sûr, dans certains cas, ceux qui environnent l'enfant (membres de la famille, voisins, corps médical, enseignants, etc.) peuvent douter des compétences des parents à prendre les mesures qui s'imposent. Ils veilleront à les convaincre. S'ils n'y parviennent pas, ils devront mobiliser la justice – le procureur ou le juge des enfants s'il intervient déjà – qui seule a le pouvoir d'habiliter le corps médical à pratiquer tel traitement en l'absence des parents ou malgré leur opposition explicite.

On l'a dit mais c'est essentiel, il va de soi qu'en cas d'urgence et de diagnostic vital, les médecins n'ont besoin d'aucun feu vert. Ils interviendront *proprio motu*. À défaut, ils engageraient notamment leur responsabilité pénale.

### 69. *Qu'en est-il de l'obligation alimentaire des parents à l'égard des enfants ?*

Tous les parents, dès lors que la filiation est établie, ont le devoir de contribuer financièrement à l'entretien et à l'éducation de leur enfant. Peu importe que les parents soient mariés ensemble ou pas. La loi ne distingue pas selon les enfants (art. 310 CC). Il en découle une obligation alimentaire réciproque : « *Chacun des parents contribue à l'entretien et à l'éducation des enfants à proportion de ses ressources, de celles de l'autre parent, ainsi que des besoins de l'enfant* » (art. 371-2 CC). En d'autres termes, selon ses moyens et en tenant compte des besoins de l'enfant, les parents doivent pourvoir aux besoins de leur enfant, y compris lorsqu'il est devenu majeur (voir question 128).

Les besoins de l'enfant doivent être considérés au cas par cas selon l'âge, les habitudes de vie et le développement.

L'appréciation des ressources du parent débiteur est un élément essentiel. Seront prises en considération les prestations sociales perçues.

Cette double appréciation se fait au jour où le juge est appelé à statuer. Elle peut être remise en cause dans les deux sens.

Vous pouvez notamment être amené à financer les études de votre enfant devenu majeur dès lors que ces études sont adaptées à ses compétences et qu'il est sérieux dans leur suivi.

## *L'intérêt de l'enfant*

### 70. *Qu'est-ce que l'intérêt de l'enfant ?*

Désormais, le législateur se réfère en permanence à l'intérêt de l'enfant, sinon, comme y invite la Convention internationale des droits de l'enfant (CIDE) dans son article 3 (voir question 187), à l'intérêt supérieur de l'enfant, sans pour autant donner une définition de ce concept.

De fait, il est impossible de définir dans l'absolu l'intérêt de l'enfant sachant, et ce n'est pas la moindre des difficultés, que l'enfance s'écoule de la naissance à la majorité fixée à 18 ans en 1974.

Le concept de besoin permettrait plus sûrement de cerner concrètement ce que l'on recherche ou ce que l'on privilégie. Par exemple, on s'accorde à penser qu'un jeune enfant a besoin de stabilité dans ses relations. Ainsi, les enfants dits de Ceausescu, du nom du dictateur roumain renversé en 1989, souffraient d'autisme du fait d'être délaissés dans les lits à barreaux des *camines spitales* roumains qui les hébergeaient.

Il faut encore relever que le champ de vie de l'enfant est sans mesure. Même un inventaire à la Prévert serait sans fin et exigerait une actualisation régulière.

Il faut donc en prendre son parti. Il n'y a pas et il n'y aura pas de définition *ex cathedra* de l'intérêt de l'enfant. On pourra seulement, *a posteriori*, dans tel ou tel domaine dire ce qui a pu être considéré comme étant l'intérêt d'un enfant en particulier ou des enfants en général.

La référence à l'intérêt de l'enfant trahit le souci du législateur dans toutes les décisions privées et parfois publiques de ce qui lui serait bon ou utile.

On relèvera que paradoxalement le législateur invoque régulièrement l'intérêt de l'enfant pour justifier des atteintes aux droits qu'il lui reconnaît par ailleurs. Ainsi, l'enfant doit être obligatoirement entendu par son juge, sauf si son intérêt s'y oppose ; il a le droit d'entretenir des relations avec ceux qui lui sont chers, notamment ses frères et sœurs, sauf si son intérêt s'y oppose, etc. On multiplierait les illustrations dont la loi est désormais truffée, principe de précaution oblige.

Et qui a intérêt à évoquer l'intérêt de l'enfant ? Ceux qui concrètement auraient à pâtir de l'exercice par l'enfant de ses droits. En vérité, celui qui parle de l'intérêt de l'enfant parle souvent de ses propres aspirations mais se situe rarement du côté de l'enfant.

On retiendra que, sur les questions essentielles, le législateur appelle notamment les parents à s'interroger sur l'impact des décisions qu'ils peuvent être amenés à prendre concernant l'enfant ou sur les actes que ce dernier pourrait engager. Il s'agit donc plus d'une démarche à entreprendre, d'une attitude à tenir, quitte, une fois l'intérêt de l'enfant mis en exergue, à arbitrer avec d'autres intérêts en jeu. Tous les intérêts en jeu ne sont pas nécessairement conciliables. La Convention relative aux droits de l'enfant détermine qu'en cas de conflit, l'intérêt de l'enfant doit être une considération primordiale (art. 3).

### 71. *Qu'est-ce que l'intérêt supérieur de l'enfant ?*

L'article 3 est l'une des dispositions phares de la Convention des Nations unies relative aux droits de l'enfant adoptée le 20 novembre 1989 et ratifiée par la France : « *1. Dans toutes les décisions qui concernent les enfants, qu'elles soient le fait des institutions publiques ou privées de protection sociale, des tribunaux, des autorités administratives ou des organes législatifs, l'intérêt supérieur de l'enfant doit être une considération primordiale.* »

On l'a dit *supra* (voir question précédente) la CIDE pas plus que le code civil ne donnent une définition théorique de l'intérêt de l'enfant. Reste aussi à interpréter le mot « supérieur ».

Vise-t-on le fait que, confronté à plusieurs enjeux, le décideur doit privilégier l'enfant ?

L'intérêt supérieur de l'enfant signifie qu'il faut dépasser le moment présent en privilégiant ce qui est essentiel pour l'enfant à long terme. Il s'agit d'une attitude à adopter avant de prendre toute décision, un peu comme le pilote de l'avion effectue une *check-list* avant de mettre les gaz pour décoller.

La Cour de cassation a finalement tenu l'article 3 de la CIDE d'application directe sans qu'il faille de texte d'application. Concrètement, cela signifie que l'on peut l'invoquer directement en justice. Des décisions judiciaires sont d'ores et déjà intervenues en se référant à la Convention.

L'important est de ne pas invoquer l'intérêt de l'enfant de façon purement incantatoire, mais d'argumenter au cas par cas et *in concreto*, en quoi telle ou telle décision est de son intérêt actuel ou à venir.

### 72. *Que fera le juge aux affaires familiales en cas de difficultés familiales majeures ?*

« *Si l'intérêt de l'enfant le commande, le juge peut confier l'exercice de l'autorité parentale à l'un des deux parents* » (art. 373-2-1 CC).

Seuls des motifs graves justifient qu'on refuse à l'autre parent l'exercice du droit de visite et d'hébergement. Lorsque, conformément à l'intérêt de l'enfant, la continuité et l'effectivité des liens de l'enfant avec le parent qui n'a pas l'exercice de l'autorité parentale l'exigent, le JAF peut organiser le droit de visite dans un espace de rencontre désigné à cet effet.

Lorsque l'intérêt de l'enfant le commande ou lorsque la remise directe de l'enfant à l'autre parent présente un danger pour l'un d'eux, le juge en organise les modalités pour qu'elle présente toutes les garanties nécessaires. Il peut prévoir qu'elle s'effectue dans un espace de rencontre qu'il désigne ou avec l'assistance d'un tiers de confiance ou du représentant d'une personne morale qualifiée.

Le parent qui n'a pas l'exercice de l'autorité parentale conserve le droit et le devoir de surveiller l'entretien et l'éducation de l'enfant. Il doit être informé des choix importants relatifs à la vie de ce dernier. Il doit respecter l'obligation qui lui incombe en vertu de l'article 371-2.

### 73. *Quand prononcera-t-on le délaissement parental (anciennement déclaration judiciaire d'abandon) ?*

La loi du 14 mars 2016 sur la protection de l'enfant a facilité la déclaration de délaissement par la justice quand les parents n'exercent pas leurs responsabilités. La nouvelle procédure est fixée depuis un décret du 9 février 2017.

« *Un enfant est considéré comme délaissé lorsque ses parents n'ont pas entretenu avec lui les relations nécessaires à son éducation ou à son développement pendant l'année qui précède l'introduction de la requête, sans que ces derniers en aient été empêchés par quelque cause que ce soit* » (art. 381-1 CC).

Au nom de l'intérêt de l'enfant, la loi entend privilégier la rupture juridique du lien parents-enfant, dès lors qu'il y a une rupture de fait. On a entendu en faciliter le prononcé quelles que soient les raisons objectives qui ont pu empêcher les parents d'exercer leurs responsabilités. Toutefois, on ne considérera pas que les parents hospitalisés pour une maladie lourde ont été absents : le délaissement doit être « volontaire », c'est-à-dire ne pas être imposé par une cause irrépressible.

La déclaration de délaissement parental relève du TGI du lieu où demeure le mineur. La demande est présentée :

– soit par la personne, l'établissement ou le service départemental de l'ASE qui a recueilli l'enfant, après que des mesures de soutien aux parents leur ont été proposées ;

– soit par le procureur de la République agissant d'office ou sur proposition du juge des enfants.

Le juge entend les parents, le tuteur, la personne ou le représentant du service à qui l'enfant a été confié, ainsi que toute personne dont l'audition lui paraît utile. Dans le cas où les parents ont disparu, le juge peut faire procéder à une recherche dans l'intérêt des familles.

L'autorité parentale sur l'enfant délaissé est déléguée à la personne, à l'établissement ou au service départemental de l'ASE qui a recueilli l'enfant ou à qui ce dernier a été confié.

Le délaissement parental peut être déclaré à l'égard des deux parents ou d'un seul. Le ou les parents peuvent faire une demande de restitution de leurs droits.

### 74. *Et quand retirera-t-on l'autorité parentale?*

Les parents peuvent se voir retirer l'autorité parentale pour des motifs graves. C'est ce qui s'appelait autrefois «déchéance de la puissance paternelle». Le retrait peut être total ou partiel. Il peut toucher un seul parent ou les deux. Il ne peut être prononcé que par un juge civil ou pénal.

En effet, il existe deux situations de retrait d'autorité parentale:

a) En cas de condamnation pour crime ou délit des parents sur l'enfant:

«*Peuvent se voir retirer totalement l'autorité parentale par une décision expresse du jugement pénal les père et mère qui sont condamnés, soit comme auteurs, coauteurs ou complices d'un crime ou délit commis sur la personne de leur enfant, soit comme coauteurs ou complices d'un crime ou délit commis par leur enfant, soit comme auteurs, coauteurs ou complices d'un crime sur la personne de l'autre parent»* (art. 378 CC).

b) En cas de danger ou de désintérêt de l'enfant, deux situations peuvent se présenter (art. 378-1 CC) :

– «*Les père et mère qui, soit par de mauvais traitements, soit par une consommation habituelle et excessive de boissons alcooliques ou un usage de stupéfiants, soit par une inconduite notoire ou des comportements délictueux, notamment lorsque l'enfant est témoin de pressions ou de violences, à caractère physique ou psychologique, exercées par l'un des parents sur la personne de l'autre, soit par un défaut de soins ou un manque de direction, mettant manifestement en danger la sécurité, la santé ou la moralité de l'enfant.*»

– « [Le cas où] *une mesure d'assistance éducative avait été prise à l'égard de l'enfant, les père et mère qui, pendant plus de deux ans, se sont volontairement abstenus d'exercer les droits et de remplir les devoirs que leur laissait l'article 375-7.*»

L'action en retrait total de l'autorité parentale est portée devant le TGI, soit par le ministère public, soit par un membre de la famille ou le tuteur de l'enfant, soit par le service départemental de l'ASE auquel l'enfant est confié.

Cette mesure n'est pas irréversible. Les parents peuvent se voir restituer, sous conditions, une partie ou la totalité de leur autorité parentale.

### 75. *Quels sont les effets d'une décision de retrait de l'autorité parentale ?*

Le parent se voit retirer «*de plein droit sur tous les attributs, tant patrimoniaux que personnels, se rattachant à l'autorité parentale*». Ce retrait «*s'étend à tous les enfants mineurs déjà nés au moment du jugement*» (art. 379 CC).

À l'inverse, «*il emporte, pour l'enfant, dispense de l'obligation alimentaire* [...] *sauf disposition contraire dans le jugement de retrait*».

### 76. *Et si l'enfant est retiré par le juge des enfants?*

Le fait qu'un enfant soit confié à une personne physique ou morale par un juge des enfants dans le cadre d'une procédure d'assistance éducative ne retire pas aux parents l'exercice de l'autorité parentale.

L'enfant ne vivra plus chez ses parents et donc ne sera plus sous leur autorité directe. Cette décision peut conduire au transfert plus ou moins longtemps de tel attribut de l'autorité parentale à la personne physique ou morale en charge sur décision de justice de l'enfant: ceux qui sont nécessaires à l'exercice de sa mission. La compétence sur les actes courants notamment.

Cette décision du juge des enfants vaut au plus pour deux ans. Elle peut être renouvelée mais pour qu'il y ait maintien au-delà des deux ans il doit y avoir un débat dans le bureau du juge où sera fait le bilan de la période écoulée, une analyse des possibilités offertes aux parents et à l'enfant avant qu'une nouvelle décision soit prise qui peut être de renouveler l'accueil – appelé placement – mais qui peut aussi être d'en finir avec tout accueil pour décider d'un retour à la maison simple ou avec l'accompagnement d'un service éducatif.

L'intervention du juge des enfants n'est pas par essence destinée à durer, soit les parents retrouvent leurs capacités à élever leur enfant quitte à bénéficier d'un soutien social accepté, soit il faut aller vers une délégation d'autorité parentale.

## 77. *Mon fils est en internat. Ai-je toujours tous mes droits sur lui ?*

L'enfant qui vit en internat est *a priori* sous l'autorité de ses parents, sauf à ce qu'il ait été inscrit dans cet établissement dans le cadre d'une mesure de protection judiciaire confiée à l'ASE, auquel cas il se trouve dans la situation de tout enfant accueilli par ce service, ou encore s'il a été confié directement par un juge. Ils jouissent donc de tous leurs droits et supportent toutes les obligations des parents.

Si l'enfant cause un dommage, ses parents sont civilement responsables, sauf à prouver une faute de l'établissement ; ils feront intervenir leur assurance. C'est le même principe lorsque l'enfant est en vacances chez ses grands-parents : les parents demeurent civilement responsables, à moins d'une faute personnelle des accueillants (voir question 111).

## 78. *Qu'en est-il s'il est confié à l'Aide sociale à l'enfance ?*

Deux situations peuvent se présenter :

– Cette intervention de l'ASE s'inscrit dans le cadre d'un « contrat d'accueil provisoire » signé avec ses parents. Cette convention justifie et finalise l'accueil. Elle précise les termes de la prise en charge. Les parents conservent la totalité des attributs de l'autorité parentale et les exercent dans la mesure du possible. L'ASE exerce les actes de la vie quotidienne. Les parents peuvent à tout moment mettre fin à ce « contrat » qui les lie à l'ASE, quitte à ce que celle-ci, inquiète, convaincue d'un danger pour l'enfant, fasse un signalement au procureur. De la même manière, l'ASE peut rompre ce contrat et demander au juge des enfants de la transformer en mesure judiciaire, donc de lui donner un caractère contraignant.

– L'enfant peut aussi être accueilli par l'ASE sur décision judiciaire prise notamment par le procureur de la République ou par le juge des enfants.

Dans ce cas, les parents ne disposent plus que des attributs de l'autorité parentale compatibles avec l'exercice de cette mesure. Par définition, ce ne sont pas eux qui décident du lieu où l'enfant réside mais ils sont consultés sur ce point essentiel; en revanche, ils restent investis du droit de décider de son orientation scolaire ou des soins non urgents ou vitaux nécessaires.

L'ASE est toujours compétente pour les actes de la vie courante; pour les actes dits actes graves, elle doit solliciter l'accord parental. À défaut de l'obtenir ou de réponse à ses sollicitations, elle est en droit de saisir le juge des enfants pour décider (art. 375-7 CC) (voir question 180).

### 79. *Comment mandater mon frère pour s'occuper de mes enfants le temps de mon absence, qui s'annonce longue, à l'autre bout du monde, pour raisons professionnelles?*

Quand des parents ne sont pas en situation d'exercer pleinement leurs responsabilités, sur une période plus ou moins longue, du fait d'une longue absence liée à une activité professionnelle ou à la suite d'un problème de santé, il peut être intéressant pour eux de désigner un délégué, personne physique ou morale qui le fera à leur place.

Ce sera par exemple le cas de parents qui partent s'installer dans un pays éloigné et laissent leurs enfants mineurs poursuivre leurs études en France en demeurant chez un membre de la famille (art. 377 CC). Ce sera encore plus simplement le cas de parents issus des départements d'outre-mer amenés à venir vivre en métropole sans pouvoir emmener leur enfant. Ils voudront fréquemment le confier aux grands-parents ou à un oncle ou une tante.

Cette délégation peut être totale ou partielle, par exemple en lien avec la scolarité de l'enfant.

Le jugement de délégation peut prévoir, pour les besoins d'éducation de l'enfant, que les père et mère, ou l'un d'eux, partageront tout ou partie de l'exercice de l'autorité parentale avec le tiers délégataire (art. 377-1 CC).

La délégation est prononcée par le JAF à la demande des parents (art. 376 CC). Il n'est pas question que les parents et le futur délégué passent convention entre eux. Pour prévenir toute pression ou trafic d'enfants c'est la loi qui crée le cadre juridique et la justice qui décide.

Aujourd'hui, il est fréquent de recourir à une délégation d'autorité parentale pour les mineurs étrangers non accompagnés qui se trouvent sur le territoire national. Les services sociaux s'efforcent de joindre leurs parents et les amènent à donner une autorisation pour faciliter cette délégation. On peut revenir par décision de justice sur cette délégation «*s'il est justifié de circonstances nouvelles*» (art. 377-2 CC).

La loi (art. 376 à 377-3 CC.) autorise à déléguer provisoirement à cette personne les attributs de l'autorité parentale soit quasiment en totalité – les parents restent parents ! –, soit une partie d'entre eux. Elle pose une condition majeure : cette délégation volontaire doit être consacrée par le JAF afin de contrôler, avec l'aide du procureur de la République, qu'il n'y a pas de pression sur le parent ou de trafic d'enfants.

Cette décision est réversible, à la demande du parent ou du délégataire.

Elle se termine avec l'acquisition de sa majorité par le jeune.

Avantage parmi d'autres de cette formule : dans l'hypothèse où vos enfants causeraient des dégâts à autrui, c'est la personne à laquelle vous les avez confiés par décision de justice qui devra assumer les conséquences de ce dommage, plus exactement son assurance interviendra ; à défaut, c'est vous qui devriez le faire, même si au moment de l'incident, vous êtes à des milliers de kilomètres et hors d'état d'exercer votre autorité sur eux (voir question 111).

Il est aussi des cas où cette délégation d'autorité parentale est forcée. Ainsi dans l'hypothèse où les parents ne font aucune démarche sans pour autant exercer leurs responsabilités. Ils s'en désintéressent.

Dans cette hypothèse, l'établissement ou le service départemental de l'ASE qui accueille l'enfant, le parquet, le particulier qui a recueilli l'enfant, un membre de la famille peuvent demander à déléguer l'exercice de l'autorité parentale.

## 80. *Je crains de ne pas être en situation d'exercer mes responsabilités à l'égard de mon fils. Et je n'ai aucune famille pour m'aider…*

Dans certains cas, les parents s'attendent à avoir des difficultés à exercer pleinement leurs responsabilités sans pouvoir bénéficier de soutiens de proches.

La loi a aussi prévu cette hypothèse.

Ils peuvent certes faire appel au service de l'ASE en demandant un soutien puis en signant un contrat avec cette administration sous l'autorité du président du conseil départemental. Ainsi, s'il faut recourir à une séparation physique, ils signeront un recueil temporaire auquel il pourra être mis fin à leur demande. Ils resteront parents à part entière, mais l'administration sera en droit d'accueillir l'enfant, de veiller sur lui et d'exercer les actes de la vie courante.

À tout moment il peut être mis fin à ce dispositif. Par exemple si le parent revient plus tôt que prévu à proximité ou n'est plus hospitalisé. En pratique, avec l'ASE, il trouvera la solution pragmatique adaptée avec notamment le souci de ne pas bouleverser l'univers de l'enfant, spécialement sa scolarité.

À l'inverse, il se peut que derrière cet accueil provisoire se joue un délaissement d'enfant non assumé explicitement ; il appartiendra à l'ASE qui en fera le diagnostic d'en tirer les conséquences en saisissant la justice.

### 81. *Je me drogue. On me menace de me retirer l'autorité parentale.*

Observons qu'être sous l'emprise de produits stupéfiants ou encore d'alcool n'est pas la meilleure des dispositions pour élever correctement des enfants. Sans compter que votre état de santé peut se dégrader avec les plus grands risques pour vous.

Tout est question de situation, mais il est certain que vous prenez le risque que vos proches, les services sociaux ou un juge estiment qu'il y a une situation de danger pour les enfants et interviennent pour les protéger, y compris en vous les retirant.

Le juge peut spécialement autoriser le maintien des enfants chez vous à la condition que vous fournissiez la preuve que les soins qui vous sont nécessaires vous sont prodigués.

On peut aussi imaginer, si la situation persiste et surtout s'aggrave, que des mesures plus draconiennes soient recherchées par le procureur, notamment le retrait de l'autorité parentale (voir question 74).

## Quels sont les droits des parents à l'égard de leurs enfants ?

Les droits des parents sont des « droits-devoirs » à l'égard de leurs enfants. Ils ont le droit de choisir son éducation parce qu'ils ont le devoir d'éduquer. On verra leurs devoirs *infra* (voir question 87).

On le relève rarement, mais les géniteurs ont déjà le droit de ne pas établir de lien juridique avec leur enfant. Ils n'ont pas l'obligation de le reconnaître ou ils peuvent demander l'anonymat (mais sans établir la filiation d'où découlerait le nom ; la mère peut cependant choisir le prénom de son enfant). Ce faisant, ils privent leur enfant d'une partie, sinon de la totalité, de sa filiation au risque de le faire souffrir. Si l'enfant – généralement un nouveau-né – est trouvé et remis aux services sociaux, l'officier d'état civil veillera à lui donner trois prénoms dont le dernier sera un nom. En d'autres termes, notre pays ne garantit par le droit de l'enfant à l'établissement de sa double filiation paternelle et maternelle. Il privilégie le droit des géniteurs.

Un parent peut ne pas pouvoir assumer ses responsabilités à l'égard d'un enfant. Il le remet à l'ASE ou à un organisme habilité s'il a moins de 2 ans. Il n'est pas punissable. En revanche, il le serait s'il délaissait son enfant dans des conditions telles qu'il le mettrait en danger.

Une fois établie la filiation, il revient aux parents de choisir un prénom à l'enfant puisque les règles de dévolution du nom sont codifiées par la loi avec une relative automaticité : la marge de manœuvre dont disposent les parents est réelle, mais limitée (voir question 36).

Les parents ont le droit de profiter de la présence de leur enfant et de ce qui généralement est, par-delà les contraintes, le plaisir d'être parent.

Ils ne peuvent en être séparés qu'à leur initiative ou leur demande et, parfois, sur une décision de justice, sachant que la loi demande aux magistrats de recueillir dans toute la mesure du possible l'adhésion des parents à cette séparation et ses modalités. Ajoutons que, si elle doit survenir, la séparation n'est pas une fin en soi, mais un moyen au service d'un projet.

C'est d'abord aux parents de veiller à l'éducation et à la protection de leur enfant, quitte à respecter quelques règles d'ordre public, peu nombreuses, mais non négligeables comme l'obligation de scolariser l'enfant dès 3 ans ou de le faire vacciner. De même, ils ne peuvent exercer n'importe quelle violence sur leur enfant. Mis à part ces contraintes, ils sont libres d'éduquer leur enfant comme bon leur semble. L'éducation est familiale avant d'être parentale. On aurait tendance à l'oublier. En réalité, on peut parler de coéducation : les parents, l'environnement familial et social avec sa dimension souvent religieuse, l'école, les médias jouent un rôle dans l'éducation de l'enfant, mais les parents en demeurent responsables et ils seront amenés à prendre des décisions importantes, comme l'orientation scolaire, en associant le principal intéressé.

Dans certaines situations, ils pourront souhaiter mobiliser des tiers pour pallier leurs difficultés ou tout simplement confier leur enfant à travers une délégation d'autorité parentale, voire une adoption (voir question 26). Tout se fera sous contrôle judiciaire pour éviter les pressions et les manipulations.

### 82. *Mon fils a « dérapé ». Heureusement, il a été arrêté. Vais-je être mobilisé par le tribunal ?*

Oui. Il est impossible de faire grand-chose sans vous. Vous pouvez aider les magistrats à comprendre de quoi il retourne ; vous aurez également un rôle à jouer dans les réponses éducatives ou plus coercitives qui seront mises en place.

Combien de fois n'a-t-on pas entendu entonner le chant de la démission parentale pour expliquer le basculement des enfants dans des comportements asociaux ? Régulièrement, on prétend leur rappeler leurs responsabilités par la menace de sanctions civiles ou pénales. On aura aussi le souci de leur apprendre à exercer leurs responsabilités en leur imposant des stages d'éducation parentale, voire en les sanctionnant avec des peines de prison ou des amendes, les enfants étant voués à des structures « cadrantes ».

On part du principe qu'il y a une manière d'élever les enfants, des principes, des attitudes de base auxquels tous doivent se référer. Il y a les « bons parents » qui respectent ces schémas et les « mauvais parents » qui n'ont pas intégré ces règles et qu'on entend amener à le faire par la menace d'engager leur responsabilité.

Personne ne contestera l'influence sur le comportement d'un enfant du cadre dans lequel il se développe et, spécialement, le rôle socialisant des parents. De là à tenir systématiquement les parents pour responsables de tout, il y a une marge. Deux enfants recevant la même éducation des mêmes parents pourront suivre deux routes différentes. La meilleure éducation du monde n'empêche pas des actes délictueux, et ce, dans tous les milieux sociaux.

Il est des parents démissionnaires. Il est surtout des parents qui n'en peuvent plus devant l'enfant qui leur échappe. Nombre n'hésitent pas à le dire et demandent de l'aide ; d'autres sont dans une telle difficulté – passagère ou chronique – pour régler leurs propres problèmes qu'ils ne peuvent se consacrer comme il le faudrait à leurs responsabilités parentales.

Foin d'angélisme : certains parents profitent de la délinquance de leur enfant. Ils ne se posent pas trop de questions sur l'origine de l'argent ou de certains biens en possession de leur progéniture, surtout si eux-mêmes sont en difficulté. Ce sont ces adolescents qui paient en liquide la visite du médecin quand les parents sont au chômage ou n'ont pas le sou ! Certains incitent même leurs enfants à commettre des faits délictueux. De là à généraliser, il n'y a qu'un pas ! Cela arrive dans certaines formes de délinquance organisée qui confinent à la petite, voire à la grande industrie. D'autres peuvent cautionner leurs enfants, les excuser et mettre en cause la société.

En tout cas, on fait régulièrement feu de tout bois pour culpabiliser les familles défaillantes.

Les idées ne manquent pas pour combattre cette carence parentale. On relance même la vieille recette du

XIX^e siècle contre l'enfance dangereuse : la rupture du lien familial !

Outre l'indemnisation des victimes, on songe aussi à prendre ces parents au portefeuille par des amendes, par des contributions financières aux frais d'accueil de l'enfant en institution ou par la suppression des allocations familiales. On a même vu des expulsions de familles prononcées pour trouble de jouissance du fait du comportement délictueux de certains de leurs enfants.

Le retrait des allocations familiales a ses limites, puisqu'il risque d'aggraver la situation familiale ; pire, on risque de sanctionner les autres enfants de la famille qui n'ont pas commis d'actes déviants ! Sans compter que les allocations familiales sont d'abord un droit de l'enfant dont il ne doit pas être privé.

On oublie que, tout simplement, les parents sont tenus solidairement à réparer les dommages causés par leur enfant mineur sur lequel ils ont autorité juridique.

L'autre démarche consiste à s'orienter vers une responsabilité pénale des parents, du fait de la délinquance de leur enfant. Cela peut s'entendre – et est déjà possible – si les parents fournissent les moyens, sinon donnent les ordres, pour cette délinquance. Ils sont complices.

Le Parlement a adopté dans la loi du 5 août 2011 des dispositions visant à sanctionner les parents présumés démissionnaires. Plus que jamais, la justice et les travailleurs sociaux ont réalisé l'importance d'une mobilisation parentale réelle, dans l'instant mais aussi pour l'avenir : le jeune ne rompra que rarement avec les siens et son histoire. Le juge des enfants et les éducateurs auront intérêt à ne pas les « tuer » définitivement comme parents responsables quand le jeune est déjà porté à les négliger ou à les rabattre dans leurs compétences. Au contraire, ici comme dans la procédure d'assistance éducative, il faut les mobiliser, venir à leur aide, les valoriser. Par exemple, il est inacceptable, comme on le voit trop souvent, de laisser un jeune, majeur ou non, avancer que ses parents n'ont pas à être présents à l'audience car « mes bêtises, c'est mon problème à moi ! ». Il faut, au contraire, veiller à la présence des parents à l'audience, les informer de ce que leur enfant a fait et, bien évidemment, les impliquer dans les mesures éducatives à prendre. Il faut aussi se préoccuper dans l'intérêt de la victime de se voir communiquer le nom de leur compagnie d'assurances.

Reste un détail à résoudre : de quels parents parle-t-on ? Du seul parent qui dispose de la résidence ? Du beau-père ou de la belle-mère ?

On mesure les conséquences pour les parents des « bêtises » de leurs enfants.

Tout cela pour dire que, même si vous avez une responsabilité majeure ou diffuse dans le comportement de votre fils, vous aurez demain, et dès le premier jour au commissariat puis au tribunal, un rôle important à jouer et des compétences pour le sortir du mauvais pas dans lequel il s'est mis. Votre enfant a encore besoin de vous. Éducateur, juge et avocat vous mobiliseront pour vous soutenir.

## 83. *Quels sont mes droits de parent dans la procédure pénale engagée contre mon fils ?*

1. Vous devez déjà être informé de cette procédure et des suites données.

Les parents sont informés par les policiers de l'interpellation de leur enfant, *a fortiori* de sa mise en retenue ou en garde à vue (art. 4, II, ord. 1945) où ils pourront le visiter ; ils connaîtront les suites données à la procédure par le parquet : ils seront informés de la décision de classement sans suite ou sous condition ou avisés de l'ouverture d'une information devant le juge des enfants ou devant le juge d'instruction (art. 10 al. 2). Ils se verront notifier toutes les mesures concernant leur enfant prises par le juge de l'instruction ou la juridiction de jugement (art. 6-1).

2. Vous serez obligatoirement convoqué pour chaque audition de l'enfant par le juge chargé de l'instruction pour la notification du contrôle judiciaire, l'audience de jugement, la mise en œuvre de certaines sanctions comme le travail d'intérêt général ou la réparation (art. 10 al. 2).

3. Vous serez sollicité pour exercer les droits relatifs à l'autorité parentale.

Comme parent vous aurez à :

– donner votre accord aux mesures préconisées par le parquet dans le cadre d'un classement sans suite de la procédure ;

– choisir l'avocat qui s'occupera de votre enfant ou celui de demander qu'il lui en soit désigné un en garde à vue et pour la suite de la procédure ;

– consentir au prononcé d'une mesure de réparation quand celle-ci est proposée par le parquet en alternative à des poursuites et émettre des observations quand elle est prononcée par jugement ;

– accepter ou vous opposer à une présentation immédiate devant la juridiction des mineurs même si celle-ci est acceptée par l'enfant et son avocat ;

– consentir au placement de l'enfant sous surveillance électronique (art. 723-7 al. 1er CPP) ;

– visiter votre enfant en détention ;

– faire appel des décisions au nom de l'enfant (art. 24 ord. 1945).

Vous disposez des droits des parents de tout enfant pris en charge dans une structure éducative (maintien des liens, information sur les droits, remise d'une documentation, droit de demander la mainlevée du placement).

## 84. *Et quelles sont mes charges comme parent ?*

L'arsenal juridique pour faciliter la mobilisation des parents est conséquent avec des réponses pénales ou/et sociales.

Déjà, une amende civile de 3750 euros peut être prononcée par le juge en charge de l'instruction ou la juridiction de jugement si vous ne déférez pas. De plus, une contribution aux frais de placement – rarement prononcée – est possible ou encore une suspension des allocations familiales en cas de placement.

Mesure totalement tombée en désuétude, une amende civile de 1,50 euro à 75 euros peut être prononcée en cas d'entrave systématique à l'exercice d'une mesure de liberté surveillée ou de défaut caractérisé de surveillance de l'enfance (art. 26 al. ord. 1945).

Des parents peuvent se retrouver poursuivis pénalement comme coauteurs ou complices de leur enfant notamment par fourniture d'ordre ou de moyens pour commettre l'infraction, ce qui est somme toute rare, mais peuvent aussi répondre de leur propre faute ou carence éducative. Les parents qui se soustraient à leurs obligations légales à l'égard de leur enfant mineur au point de compromettre leur santé, leur sécurité, leur moralité ou leur éducation (art. 227-17 CP).

Le procureur de la République a donc deux voies à sa disposition pour sanctionner la mise en péril de l'enfant par non-exercice de l'autorité parentale : saisir le juge des enfants sur la base de l'enfance en danger ou engager des poursuites pénales contre les parents.

Chaque année, une centaine de parents sont poursuivis ; un peu plus d'une dizaine se trouvent condamnés à des peines fermes. La limite de cette démarche est de tenter de restaurer l'autorité parentale censée être défaillante aux yeux de l'enfant en faisant de son parent... un délinquant.

En vérité, le but n'est pas d'incarcérer les parents mais de les faire réagir par la menace, sinon par une certaine aide. Des alternatives aux poursuites pénales se développent donc dans certains tribunaux comme Colmar, Strasbourg ou Paris avec l'obligation faite aux parents de participer à des stages éducatifs pour éviter la correctionnelle.

La loi « Prévention de la délinquance » du 5 mars 2007 a donné la possibilité au maire ès qualités de président du Conseil des droits et des devoirs des familles de décider également – avec l'accord des parents – de stages de parentalité. Au point où il devient très difficile aujourd'hui de se retrouver entre les mesures que peuvent prendre le maire, le président du conseil départemental, le procureur ou le juge qui visent toutes à apprendre, en quelques jours, aux parents à être parents.

Sur le strict terrain judiciaire, la loi d'août 2011 a renforcé les obligations des parents quand leur enfant est poursuivi :

– Ils pourront être amenés à comparaître *manu militari* s'ils ne sont présents à l'audience (art. 10-1 ord. 2-2-1945).

– Les sanctions encourues pour défaut de déférement sont renforcées. L'amende civile prévue initialement est donc transformée en sanction pénale en cas de défaut de comparution. Elle est au plus de 3750 euros. Cette condamnation est désormais inscrite au casier judiciaire national.

Les parents qui ne répondraient pas aux convocations du procureur dans le cadre d'une alternative aux poursuites proposée à leur enfant avec leur accord seront poursuivis devant le tribunal correctionnel (art. 7-1).

Si les parents ne se présentent pas à l'audience de leur enfant après avoir été dûment cités à comparaître comme civilement responsables, il suffira de leur signifier le jugement prononcé à leur égard pour qu'il soit exécutoire (art. 12-2).

Il est difficile pour les magistrats et les travailleurs sociaux de faire l'impasse sur la famille du mineur délinquant, même si la tentation est forte quand l'analyse est faite de la responsabilité majeure des parents dans la mauvaise évolution de leur enfant. Fréquemment il faudra les motiver, les soutenir, tout simplement les relégitimer aux yeux de leur enfant et des tiers.

Durant l'intervention éducative sous mandat judiciaire, les parents ne sont pas dépossédés de l'exercice de l'autorité parentale, y compris s'il y a lieu à accueil physique dans un établissement éducatif, même s'ils vont devoir composer avec cette intervention. Ils doivent donner leur accord sur tous les actes importants (orientation scolaire ou professionnelle, sortie du territoire, opérations, etc.). Ils doivent être associés au mieux aux temps forts de la vie de leur enfant.

**85.** ***Mon fils a commis des délits. Va-t-on me retirer les allocations familiales ?***

Le juge peut prévoir une contribution financière à la prise en charge de l'enfant s'il est accueilli en institution. En l'état de notre droit, seules les allocations familiales perçues au titre de l'enfant accueilli en institution sont retirées, le temps de cet accueil, pour être versées à l'institution mandatée.

Un paradoxe mérite d'être relevé : si l'enfant est confié à une institution classique, le juge doit obligatoirement retirer les allocations familiales et autres prestations sociales perçues pour l'enfant (art. 40, al. 3 ord. 1945) ; en revanche, si le jeune est confié à un centre d'éducation fermé – *a priori* donc pour les cas les plus lourds –, le juge est autorisé à maintenir la perception des allocations familiales (art. 34 ord. 1945).

Une incohérence parmi d'autres, liée à l'accumulation des réformes durant dix ans sans véritable réflexion sur la cohérence de ce qui était décidé et sur les résistances rencontrées.

Fort heureusement, le juge des enfants en matière pénale peut, comme dans le champ de l'assistance éducative, maintenir le versement des allocations à la famille quand celle-ci participe à la prise en charge morale ou matérielle de l'enfant ou en vue de faciliter son retour dans son foyer (art. L 521-2 CSS).

**86.** ***Mes enfants ne me respectent pas. Que faire ?***

Depuis Napoléon, article clé du code civil : « *L'enfant, à tout âge, doit honneur et respect à ses père et mère* » (art. 371 CC).

On admettra que la référence à l'honneur date du Moyen Âge et n'a guère plus d'usage aujourd'hui, sinon dans les milieux mafieux. En revanche, le concept de respect est une référence fréquente dans tous les milieux. Non seulement l'enfant doit témoigner de la considération pour ses parents – la piété filiale –, mais encore il doit les traiter avec des égards particuliers. On relèvera que le code civil fixe toujours un sens unique : le respect va du fils ou de la fille au père et à la mère. Aujourd'hui, on écrirait que cette considération doit être réciproque.

Reste que le code civil ne sanctionne pas la violation de l'article 371. Il s'agit d'une de ses dispositions purement morales.

Le respect ne se décrète pas ; il se gagne. Tout se joue très tôt. À la préadolescence, il est souvent bien trop tard pour réagir et s'interroger sur les virages ratés.

## Les devoirs des parents à l'égard de leurs enfants

### 87. *Quelles sont les obligations des parents à l'égard de leur enfant ?*

Les parents doivent en premier lieu veiller à protéger leur enfant. Déjà, tout simplement, en lui apportant les soins qui lui sont nécessaires, ceux qui s'imposent pour tout enfant jusqu'à ceux qui sont spécifiques à un enfant. Au fur et à mesure, l'enfant grandissant, et selon les circonstances de la vie, les modalités de cette protection évolueront.

Ils agiront à travers leurs actes positifs, mais aussi par les précautions qu'ils prendront face aux dangers de la vie. Les risques de la vie domestique sont bien évidemment ceux auxquels on pense immédiatement : l'eau, l'électricité, le feu, les escaliers, etc. Ils veilleront à empêcher que, par son comportement, l'enfant se mette en situation de danger. Ainsi, ils auront aussi le souci de ses rencontres, physiques ou désormais virtuelles sur Internet. Cette protection se veut physique, mais également morale. Ils s'appuieront souvent sur les services spécialisés, comme naturellement les services de santé, privés ou publics, mais encore les services sociaux ou les associations.

Ils doivent également veiller à l'éducation de leur enfant, éducation s'entendant au sens très large du terme. Ils doivent s'assurer de son éveil et, à travers la scolarisation, à ce qui lui sera utile dans sa vie sociale et professionnelle. Les parents ont bien évidemment un rôle majeur à remplir. Ils le jouent implicitement ou explicitement, qu'ils le veuillent ou non. Ils sont non en concurrence, mais en coresponsabilité avec le dispositif scolaire. Ils éveilleront dans toute la mesure du possible, et en fonction de leurs moyens et de leurs choix, leur enfant à l'art, à la culture, au sport, à la spiritualité ou à tout autre élément qui leur semble important. L'école est là, dans une démarche de co-éducation, pour compléter leur démarche, voire pour la stimuler.

### 88. *Qu'est-ce que ce droit de correction paternelle dont on parle encore ?*

De fait l'expression remonte à la nuit des temps où le rapport des parents à leurs enfants s'analysait d'abord comme un pouvoir physique quasi absolu sur des enfants qui leur appartenaient comme des biens. Les parents disposent toujours d'un pouvoir physique et moral plus ou moins large, en tout cas cantonné et contrôlé, sur leurs enfants pour garantir leur protection et leur éducation.

Depuis 1970, on est passé de la puissance paternelle à l'autorité parentale, en prenant en compte que le père n'est pas seul en responsabilité et que le pouvoir sur l'enfant devait évoluer en autorité. Aujourd'hui se pose la question de consacrer dans la loi l'éducation sans violence, ce qui ne signifie pas sans autorité, que pratiquent au quotidien la plupart des parents de France.

À Rome, le père de famille disposait d'un droit de vie et de mort, d'ailleurs plus théorique que réel, sur son enfant. En le prenant dans ses mains et en l'élevant devant la foule, il marquait son intention de s'en occuper. Ce droit de vie ou de mort sur l'enfant a disparu autour du IVe siècle. Il en reste le pouvoir de se faire obéir, et donc de sanctionner l'enfant en cas d'incartade.

Sous l'Ancien Régime, un enfant pouvait, quel que fût son âge, être enfermé à la demande de son père sachant que les garçons devenaient majeurs à 30 ans, les filles à 25. À compter du XVIIe siècle cependant, cette faculté fut restreinte aux enfants de moins de 25 ans : on a souvent entendu parler du fameux « lieutenant de police », puissant auxiliaire des pères aux abois ! La Révolution organisa un « Tribunal domestique » devant lequel le père devait porter sa plainte ; on pensait que de cette assemblée toutes les vertus jailliraient. Demeure aujourd'hui encore le droit reconnu aux parents de punir les enfants pour se faire obéir à condition de se contenter de violences légères, c'est-à-dire qui ne laissent pas de traces sur le corps.

On attend toujours que la France, s'alignant sur la dynamique enclenchée en 2008 par le Conseil de l'Europe, interdise tous les châtiments corporels comme la gifle et la fessée et s'engage simplement et officiellement dans la promotion d'une éducation sans violence.

On a cru y parvenir avec la disposition adoptée dans la loi « Égalité et citoyenneté » du 28 décembre 2016 finalement annulée par le Conseil constitutionnel le 28 janvier 2017 pour cause de « cavalier législatif », c'est-à-dire de mesure hors sujet. Depuis, le gouvernement n'a pas pris l'initiative de faire voter ce texte. Récemment, deux parlementaires Maud Petit (MoDem) et François-Michel Lambert (LREM) ont relevé le gant. Le 2 mars 2018, devant des professionnels de l'enfance réunis à l'occasion de la première année du Plan interministériel contre les violences faites aux enfants lancé par le précédent gouvernement, la ministre de la Santé et des Solidarités, Agnès Buzyn, s'est engagée en 2018 à soutenir la proposition de loi déposée par deux députés pour « une éducation sans violence ». La proposition de loi poursuit son chemin législatif.

La démarche se veut pédagogique en éclairant la voie à suivre, mais il ne s'agit pas de s'inscrire dans un registre répressif : aucune infraction nouvelle au-delà de ce qui existe déjà ne sera introduite. En interdisant les violences, vexations et autres humiliations, le législateur pose les limites à la puissance parentale.

### 89. *L'interdiction de lever la main sur mon fils me prive des moyens pour me faire obéir. Que dois-je faire ?*

Il ne faut rien exagérer ! D'abord, il n'est pas interdit de marquer son autorité à l'égard de son enfant. L'autorité est d'abord morale. De plus, malheureusement, la loi condamnant le recours aux châtiments corporels n'a finalement pas été adoptée. En d'autres termes, même si on vous le déconseille, légalement, les violences légères restent tolérées (voir question 189) ! Ensuite, on peut faire acte d'autorité sans violence physique par sa simple présence et prestance morale. Votre enfant ne doit pas respecter vos consignes parce qu'il a peur, mais parce qu'il est convaincu que, finalement, il en va de son intérêt parce que vous le protégez et qu'il a appris à vous respecter.

On peut faire preuve d'autorité sans lever la main ni élever la voix.

**90.** ***Une bonne gifle n'a jamais fait de mal. Non ?***

C'est vous qui le dites. Il y a bien évidemment violences et violences et leur impact ne se mesure pas aux seules traces relevées sur le corps de l'enfant.

Chacun sait que les châtiments corporels trahissent généralement les limites des parents à communiquer avec leur enfant, mais aussi l'angoisse qu'ils ont pu avoir devant tel comportement de leur enfant. Bref, la gifle et la fessée ne font rien à l'affaire, mais rassurent leur auteur. Généralement, on peut répondre au problème posé autrement qu'en frappant. C'est peut-être plus subtil et plus long, mais sûrement plus efficace que la peur. Bref, là comme ailleurs, la violence est l'arme des faibles.

Il ne viendrait à l'idée de personne de gifler son voisin de palier ou son collègue en cas de désaccord : votre enfant mérite autant de respect que votre voisin de palier. Si l'on approuve – à juste titre – le souci de mieux traiter les animaux, on se doit d'autant plus de bien traiter les enfants. Qui aime bien châtie bien… mais sans coups ni humiliations !

## La religion et la liberté de conscience

### 91. *Mon enfant est-il libre de choisir sa religion ?*

On est ici dans le domaine de la liberté des familles et de la liberté des personnes.

La loi française, confortée par le droit international (art. 14 de la CIDE), vous reconnaît le droit d'élever votre enfant dans les valeurs et les croyances qui vous sont propres. Vous pouvez être croyant ou non croyant.

Mais, en ce qui le concerne, l'enfant se voit reconnaître une totale liberté de conscience par notre droit. À tout âge, il est libre de ses convictions, croire comme ne pas croire. C'est une liberté fondamentale reconnue à tout être humain.

Quoi qu'il vous en coûte parfois, vous devez donc tenir compte de l'opinion de votre enfant, sinon de sa sensibilité, dès lors qu'il est en état de la manifester. Cela peut ne pas être aisé pour lui. D'abord du fait d'une certaine immaturité, mais encore de la pression familiale et du sentiment d'appartenance à une communauté.

Très tôt, des enfants manifestent leur liberté de conscience en refusant de suivre les prescriptions religieuses familiales ; beaucoup respectent les formes pour ne pas décevoir leurs parents, d'autres, évidemment, adhèrent à un engagement religieux en s'inscrivant naturellement dans la dynamique familiale.

L'État s'interdit de faire pression sur vous dans un sens ou dans l'autre ou de développer du prosélytisme à l'égard de l'une ou l'autre religion. On rappellera que la loi du 9 décembre 1905 a affirmé, après moult luttes, la liberté de conscience de chacun et la séparation de l'État et des Églises[1].

En d'autres termes, votre enfant peut ne pas avoir de convictions religieuses. La loi veut que vous le guidiez, mais vous ne pouvez pas les lui imposer au risque de le voir se cabrer. Toute comparaison gardée, vous seriez confronté au même problème de rébellion explicite ou plus sourde, si vous entendiez, comme jadis, le forcer à écrire de la main droite alors qu'il est naturellement gaucher. Ou encore si vous en étiez à nier ou à ne pas respecter ses attirances sexuelles et à le rejeter de ce fait. Les parents doivent aimer leur enfant pour ce qu'il est et non pas pour ce qu'ils souhaiteraient qu'il soit.

Vous pouvez certes, comme font de nombreuses familles, le faire baptiser si vous êtes catholique et il optera ensuite pour l'attitude qui lui conviendra.

La jurisprudence va même jusqu'à accepter la circoncision.

## 92. *Puis-je faire circoncire mon fils ?*

Oui, mais la circoncision est une atteinte majeure à l'intégrité physique de l'enfant. On peut même s'interroger sur sa légalité.

Elle est pratiquée pour des raisons médicales, mais cet argument, jadis fort, n'a plus guère de poids aujourd'hui. Sa légalité alors ne se conteste pas. Aujourd'hui, elle intervient surtout sur la base de convictions religieuses, ce qui est de plus en plus contesté dès lors qu'elle est pratiquée sur un jeune enfant hors d'état de donner son

1. Voir *Citoyenneté, engagement : pratiques de laïcité*, Association des citoyens réservistes de l'Éducation nationale (ACREN), coordonné par Jean-Louis Auduc et Jean-Pierre Rosenczveig, L'Harmattan, 2017.

consentement à cet acte irréversible. La loi française la tolère encore. Le Conseil de l'Europe souhaiterait qu'un débat soit enfin engagé dans tous les pays où cette pratique perdure. C'est déjà le cas en Allemagne.

En France, ce sujet demeure tabou, alors même que la CIDE n'autorise des atteintes à l'intégrité physique des enfants que pour des raisons médicales. Ce qui est permis sous d'autres cieux au nom de la coutume ou de la religion peut-il continuer à l'être ici ?

On peut analyser juridiquement cette pratique comme une atteinte permanente à l'intégrité physique de l'enfant – une amputation – pour répondre à des valeurs familiales. Aujourd'hui, la circoncision est d'abord une manière de marquer l'appartenance d'un enfant à une communauté. On peut l'entendre ; on peut aussi la questionner.

Si elle doit intervenir, ce devrait être uniquement selon la volonté de l'intéressé.

### 93. *Mon mari veut inscrire notre fils dans un établissement religieux mais je préférerais l'école publique.*

Les parents doivent d'abord discuter ensemble ou avec un tiers qui a leur confiance. Faute d'accord, il faudra que l'un d'eux saisisse le juge aux affaires familiales pour trancher ce litige. Vous pouvez donc saisir la justice en vous rappelant que, selon l'adage populaire, un mauvais accord vaut mieux qu'un bon procès.

Le magistrat vous entendra l'un et l'autre. Éventuellement, il entendra votre fils en fonction de son degré de maturité. À coup sûr, s'il est adolescent. Il se prononcera en tenant compte de vos habitudes familiales. Par exemple, de ce qu'avec leur père vous aurez décidé pour les enfants plus âgés s'il y en a.

Cette réponse vaut pour toute autre question majeure concernant la vie de votre ou de vos enfants communs comme par exemple les soins, la sortie du territoire, les activités à risque, etc., auxquels vous pourriez un jour vous opposer.

Il est évident que la solution trouvée par le législateur est ponctuelle. On imagine difficilement un ménage à trois avec le juge entre les deux parents. Il faudra à un moment donné percer l'abcès de vos désaccords.

### 94. *Témoin de Jéhovah, je m'oppose aux transfusions sanguines. Peut-on en faire une à mon enfant sans mon accord ?*

De fait, les Témoins de Jéhovah n'acceptent pas de transfusion de sang total ou de l'un de ses composants majeurs (globules rouges, globules blancs, plaquettes et plasma). Toutefois, l'organisation dirigeante laisse à la conscience des fidèles la décision d'accepter certaines fractions du sang comme l'albumine, les immunoglobulines ou les préparations pour hémophiles.

On observera déjà que le corps médical dispose maintenant d'alternatives à la transfusion sanguine qui sont acceptées par les Témoins de Jéhovah.

On peut donc entendre votre refus des transfusions sanguines et les médecins doivent tenter de respecter vos convictions, mais dans certaines limites. En France, le droit a évolué ces dernières années à propos de la relation médecin-patient. En particulier, la loi Kouchner du 4 mars 2002 relative aux droits des malades établit clairement le respect de la volonté du patient :

Article L. 1111-4 du code de la santé publique :

«*Le médecin doit respecter la volonté de la personne après l'avoir informée des conséquences de ses choix. Si la volonté de la personne de refuser ou d'interrompre un traitement met sa vie en danger, le médecin doit tout mettre en œuvre pour la convaincre d'accepter les soins indispensables.* [...] *Aucun acte médical ni aucun traitement ne peut être pratiqué sans le consentement libre et éclairé de la personne et ce consentement peut être retiré à tout moment.*»

En d'autres termes, le corps médical peut passer outre votre refus après une décision de justice prise par le procureur, ou éventuellement, par un juge des enfants, l'y autorisant.

Si le diagnostic vital est en jeu dans l'instant, le médecin se passera de tout accord et fera au mieux en prenant les décisions qu'il juge nécessaires à la santé de l'enfant, même contre l'avis des parents (art. L 1111-4 CSP):

«*Dans le cas où le refus d'un traitement par la personne titulaire de l'autorité parentale ou par le tuteur risque d'entraîner des conséquences graves pour la santé du mineur ou du majeur sous tutelle, le médecin délivre les soins indispensables.*»

Le médecin lui-même n'a besoin d'aucune autorisation pour faire ce qui est nécessaire surtout s'il lui apparaît que le diagnostic vital est engagé.

À défaut, il devrait répondre d'un manque de soins (voir question 127).

## 95. *Nos petits-enfants ont été emmenés par leurs parents dans leur secte. Que faire?*

Selon les associations, on dénombrerait actuellement en France environ 700 000 adeptes dont 50 000 enfants sous emprise sectaire pour environ 700 sectes actives sur le territoire. Les pouvoirs publics avancent un chiffre bien inférieur en parlant de quelques milliers d'enfants. Si des adolescents peuvent rejoindre volontairement des sectes, d'autres enfants y vivent à temps plein avec leurs parents.

Les parents adeptes ne formulent jamais de demande d'aide pour leurs enfants, pas plus que pour eux-mêmes. La plupart des ex-adeptes eux-mêmes ne demandent rien. S'ils arrivent à quitter physiquement la secte, ils errent et se terrent fréquemment pendant des années dans un état de sidération et de prostration.

La difficulté à demander de l'aide est liée au sentiment de culpabilité, à la pathologie même de l'adepte et à l'emprise sectaire qui demeure active des années après leur sortie. Ils n'arrivent à l'hôpital ou chez un psychiatre qu'après un long temps de détresse et de souffrance… quand ils y parviennent.

Leur peur de représailles est aussi réelle et l'aide apportée peut ne pas être adéquate. De même, la crainte de ne pas être crus par les professionnels de la santé, de la justice, les associations, la police, etc. Ce qu'ils racontent est tellement invraisemblable, insensé, qu'ils sont la plupart du temps incompris et même suspectés d'affabulation. Ils ont honte de s'être fait manipuler, de s'être mis volontairement dans cette souricière et d'y être restés, sans prise de conscience.

S'il est pratiquement impossible de protéger un enfant de la maltraitance liée à l'emprise sectaire en s'appuyant sur la prise de conscience du parent adepte endoctriné, il est cependant essentiel de mobiliser le parent non adepte et non endoctriné ou de l'aider.

La question du besoin des enfants victimes de sectes apparaît la plupart du temps à l'occasion de conflits familiaux, le projet groupal enfermant de la secte venant en opposition du projet sociétal qui est de socialiser l'enfant dans un réel objectif de construction de sa citoyenneté.

Désenclaver un enfant d'une secte semble pratiquement impossible. Il peut rarement sortir de l'influence sectaire par ses propres moyens. Le parent adepte, n'ayant pas conscience de nuire à la construction psychologique de son enfant, le maintient dans l'assujettissement sectaire. En pratique, seul le parent non sectaire peut jouer un rôle utile pour désembrigader un enfant à condition de lui apporter le soutien nécessaire. Mais il est souvent impuissant, seul, face au pouvoir de la secte, incompris dans l'importance de la maltraitance qu'il dénonce et insuffisamment appuyé ou soutenu par les intervenants institutionnels.

Accorder l'autorité parentale à un parent adepte d'une secte revient toujours à accorder l'autorité à la secte elle-même.

Il y a toujours un déséquilibre de force entre le parent adepte qui bénéficie de la puissance quasi mafieuse de la secte et le parent non adepte, isolé. La société, ses institutions protégeant l'enfant et sa législation doivent agir pour rétablir un rapport d'équilibre dans l'intérêt de l'enfant.

Si les mauvais traitements, les viols, l'absence de soins relèvent de l'arsenal répressif classique, l'endoctrinement « par lavage de cerveau » n'était pas suffisamment perçu jusqu'à aujourd'hui, et encore moins réprimé. Il constitue une maltraitance psychologique particulièrement dangereuse pour la victime de secte et, davantage encore, pour la victime mineure.

La loi Royal du 18 décembre 1998 tendant à renforcer le contrôle de l'obligation scolaire avait dessiné les contours que pouvait prendre pour l'enfant la « mise en état de sujétion ». Cette loi a pour objectif de réduire l'exclusion sociale dont est victime l'enfant de secte, littéralement de le « désenclaver » en renouant des contacts avec le monde extérieur, un monde partagé avec d'autres citoyens pour s'accomplir comme personne libre.

Ce n'est pas la dimension « religieuse » qui caractérise la secte, mais sa dimension totalitaire cachée sous le leurre d'une quête spirituelle. Les membres ne jouissent plus de leurs droits et libertés fondamentaux.

Les parents inquiets peuvent s'informer auprès de la Mission interministérielle de vigilance et de lutte contre les dérives sectaires et, à travers elle, saisir les autorités compétentes.

Dans le même esprit, les préfectures ont mis en place un dispositif d'accueil pour les parents qui craindraient une démarche d'embrigadement envers leur enfant (voir question 97).

## 96. *Notre fils de 16 ans a décidé d'être bouddhiste. Est-ce possible ?*

Oui, selon l'article 14 de la CIDE qui reconnaît la liberté de conscience, de croire ou de ne pas croire.

Ce texte mérite d'être restitué, car il n'en existait pas jusqu'ici d'équivalent en droit interne français. C'est chose faite en trois points :

« *1. Les États parties respectent le droit de l'enfant à la liberté de pensée, de conscience et de religion.* »

Cette disposition est fondamentale et identifie bien l'enfant comme un être humain. Il est impossible d'empêcher une personne – et l'enfant est une personne – d'avoir des convictions religieuses, comme il est impossible d'obliger quelqu'un à avoir des convictions religieuses.

L'article 14 poursuit :

« *2. Les États parties respectent le droit et le devoir des parents ou, le cas échéant, des représentants légaux de l'enfant, de guider celui-ci dans l'exercice du droit susmentionné d'une manière qui corresponde au développement de ses capacités.* »

Reste qu'il est des situations délicates où la pression familiale confine à la maltraitance quand des parents obligent leur enfant à pratiquer. Il faudra apprécier s'il n'y a pas une situation de danger justifiant l'intervention du juge des enfants et une décision de retrait.

Enfin, les manifestations des convictions religieuses sont possibles, mais là encore à condition de respecter l'ordre public. Il faut une loi pour les restreindre :

« *3. La liberté de manifester sa religion ou ses convictions ne peut être soumise qu'aux seules restrictions qui sont prescrites par la loi et qui sont nécessaires pour préserver la sûreté publique, l'ordre public, la santé et la moralité publiques, ou les libertés et droits fondamentaux d'autrui.* »

## 97. *J'ai peur que mon enfant soit embrigadé. Que faire ?*

On parle souvent de radicalisation. Le terme « embrigadement » est mieux adapté. On peut être radical dans ses idées sans être dangereux pour autrui ni manipulé par quiconque !

L'embrigadement par des prédicateurs, personnes physiques ou médiatiques, est préoccupant à de nombreux points de vue. Le jeune perd toute capacité critique et, bien évidemment, se coupe peu ou prou, sinon totalement, de sa famille.

Il n'y a pas de solution miracle, sinon éviter de rompre le fil du dialogue quand cette situation est particulièrement dure à supporter par des parents qui sont rejetés et doivent supporter toutes les critiques. Dans un passé récent, on a connu des situations d'emprise analogues avec les drogues dures. Il va falloir sur la durée restaurer lucidité et estime de soi, perspectives et confiance en évitant entretemps le pire.

Pour cela, on ne peut que recommander de prévenir les autorités qui ont mis en place dans chaque département des cellules pour traiter ces situations sous l'angle policier mais aussi sous l'angle de la prise en charge personnalisée, avec plus ou moins de réussite.

Le jeune devra faire un travail sur lui-même, mais il a besoin de trouver à proximité de lui des adultes qu'il apprécie ou qu'il aime pour tourner définitivement la page et rompre avec les sollicitations.

Un service téléphonique d'écoute et de renseignements est disponible dans chaque préfecture. Il ne faut pas hésiter à le joindre *via* le site internet de la Préfecture. Un dispositif existe en arrière-fond pour aider les jeunes en difficulté, indépendamment d'une éventuelle investigation policière et intervention judiciaire, même s'ils ne sont pas entrés dans une phase active. La préfecture vous orientera vers ce dispositif social qui vous recevra ainsi que votre enfant.

### **98.** ***Ma fille veut apprendre à conduire en un temps réduit. Puis-je lui apprendre la conduite automobile ?***

Oui, à travers le dispositif de conduite accompagnée mis en place depuis 1990.

En France, on n'est autorisé à conduire un véhicule automobile dans l'espace public que si l'on détient le permis délivré par l'administration et, pour passer cet examen, théorique et pratique, il convient d'avoir au moins 18 ans le jour de l'examen.

Toutefois, désormais, tout jeune âgé d'au moins 15 ans peut être initié concrètement à la conduite automobile. Il pourra apprendre à conduire sous l'autorité d'un adulte qui le contrôlera. Cette formule permet d'acquérir une expérience de la conduite avant de passer son permis de conduire et donc d'augmenter ses chances de réussir l'examen du permis de conduire (environ 70 % contre 50 % avec la filière traditionnelle en 2008).

La formation se déroule en trois étapes: la formation initiale, puis la conduite accompagnée avec des allers-retours en auto-école et la présentation à l'examen. La formation initiale, d'une durée de vingt heures minimum de conduite effective, au sein de l'auto-école, permet au candidat de se présenter à l'épreuve théorique du permis, le code. En cas de réussite, l'auto-école délivre une attestation de fin de formation initiale. Une copie de cette attestation doit être adressée à la compagnie d'assurances et à la préfecture dans un délai de trois semaines.

La conduite accompagnée peut ensuite débuter. Elle s'étale sur une période d'une durée minimale d'un an. Le jeune doit conduire au moins 3 000 km sur le réseau routier et autoroutier du territoire national, à différents moments du jour et de la nuit, et dans diverses conditions météorologiques. Il est accompagné par une personne titulaire du permis B depuis au moins cinq ans sans interruption et n'ayant pas été condamnée pour certains délits comme la conduite en état d'ivresse ou le délit de fuite. L'identité du ou des accompagnateurs est mentionnée dans le document remis par l'auto-école.

Le véhicule doit être équipé de deux rétroviseurs latéraux réglés pour l'élève et pour l'accompagnateur. En revanche, il n'est pas nécessaire qu'il y ait une double commande de frein et d'embrayage comme c'est le cas pour les voitures utilisées par les auto-écoles professionnelles. Un logo « AAC » (Apprentissage accompagné de la conduite), autocollant ou magnétisé, doit être présent à l'arrière du véhicule.

Avant de pratiquer la conduite accompagnée, le propriétaire du véhicule doit avoir l'accord de sa compagnie d'assurances. Un avenant gratuit est annexé au contrat. En cas d'accident, une franchise parfois élevée peut rester à la charge de l'assuré.

Le jeune doit, durant sa phase d'apprentissage, se rendre à trois rendez-vous pédagogiques obligatoires.

# 4

# L'AUTORITÉ PARENTALE, UNE LIBERTÉ ÉTAYÉE ET SURVEILLÉE

## *La famille en interaction*

*Certes la famille est un tout, une entité, le lieu par excellence de la liberté et de l'intimité avec ses valeurs, ses règles, ses forces et ses faiblesses. Elle se définit aujourd'hui essentiellement comme un réseau de solidarités réciproques entre personnes réunies par un fort lien juridique, souvent par un lien biologique et bien évidemment un lien affectif fort.*

*Pour autant la famille s'inscrit elle-même dans la société dont elle constitue, parmi d'autres une cellule, en l'espèce des millions de cellules. La collectivité n'est pas indifférente à son fonctionnement et déjà à son existence. Un temps elle insistait pour que la famille se fonde et ne se développe que dans le mariage, voire même dans le mariage religieux. Aujourd'hui elle est moins exigeante, on dirait plus tolérante, de ce point de vue. Au regard de ses propres objectifs – équilibres démographiques, socialisation des enfants, accueil des plus jeunes et des anciens par-delà les dispositifs publics souvent onéreux comme les modes d'accueil de la petite enfance ou les EHPAD –, la société a codifié ses rapports avec la famille. Elle lui ouvre des droits, elle l'encourage, elle la soutient, elle l'étaye, mais aussi elle la contrôle, parfois elle la sanctionne et se substitue à elle.*

*Qui plus est la famille est désormais plurielle. La famille sur la durée de l'humanité est un être vivant. Les formes de vie familiale sont aujourd'hui plurielles: fondée ou non sur le mariage hétérosexuel ou homosexuel, stable ou éclatée, recomposée éventuellement, avec plusieurs générations présentes sinon au domicile, du moins dans l'univers familial.*

*La société ouvre déjà des droits aux parents ou futurs parents avec le souci de garantir une forte natalité et le meilleur accueil possible aux enfants, à travers une politique familiale parfois explicite, le plus souvent implicite, consistant à verser des allocations familiales et autres prestations sociales du fait de la présence d'enfants à charge – qui y a droit? –, mais elle a le souci de faciliter l'exercice des responsabilités par des parents. D'abord par des lois de plus en plus soucieuses de consacrer la co-responsabilité parentale à l'égard des enfants, dans l'union fondée sur le mariage ou pas, mais encore par des services de proximité peu ou prou développés sur l'ensemble du territoire national, Outre-Mer compris, comme la santé scolaire, le service social scolaire, la pédiatrie et la pédopsychiatrie, le médecin et la protection maternelle et infantile ou encore la maison du handicap pour les parents d'enfants porteurs de handicap, tous services aujourd'hui en difficulté. Parfois ce sont des parents qui soutiennent d'autres parents, comme dans les réseaux d'aide à la parentalité.*

*La société s'arroge également le droit au nom de la protection due au plus faible de veiller au sort des enfants encore trop souvent victimes de violences intra ou extrafamiliales ou de négligences.*

*Tout simplement, l'autorité parentale peut être étayée, mais également se trouve en liberté surveillée: les parents ne sont pas tout-puissants.*

*Là encore, aux droits correspondent des devoirs. Les parents devront rendre des comptes à la société sur la manière d'élever leurs enfants, en cas de mauvais ou de non-exercice de leur autorité parentale. Au titre de la solidarité familiale, mais aussi dans l'intérêt des victimes les parents pourront être tenus financièrement solidaires pour la réparation des dommages de tous ordres causés volontairement ou non par leur enfant, à d'autres enfants, à des adultes mais encore aux biens communs. Peu importe qu'ils aient explicitement ou non commis une faute dans la surveillance ou dans l'éducation ; ils devront réparer quitte à faire jouer leur assurance. À quelles conditions sont-ils tenus ? Et comment seront-ils soutenus ?*

## L'accueil de l'enfant

Les conditions d'accueil d'un enfant sont assurées par la disponibilité des parents (congés de maternité et de paternité), les aides financières et l'accueil physique en crèche ou chez une assistante maternelle en cas de besoin.

### 99. *Le père a-t-il les mêmes droits aux congés que la mère à l'occasion de la naissance d'un enfant?*

Plus que jamais, la société a le souci de contribuer à créer ce lien parent-enfant qui demain sera essentiel pour permettre aux enfants de bien grandir.

Elle entend mobiliser les deux parents et répondre aussi à l'attente des parents modernes qui entendent être pleinement parents, le père comme la mère.

Le congé de paternité et d'accueil de l'enfant est d'une durée maximale de:

– onze jours consécutifs au plus (samedi, dimanche et jour férié compris) pour la naissance d'un enfant ;

– dix-huit jours consécutifs au plus pour une naissance multiple.

Il s'ajoute aux trois jours d'absence autorisés prévus par le code du travail. Il peut débuter immédiatement après ces trois jours ou à un autre moment, mais impérativement dans les quatre mois qui suivent la naissance de l'enfant.

Ce congé n'est pas fractionnable et vous pouvez choisir d'en raccourcir la durée.

## Les prestations familiales et allocations

### 100. *Qui touche des allocations familiales ?*

Si les allocations familiales sont perçues par les parents, l'ouverture d'allocations familiales est d'abord un droit pour l'enfant.

Toutefois tous les enfants n'y ouvrent pas droit : il faut au minimum deux enfants pour bénéficier des allocations familiales.

*A priori* les allocations familiales sont universelles, c'est-à-dire qu'elles ne sont pas dépendantes des ressources de la famille. Mais cette universalité est désormais battue en brèche. De plus en plus, les allocations sont sous conditions de ressources des parents. Certains songent toujours à y mettre fin en plaçant toutes les allocations sous conditions de ressources.

On doit distinguer les allocations familiales au sens strict du terme des autres prestations perçues.

Les allocations familiales *stricto sensu* sont versées par les Caisses d'allocations familiales (CAF) et la Mutualité sociale agricole (MSA) aux personnes physiques qui assument la charge effective et permanente d'au moins deux enfants de moins de 20 ans. Depuis juillet 2015, elles sont modulées en fonction des ressources du foyer. Elles sont assorties de majorations suivant l'âge des enfants, à l'exception de l'aîné d'une famille de deux enfants à charge.

Les familles avec enfant bénéficient également, sous certaines conditions, d'un abattement sur l'impôt sur le revenu et/ou d'une majoration de la prime pour l'emploi jusqu'au remplacement de cette dernière par la prime d'activité en janvier 2016.

D'autres prestations familiales, soumises ou non à conditions de ressources, peuvent compléter les allocations familiales :

– l'allocation de logement familial (1948),
– l'allocation de soutien familial remplaçant l'allocation de parent isolé,
– l'allocation aux mineurs handicapés (1971),
– l'allocation de rentrée scolaire (1974),
– l'allocation de parent isolé (1976, remplacée depuis 2009 par une majoration du RSA),
– le complément familial (1978),
– l'allocation parentale d'éducation (1985, intégrée en 2004 à la PAJE),
– l'allocation journalière de présence parentale (2000).

### 101. *On me menace de me retirer mes prestations familiales. Que faire ?*

Les prestations familiales sont insaisissables. Elles doivent être nécessairement affectées aux enfants pour qui elles sont fournies indépendamment des difficultés financières ou autres de la famille.

D'ailleurs, depuis 1946, la société a la mission de veiller à ce que les allocations familiales et autres prestations perçues du chef des enfants soient bien utilisées pour eux et dans leur intérêt. C'était la vieille accusation de voir les parents boire ou jouer les allocations familiales qui, au passage – doit-on le rappeler ? –, sont le fruit du travail et non de l'impôt.

L'État, à travers la justice, entend garantir que ces prestations seront certes versées à une personne physique ou morale qui en fera un bon usage pour les enfants, mais qui aura également comme mission d'apprendre aux parents à en faire un bon usage.

Cette procédure a été déviée pendant quelques décennies par le recours aux procédures de mise sous tutelle des prestations sociales pour garantir aux offices HLM ou aux organismes de crédit que leurs échéances seraient bien honorées. L'argent des prestations familiales – souvent la source la plus importante de revenus de la famille – devait servir à honorer les dettes de loyer et autres.

Avec la caution du juge des enfants auquel on faisait un chantage à l'expulsion ou à la saisie, toujours traumatique pour les enfants, on saisissait indirectement l'insaisissable.

Aujourd'hui, de nouveaux mécanismes ont été mis en place pour faire face à l'insolvabilité des familles liée aux accidents de la vie (maladie, chômage, etc.).

Néanmoins, quand des parents gaspillent les allocations familiales, il est toujours possible de les confier par décision de justice à un organisme spécialisé qui les gérera avec la mission d'apprendre aux parents à en faire bon usage, à travers les mesures d'aide à la gestion du budget familial (MAGPB, art. 375-9-1 et 2 CC).

## Les services sociaux de proximité

### 102. *Comment trouver une place en crèche ?*

Question essentielle pour nombre de jeunes parents. Légitimement, les parents modernes entendent s'impliquer auprès de leur enfant pour le faire et le voir grandir, mais aussi pouvoir concilier les responsabilités avec une activité professionnelle et une vie sociale. Certains parents prennent un congé spécial sur trois ans, mais beaucoup ne peuvent pas supporter une baisse de leurs revenus avec une charge financière supplémentaire. Et beaucoup n'entendent pas basculer dans le « tout pouponnage ». Il leur faut donc trouver une réponse pour prendre en charge l'enfant pendant qu'ils travaillent.

Les grands-parents jouent un rôle majeur dans nombre de familles, mais cette réponse trouve ses limites.

Le souci des parents sera de veiller au meilleur éveil de leur enfant. L'univers familial, pour indispensable qu'il soit, doit être dépassé et l'enfant amené à entrer en relation avec l'univers social, avec les autres enfants et à s'éveiller petit à petit dans des conditions sûres.

La recherche d'un mode d'accueil adapté à la famille peut être délicate, notamment dans les grandes villes, car il existe un peu moins de 8 400 structures spécialisées dans l'accueil collectif de jeunes enfants pour 760 000 naissances par an (chiffres 2017).

Il faut passer par la mairie du domicile une fois l'enfant né. Mais il est recommandé d'effectuer une pré-inscription autour du 6e mois de grossesse.

Une commission d'attribution se réunit régulièrement pour examiner les candidatures.

Chaque ville définit ses critères de recrutement, renseignez-vous.

### 103. *Puis-je faire appel à la PMI pour obtenir une place en crèche ?*

Le service de Protection maternelle et infantile (PMI) créé par une ordonnance du 2 novembre 1945 est un service médico-social qui s'adresse aux futurs parents, aux femmes enceintes et aux enfants de moins de 6 ans.

Désormais dirigé par un médecin départemental, il est placé sous l'autorité du président du conseil départemental.

Il intervient en cours de grossesse (entretien psychosocial du 4e mois), par des visites à domicile et des bilans de santé à l'école maternelle.

Il met à disposition de la population du secteur des consultations médico-psycho-sociales.

Il a pour mission de mettre en œuvre des mesures de prévention médicales, psychologiques, sociales et d'éducation pour la santé en faveur des futurs parents et des enfants ; pour cela, les déclarations de grossesse sont transmises à la PMI, des actions de suivi des jeunes enfants à la demande des parents sont mises en œuvre, des actions de prévention et de dépistage des handicaps des enfants de moins de 6 ans, ainsi que de conseil aux familles pour la prise en charge de ces handicaps.

La PMI assure la surveillance et le contrôle des établissements, les services d'accueil des enfants de moins de 6 ans ainsi que des assistantes maternelles. Elle assure le dépistage, signalement et évaluation des situations préoccupantes signalées à la CRIP (voir question 188). L'accès à ce service et son intervention sont gratuits.

Il ne dispense pas de soins et n'exerce aucun acte hormis les vaccinations, mais il conseille et oriente. Les parents ne doivent pas hésiter à le contacter.

**104.** ***Pourrons-nous être aidés pour envoyer nos enfants en colonie de vacances?***

Oui. Consultez votre Caisse d'allocations familiales. En effet, l'action des CAF ne se limite pas à distribuer des allocations : elles subventionnent les accueils de loisirs sans hébergement en dehors du temps scolaire et pendant les vacances. Elles soutiennent leur développement dans le cadre du contrat « enfance et jeunesse ».

Pour favoriser l'accès aux loisirs, ainsi que le départ en vacances des enfants et des adolescents, la plupart des CAF accordent aussi des aides financières aux familles (Pass'sports-loisirs, aide aux vacances...) ou à des structures conventionnées.

Elles soutiennent financièrement les centres sociaux et les structures de l'animation de la vie locale. Les familles peuvent ainsi trouver différents services destinés à faciliter la garde des enfants. Sont également proposées des activités périscolaires et des loisirs, un accompagnement à la scolarité, des échanges entre parents ou encore des rencontres et des activités favorisant la convivialité entre toutes les générations résidant dans le quartier.

**105.** ***Mes enfants sont difficiles et je suis seule. Quels services sociaux peuvent m'aider à les élever?***

Dans ce type de situation, les solidarités sont souvent familiales ou relationnelles. Si vous êtes isolée, commencez par vous adresser aux services de droit commun :

les enseignants, l'assistante sociale polyvalente de secteur, un psychologue, etc.

Si vous n'obtenez pas la réponse adaptée, vous pouvez faire appel aux services de l'Aide sociale à l'enfance (ASE) qui peuvent vous apporter un soutien si vous rencontrez des difficultés sérieuses dans la prise en charge de votre enfant, tant pour le protéger que pour l'éduquer.

C'est un service qui dépend du conseil départemental.

Informée de vos difficultés, l'ASE peut aller vers vous et vous faire des propositions ; vous pouvez aussi la contacter pour tenter de la mobiliser. En réalité, ce service est souvent débordé et doit se concentrer sur les urgences et les cas graves, négligeant parfois le travail de prévention qui lui incombe. On lui fait souvent le reproche de ne pas être intervenu à temps pour certaines catégories de population comme les pré-adolescents.

Outre les conseils face aux difficultés que vous rencontrez – par exemple, clarifier la situation juridique de l'enfant en saisissant la justice via un avocat –, l'ASE peut vous proposer un accompagnement éducatif sur la durée, afin de vous conseiller et vous soutenir et, dans le même temps, être proche des enfants. On parlera d'action éducative à domicile.

Elle peut aussi vous proposer la présence d'une aide familiale – appelée désormais technicienne de l'intervention familiale et sociale (TISF) – qui vous aidera à tenir la maison afin de vous soulager. Il ne s'agit pas d'une femme de ménage, mais d'une professionnelle qui vous aidera à vous organiser et vous montrera comment faire, quitte à vous accompagner.

L'ASE peut aussi tout simplement vous aider financièrement par des appoints ponctuels – les secours d'urgence – quand une dépense imprévisible survient que vous ne pouvez pas assurer (comme des frais médicaux ou la nécessité de changer la literie de la chambre des enfants). Elle peut également veiller à vous allouer, en plus des allocations familiales et autres prestations sociales, une allocation mensuelle pour vous permettre notamment de faire face au loyer ou aux soins nécessaires aux enfants.

Il lui est encore possible de vous proposer d'accueillir votre enfant provisoirement, sur une durée plus ou moins longue. Cet accueil peut se faire à travers une famille d'accueil ou un foyer pour enfants. Désormais – loi du 14 mars 2016 – l'ASE peut aussi mobiliser des tierces personnes, comme un ou une amie de la famille.

L'ASE fera avec vous un diagnostic de la situation familiale et préconisera des solutions. Si vous êtes d'accord, vous signerez un document avec elle valable *a priori* pour une année pour fixer les termes de ce qui sera engagé pour votre enfant. Il peut y être mis fin à tout moment. Si votre enfant est accueilli physiquement, quoi qu'on puisse dire autour de vous, vous conservez pleinement l'autorité parentale. Il n'y a rien de scandaleux à faire appel à des professionnels de l'enfance pour vous aider à régler les problèmes liés à vos enfants. Ce n'est pas une sanction.

À l'inverse, si vous ne vous accordez pas sur le diagnostic ou sur les réponses apportées, il appartiendra à l'ASE de saisir la justice pour, éventuellement, voir imposer ces mesures. Il lui faudra apporter la preuve d'un danger et des limites atteintes lors de son intervention. Il lui revient également d'avancer des réponses possibles qui s'inscrivent dans un projet. Sauf urgence (auquel cas le parquet interviendra en premier lieu), un débat sera organisé sur ces points dans le cabinet du juge.

**106.** ***Existe-t-il des associations qui aident et conseillent les parents ?***

Bien sûr. Il faut regarder territoire par territoire ou des associations nationales comme l'École des Parents.

Depuis 1989, des réseaux d'écoute, d'appui et d'accompagnement des parents (qualifiés de réseaux d'aide à la parentalité – REAPP) sont implantés dans nombre de communes. Dans l'esprit de ce qui se fait au Québec, alliant les compétences de professionnels et de parents, ils ont vocation à aider des parents en difficulté, ou qui s'interrogent, en leur offrant un échange.

Les réseaux ont pour objectif d'aider les parents dans l'exercice de leur fonction parentale, avec une double préoccupation : permettre le développement des relations entre les parents, faciliter l'accès à l'information et favoriser le contact avec des professionnels.

Votre CAF ou la mairie pourront vous orienter pour trouver les interlocuteurs que vous recherchez.

Bien sûr, les associations de parents d'élèves peuvent également vous être d'une grande utilité.

**107.** ***Nous sommes inquiets pour notre fils qui ne semble pas aller bien. Comment trouver un psychiatre disponible ?***

La difficulté est réelle dans le secteur public comme dans le privé.

De longue date, la psychiatrie infantile publique relève de l'État et manque de moyens. Elle s'appuie en grande partie sur les Centres médico-psycho-pédagogiques (CMPP).

Ces CMPP sont des services médico-sociaux assurant des consultations, des diagnostics et des soins ambulatoires pour des enfants et adolescents de 0 à 20 ans. Ils sont fréquemment consultés en première intention dans le cadre de troubles psychiques, avec des manifestations variées, et pour lesquels il est difficile de faire un lien avec la gravité de la pathologie sous-jacente.

Faites-vous conseiller par votre médecin de famille ou votre pédiatre. S'il n'a pas de nom à vous fournir, il orientera vos recherches.

## Les vaccinations

### 108. *Pourquoi les vaccinations sont-elles obligatoires pour un enfant?*

Si certaines vaccinations ont été rendues obligatoires par les pouvoirs publics, c'est dans l'intérêt de tous et de la santé publique. Il est essentiel pour l'efficacité de la démarche que tous les enfants soient réellement vaccinés. On a vu réapparaître des maladies que l'on croyait éradiquées depuis que l'on a baissé la garde. C'est cet enjeu d'ordre public qui amène à porter atteinte à la liberté des familles. Les pouvoirs publics ont arrêté leur décision après des études scientifiques dont tout porte à penser qu'elles ont été sérieuses.

Toutefois, vous disposez de la liberté de choisir la personne ou le service qui pratiquera ces vaccinations.

Ne pas faire pratiquer ces vaccins engagerait votre responsabilité pénale et surtout votre enfant risque d'en subir les conséquences: vous prenez des risques pour sa santé et compromettez sa fréquentation des lieux réservés aux enfants, comme l'école, qui exigent la production de certificats de vaccination pour les inscriptions.

### 109. *Quelles vaccinations dois-je faire pratiquer ?*

La vaccination permet une protection individuelle, mais également une protection collective par immunité de groupe. Aujourd'hui, la couverture vaccinale en France n'est pas suffisante pour protéger la population.

Huit nouvelles vaccinations sont obligatoires depuis 2018 contre ces maladies infectieuses dangereuses pour l'homme, en particulier pour les individus plus fragiles, comme les enfants ou les personnes plus âgées.

Quelles maladies vise-t-on à prévenir ?

- L'*Haemophilus influenzae* B est à l'origine de cas de méningite et de pneumonie.
- La coqueluche est une maladie respiratoire, qui se propage très facilement, au simple contact de la salive.
- L'hépatite B est une infection virale qui peut provoquer cirrhose et cancer du foie.
- La rougeole est une maladie très contagieuse qui provoque une forte fièvre et une éruption cutanée. Elle peut aussi entraîner la cécité, une encéphalite ou la mort. Depuis 2008, huit enfants en ont été victimes.
- Les oreillons sont une maladie très contagieuse provoquant un œdème douloureux du visage sous les oreilles, de la fièvre, des céphalées et des myalgies.
- La rubéole est en général bénigne chez l'enfant, mais l'infection pendant la grossesse peut provoquer la mort du fœtus. Elle peut aussi entraîner des anomalies cérébrales, cardiaques, oculaires et auriculaires.
- Le méningocoque est à l'origine d'une infection invasive très contagieuse, pouvant entraîner méningite, septicémie. Vingt-cinq personnes en sont mortes entre 2011 et 2015, faute de vaccination.

- Le pneumocoque peut engendrer pneumopathie, méningite, bactériémie fébrile, otite moyenne, sinusite et bronchite.

### 110. *Qu'est-ce que je risque à refuser de faire pratiquer ces vaccinations ?*

Par-delà les défaillances individuelles et les risques pour l'enfant, c'est bien la mise en cause de la couverture vaccinale nationale qui est en jeu. Une vaccination doit être globale pour être opérante. La réapparition de maladies que l'on croyait éradiquées doit préoccuper. L'appel au boycott lancé par certains parents est irresponsable et dangereux.

Vous encourez des sanctions pénales et la déscolarisation de votre enfant.

L'article L 3116-2 du code de la santé publique prévoit jusqu'à six mois de prison et 3750 € d'amende pour les parents qui n'appliquent pas la vaccination obligatoire.

Plus important sans doute, vous risquez d'entrer dans un cycle délicat, car les enfants non vaccinés n'auront pas accès aux écoles ni aux crèches.

## La responsabilité civile

### 111. *Puis-je être poursuivi du fait du comportement de mes enfants à l'école ou dans la rue ?*

La responsabilité pénale est personnelle. Il faut donc que l'on vous reproche une faute pour que vous puissiez être poursuivi.

Si votre fils a fait des bêtises – par exemple, un vol ou une bagarre –, il doit en rendre compte personnellement.

Vous-même, comme parent, ne risquez pas de sanctions pénales, sauf si vous êtes mêlé à ce délit, par exemple en incitant votre enfant à le commettre ou en lui en fournissant volontairement les moyens. Vous serez alors tenu pour co-auteur et complice et vous risqueriez une peine deux fois plus importante que lui.

Il en va bien sûr différemment pour les actes que vous commettriez personnellement comme les violences ou l'abandon de famille.

En revanche, vous aurez sans doute à réparer les dommages qu'il aura causés (voir *infra*).

On a même vu des familles perdre leur appartement du fait du comportement de leurs enfants, la résiliation du bail étant acceptée par la justice. Pour n'avoir pas su réfréner leurs enfants, il a été reproché à ces parents de ne pas s'être comportés en « bons pères de famille » pour reprendre l'expression introduite dans le code civil en 1804 et utilisée jusqu'en 2014 (art. 1728 CC).

**112. *Mon fils a bousculé une personne âgée dans la rue. Elle s'est blessée en tombant. Suis-je responsable civilement ?***

C'est votre enfant qui engage sa responsabilité, mais vous serez concerné par la réparation.

L'enfant qui cause un dommage à quelqu'un – préjudice physique, matériel ou moral – pourra être amené à rendre des comptes sur son comportement.

Il se peut que des poursuites pénales soient engagées contre lui, dès lors que l'on admet qu'il a le discernement, c'est-à-dire conscience de ce qui est permis ou interdit, des prudences à avoir, et s'il est capable de mesurer les conséquences de ses actes.

Les juges estiment que le discernement s'acquiert autour de 7-8 ans, l'âge de raison, dit-on. Mais on en juge au cas par cas. On a pu estimer que des adolescents n'avaient pas le discernement nécessaire sur certains faits.

Que l'infraction soit volontaire ou non, un enfant ne peut pas être condamné à une peine avant l'âge de 13 ans : seules des mesures ou des sanctions éducatives sont alors possibles.

La victime peut aussi lui demander réparation, qu'il ait voulu ou non occasionner le dommage, que celui-ci ait été commis directement ou via un objet (art. 1242 al. 4 CC). Ainsi la Cour de cassation a-t-elle estimé qu'un enfant de 4 ans était tenu de réparer le préjudice qu'il avait causé en crevant l'œil d'un camarade de jeu avec un bâton. Généralement l'enfant n'aura pas les moyens d'indemniser financièrement la victime. C'est là que les parents entrent en jeu. Ils pourront être tenus pour civilement responsables de leur fils mineur et se substitueront à lui à l'égard de la victime.

Depuis février 1997 – arrêt Bertrand –, vous ne pouvez plus tenter d'apporter la preuve que vous n'avez pas commis de faute dans l'éducation ou la surveillance de vos enfants pour vous dégager de votre responsabilité. Vous êtes tenu « de plein droit » de réparer totalement le dégât causé par votre enfant, sauf à démontrer que le dommage a été causé à l'occasion d'un cas de force majeure – un événement imprévisible et irrésistible. Il se peut encore que le tribunal estime que la responsabilité est partagée avec celle de la victime.

Point essentiel : peu importe que l'enfant demeure physiquement chez vous ou non, dès lors que juridiquement vous disposez du droit et du devoir de guider l'éducation et de suivre l'enfant. Ainsi, si un enfant d'Outre-Mer vit sous la garde de ses grands-parents ou oncles et tantes pendant que ses parents sont en métropole, ces derniers seront tenus d'indemniser pour un accident causé loin d'eux. Pour éviter de se trouver dans cette situation, il convient, *via* la justice, de délivrer une délégation d'autorité parentale en faveur de celui qui a réellement et physiquement l'enfant à charge.

Les assurances soulageront le parent tenu pour civilement responsable de son enfant.

## 113. *L'assurance « chef de famille » est-elle obligatoire ?*

Non, et c'est bien dommage puisque désormais – depuis 1997 (voir la question précédente) – la responsabilité des parents (civilement responsables) est quasiment automatique que l'enfant ait commis ou non une faute, volontaire ou non, consciente ou non, dès lors qu'il a occasionné un préjudice et qu'il y a un lien entre lui et le dommage.

La responsabilité de l'enfant est engagée et automatiquement celle des personnes qui exercent l'autorité parentale.

D'où l'importance pour ces derniers d'être bien assurés. Cette question est essentielle dans la vie quotidienne eu égard aux conséquences dramatiques qui peuvent découler pour toute la famille de la « bêtise » d'un enfant.

Généralement, l'assurance de l'appartement contient une assurance « chef de famille » et couvre le titulaire contre tout ce qui pourrait survenir, notamment du fait des enfants mineurs vivant sous son toit.

Peu importe que l'enfant ait commis le dégât volontairement ou non : l'assurance jouera, car le parent s'est justement assuré pour ce type de risque. L'article L 121-2 du code des assurances est clair et devrait être connu de tous les parents :

« *L'assureur est garant des pertes et dommages causés par des personnes dont l'assuré est civilement responsable en vertu de l'article 1242 du code civil, quelles que soient la nature et la gravité des fautes de ces personnes.* »

Cependant, toutes les assurances habitation ne prévoient pas toujours cette couverture et surtout tous les parents n'assurent pas leur appartement ou ne la maintiennent pas, soit par négligence, soit surtout par manque de moyens. Or, il faut que l'appartement soit assuré ou, à défaut, que les parents aient souscrit une assurance spécifique.

Dans la mesure où l'assurance habitation – propriétaire ou locataire – est obligatoire, où l'assurance de la voiture est aussi obligatoire dès lors que le véhicule est sur l'espace public, on pourrait concevoir, dans l'intérêt même des familles, que l'assurance parents le soit également, quitte à ce qu'un fonds de garantie soit créé pour les familles impécunieuses. On éviterait ainsi bien des drames familiaux.

**114.** ***L'assurance de mon appartement refuse de couvrir les dégâts causés par mon fils, sous prétexte qu'il a fait exprès de casser les lunettes de son camarade. Est-ce normal ?***

Non. Très clairement, votre compagnie bluffe et tente de vous impressionner.

Il est certain qu'une compagnie d'assurances couvre les accidents, mais ne répare pas les conséquences dommageables des actes commis volontairement par l'assuré.

Il serait trop facile de s'assurer pour se couvrir de ses fautes volontaires !

Mais le problème auquel vous êtes confronté n'est pas de ce registre. À travers la police d'assurance de votre appartement qui prévoit une couverture du chef de famille, vous vous êtes assuré dans l'hypothèse où votre responsabilité serait engagée du fait des choses (la fuite d'eau, votre chien) ou des personnes (vos enfants) qui sont sous votre contrôle.

En l'espèce, quand votre fils casse les lunettes de son camarade de jeu, vous n'avez pas personnellement commis de faute. Vous êtes simplement tenu civilement ès qualités, du simple fait que vous êtes parent.

Il en irait différemment si vous étiez condamné pour avoir commis une faute, par exemple si vous aviez sciemment laissé dormir ensemble un adolescent avec une jeune enfant, l'un infligeant à l'autre des relations sexuelles. L'assurance ici ne fonctionnerait pas.

Tant que vous êtes tenu responsable du fait de votre enfant, vous êtes couvert par votre assurance. Une lettre bien sonnée à votre courtier, pourquoi par sur le papier à en-tête d'un avocat, rappellera la raison juridique – spécialement l'art. L121-2 du code des assurances – et le dispositif s'enclenchera.

Toutefois, il se pourrait que, par la suite, l'assureur résilie ce contrat si votre enfant ne se calme pas et multiplie les passages à l'acte comme des vols ou des bagarres.

### **115.** ***Et si les parents ne vivent pas ensemble, qui assume la responsabilité civile ?***

La mise en œuvre de la responsabilité civile peut être plus délicate si les parents ont divorcé ou sont séparés de droit ou de fait. Ainsi, un enfant peut vivre avec sa mère et causer un dommage alors qu'il réside en week-end ou en vacances chez son père. Si ce parent a commis une faute personnelle qui est l'origine du préjudice, il en répondra directement. Par exemple, le fait d'avoir laissé conduire sa voiture à un mineur.

En revanche, la responsabilité de plein droit des parents pour les enfants repose sur celui qui a l'exercice de l'autorité parentale ou la résidence puisqu'il est censé veiller à l'éducation et surveiller son enfant.

Si les deux parents ont l'exercice conjoint, ils seront tenus l'un et l'autre comme civilement responsables de ce qui s'est passé durant ce week-end.

Si Madame ou Monsieur avait l'exercice de l'autorité parentale à titre principal, elle ou il sera tenu(e) comme civilement responsable et devra faire mobiliser son assurance.

### 116. *Quel est l'intérêt de l'assurance scolaire qu'on nous demande ?*

L'assurance scolaire garantit les dommages qu'un écolier, un collégien ou un lycéen pourrait occasionner à un camarade ou un tiers, mais aussi ceux qu'il pourrait subir. C'est une assurance facultative, mais elle peut être obligatoire dans certaines circonstances.

La responsabilité civile de l'assurance de l'habitation parentale – assurance chef de famille – couvre les dommages ou les blessures causés par votre enfant, mais lui n'est pas protégé s'il est victime d'un accident sans tiers identifié. L'assurance scolaire lui offre une protection individuelle accident.

Certaines assurances de l'habitation vont jusqu'à couvrir les activités scolaires et parascolaires.

# 5

# ÊTRE PARENTS PAR-DELÀ LA SÉPARATION

## La séparation des parents, une éventualité plus fréquente que jamais

*Force est de constater que les couples sont depuis quelques décennies moins stables que par le passé. Rien ne permet d'affirmer que la forme de l'union – le mariage ou la cohabitation – y soit pour quoi que ce soit : les couples non mariés ne sont pas plus fragiles que les autres. On peut surtout penser que c'est le sens des raisons pour lesquelles on vit ensemble qui a changé : l'union est dorénavant plus fondée sur l'amour que sur la nécessité économique de garantir l'avenir des jeunes femmes ou le maintien de la propriété familiale. Or l'amour est une valeur plus éphémère que les besoins économiques ; d'autant que les femmes ont désormais les moyens de leur autonomie financière.*

*Dans ces conditions, les couples se séparent, divorcent ou se dépacsent plus souvent qu'autrefois.*

*Il arrive encore que des enfants soient pris dans le maelström d'une séparation délicate et difficile à vivre pour les parents. Il est important de les ménager en écoutant leur parole et en veillant à ne pas les placer dans des conflits de loyauté. Il est essentiel que les enfants pâtissent le moins possible de cette séparation qui aura des conséquences notamment sur leur cadre et leur niveau de vie.*

*Et comment les rassurer sur le fait que, par-delà leur séparation, les parents continueront à exercer pleinement leurs responsabilités à leur égard ? Au conflit entre les parents peut s'ajouter la distance, la séparation des frères et des sœurs et, d'une manière générale, de tous ceux qui leur sont chers.*

*Nombre de paramètres entreront en ligne de compte, comme l'âge de l'enfant au moment de la séparation. Le législateur a eu le souci de garantir à l'enfant le droit d'entretenir des relations avec ses deux parents, quelles que soient les conditions de la séparation et le statut matrimonial antérieur. Il n'y a plus un gagnant ou un perdant, mais deux parents qui restent responsables et qui devront s'entendre pour le bien de leur enfant.*

*À l'inverse, le législateur a tenu à prendre en compte le droit de chaque parent de veiller sur la protection et l'éducation de son enfant par-delà la séparation, et malgré la survenue de tierces personnes comme les beaux-parents.*

*Les besoins des enfants évoluant avec l'âge, aucune décision en cette matière ne doit être définitive. Elle évolue au cours du temps.*

*Mais parent on est, parent on restera.*

## Questions fréquentes

### 117. *En cas de divorce, qui exerce l'autorité parentale ?*

Il faut distinguer le couple conjugal et le couple parental.

Les responsabilités parentales perdurent après la séparation du couple conjugal. Les deux parents sont égaux en droits et en devoirs. Ils devront s'accorder et, si ce n'est pas possible, le juge tranchera sur la résidence habituelle. Chacun jouissant de l'autorité parentale ou en supportant la charge devra faire face à ses responsabilités.

### 118. Quid *en cas de séparation si le parent n'est pas marié avec celui qui exerce l'autorité ?*

Les parents doivent d'abord veiller à protéger leur enfant, en lui apportant les soins nécessaires. Ce sont les soins de base fondamentaux pour tout enfant, mais, au fur et à mesure, et selon les circonstances de la vie, les modalités de cette protection évolueront. Ils agiront par leurs actes ou les précautions qu'ils prendront. Les risques de la vie domestique sont bien évidemment ceux auxquels on pense immédiatement : l'eau, l'électricité, les escaliers, etc. Ils veilleront à empêcher que, par son comportement ou ses rencontres, l'enfant se mette en situation de danger. Cette protection se veut physique, mais également morale. Ils s'appuieront souvent sur les services spécialisés, comme naturellement la médecine, mais encore les services sociaux ou les associations.

Ils se doivent également de veiller à l'éducation de leur enfant, éducation s'entendant au sens très large du terme. Ils doivent s'assurer de son éveil, et, à travers la scolarisation, à ce qui lui sera utile dans sa vie sociale et professionnelle. Les parents ont bien évidemment un rôle majeur à remplir. Ils le jouent implicitement ou explicitement, qu'ils le veuillent ou non. Ils sont non en concurrence, mais en coresponsabilité avec le dispositif scolaire. Ils éveilleront dans toute la mesure du possible leur enfant à l'art, à la culture, au sport, à la spiritualité ou à tout autre élément qui leur semble important.

Tout va dépendre du lien de filiation.

Si l'enfant a été reconnu par ses deux parents, ils ont l'exercice conjoint comme s'ils étaient mariés, qu'ils vivent ensemble ou non.

En cas de conflit conduisant à la séparation, il revient à celui qui le souhaite de saisir le JAF… comme pour un couple uni par le mariage.

### 119. *Mon fils peut-il être assisté d'un avocat si nous divorçons ?*

C'est un principe juridique universel que toute personne – et l'enfant est une personne – a le droit d'être assistée d'un avocat en justice ou dans des lieux où se jouent certains de ses droits, par exemple, devant un conseil de discipline.

Un enfant doué de discernement, c'est-à-dire vers 7-8 ans – tout est question d'évaluation au cas par cas – est en droit de demander à un avocat de défendre ses intérêts. On admettra que cette situation est rarissime. Mais rien ne s'y opposerait !

On peut imaginer le souci d'un enfant d'être entendu dans le cadre d'une séparation conflictuelle, bien évidemment aussi s'il a été victime de violences familiales. Ce peut être le cas si aucun des parents ne se mobilise.

La question de l'indemnisation de l'avocat n'est pas un obstacle en soi. Le tribunal peut procéder à une commission d'office et l'avocat se faire désigner à ce titre. Il peut également demander que les parents soient taxés par le TGI si leurs moyens le permettent.

**120.** ***Mon fils peut-il contester que nous recourions à un divorce par requête déposée devant notaire ?***

Oui c'est parfaitement légal car la loi de novembre 2016 a eu le souci de ne pas priver l'enfant de son droit d'être entendu par le juge acquis seulement en 2007 (art. 388-1 CC).

Le divorce sans juge est une procédure de divorce par laquelle les deux époux signent une convention de divorce sans passer par le tribunal. Le divorce suppose l'intervention de leurs avocats respectifs, chargés de rédiger la convention.

Ce type de procédure présente surtout l'avantage d'être rapide : les époux peuvent en effet divorcer sans avoir à attendre une convocation devant le juge, les délais d'attente prenant au minimum plusieurs mois.

Il faut rappeler que le divorce sans juge par consentement mutuel amiable (ou divorce contractuel devant notaire) est obligatoire pour toutes les procédures par consentement mutuel engagées à compter du 1er janvier 2017 (art. 229-1 à 229-4 CC). Sauf si l'un des enfants mineurs demande à être entendu par le juge. Il n'est pas possible quand l'un des époux fait l'objet d'une mesure de protection (tutelle, curatelle, etc.).

À la différence de la procédure par consentement mutuel judiciaire, où ils peuvent choisir tous les deux le même avocat, chacun des époux doit être assisté par un avocat. Rien ne prévoit que l'enfant exprime son point de vue, ni soit représenté par un avocat.

Lors d'un divorce sans juge, les époux doivent s'accorder sur la rédaction d'une convention qui précise les modalités de la rupture et ses conséquences (l'état liquidatif du régime matrimonial, l'existence d'une éventuelle prestation compensatoire ou pension alimentaire, le sort du logement familial, l'éventuel versement d'une soulte, etc.) ainsi que les modalités d'exercice de l'autorité parentale. Le divorce sans juge prend effet à la date d'enregistrement par le notaire et entraîne les mêmes conséquences qu'un divorce judiciaire par consentement mutuel.

Élément essentiel : sous l'égide de leurs avocats, les parents doivent notamment veiller à informer leur enfant des conséquences du divorce et de son droit de demander à ce que la procédure aille devant le JAF. En d'autres termes, l'enfant dispose d'un droit de veto sur la procédure engagée par ses parents (art. 229-2 CC) :

« *Les époux ne peuvent consentir mutuellement à leur divorce par acte sous signature privée contresigné par avocats lorsque* :

*1° Le mineur, informé par ses parents de son droit à être entendu par le juge dans les conditions prévues à l'article 388-1, demande son audition par le juge.* »

Concrètement, on imagine difficilement que l'enfant soit dans une situation aisée pour demander la saisine du JAF quand ses parents se sont accordés ou sont en train de s'accorder sur les modalités de leur séparation. Pourtant telle est la loi !

Aucune sanction juridique n'est prévue si l'information de l'enfant sur son droit n'est pas effectuée. On le déconseillera, car cela peut être source de conflits au sein de la famille, notamment pour des adolescents qui vivent mal la séparation. Il appartient aux avocats de veiller à ce que cette information soit donnée par les parents et d'en attester par écrit.

Un arrêté du 28 décembre 2016 fixe un modèle de l'information délivrée aux enfants mineurs capables de discernement dans le cadre d'une procédure de divorce par consentement mutuel. Il est également repris sur le site www.service-public.fr.

**121.** ***On me dit que je ne peux pas déménager après notre divorce dès lors que j'ai les enfants avec moi.***

Bien évidemment, chacun est libre d'emménager pour des motifs professionnels ou tout simplement pour convenances personnelles, mais un déménagement après séparation quand des enfants mineurs sont encore présents oblige à certaines précautions, car il peut y avoir une remise en cause – qui plus est parfois maligne – de l'équilibre consacré en justice à un moment donné.

Le parent qui entend se délocaliser doit se montrer très prudent, car les décisions sanctionnant ce type de déménagement sont de plus en plus fréquentes.

Depuis 2002, la loi (art. 373-2 al. 3 CC) pose une obligation d'information préalable et en temps utile avec, en cas de désaccord de l'autre parent, la possibilité pour lui de saisir le JAF qui statuera selon ce qu'exige l'intérêt de l'enfant qui prime sur la liberté individuelle de l'autre parent. Rien n'empêchera un parent de déménager, mais il ne sera pas surpris que le juge en tire les conséquences.

Ainsi, le magistrat pourra être amené à répartir les frais de déplacement et à ajuster en conséquence le montant de la contribution à l'entretien et l'éducation de l'enfant.

Surtout, le JAF peut ordonner le maintien de la résidence de l'enfant dans son cadre habituel (chez le parent qui ne déménage pas), l'autre parent devant désormais se contenter de voir son enfant dans le cadre d'un droit de visite et d'hébergement ou renoncer à son projet de déménagement. Plusieurs motifs sont couramment invoqués : l'absence d'information et de concertation préalables sur un déménagement en cours d'année scolaire, la volonté du parent qui déménage de privilégier son intérêt personnel, le maintien de l'enfant dans son environnement habituel.

Des sanctions pénales sont aussi encourues dans certains cas. Le défaut de notification de transfert du domicile par l'un des parents est sanctionné d'une peine maximum de six mois de prison (art. 227-6 CP).

On retiendra que le parent qui entend déménager devra, bien en amont de son projet, informer l'autre parent par courrier en prenant le soin d'expliquer les motifs de son déménagement, les conditions d'accueil de l'enfant et sa volonté de favoriser l'exercice des droits de visite et d'hébergement malgré la nouvelle distance géographique. Généralement, dans une ambiance apaisée, les deux parents trouveront en bonne intelligence les solutions concrètes en lien avec leur enfant ; dans une ambiance tendue, il faudra à celui qui entend rebattre les cartes être très précautionneux pour éviter les mauvaises interprétations. Reste qu'il est des cas où ce déménagement se veut une mise à distance volontaire et injustifiée pour l'enfant.

### 122. *Parfois, les parents sont séparés de fait sans avoir divorcé, voire sans avoir engagé une action en justice. Est-ce souhaitable ?*

Tout naturellement, ils sont toujours considérés comme mariés, car de fait ils le sont.

On conçoit aisément que cette séquence puisse exister dans la vie d'un couple marié qui se sépare, mais il est de l'intérêt de chacun, parents comme enfant, de clarifier au plus tôt cette situation en saisissant le tribunal et en s'aidant d'avocats. Reste qu'en raison de la surcharge de la justice, cette procédure peut être longue, ne serait-ce que pour rencontrer le JAF qui décidera des mesures provisoires.

Cette situation peut se dérouler relativement bien si les deux conjoint(e)s/partenaires s'accordent sur l'essentiel, pour eux et pour les enfants. Mais ce peut être aussi une période de tensions majeures difficiles à vivre. Si la séparation est inéluctable, on doit donc conseiller d'engager au plus tôt la procédure de divorce.

### 123. *Ma femme et moi ne vivons plus ensemble, sans avoir engagé de procédure de divorce. Quels sont nos droits ?*

Le mariage vous donne le droit et l'obligation de cohabiter, mais, bien évidemment, le non-respect de cette obligation de vivre sous le même toit n'est pas punissable pénalement. Tout au plus vous exposez-vous à ce que l'autre engage une procédure de divorce, voire le demande purement et simplement sur la base de la rupture de vie commune depuis deux ans (art. 238 CC).

Aux yeux de la loi, vous restez mariés. Vos obligations réciproques et à l'égard des enfants restent inchangées. Il vous faut notamment contribuer aux charges du ménage et de l'éducation des enfants. Vous assumez également une responsabilité civile à l'égard de vos enfants mineurs.

### 124. *Nous sommes pacsés. Mon ami veut partir avec nos enfants communs. Que faire ?*

Le PACS ne concerne pas les enfants, mais les relations avec votre partenaire.

« *Un pacte civil de solidarité est un contrat conclu par deux personnes physiques majeures, de sexe différent ou de même sexe, pour organiser leur vie commune* » (art. 515-1 CC).

Aux yeux de la loi, vous êtes dans la situation de parents non mariés.

Tout dépend donc du statut des enfants : sont-ce vos enfants à vous seulement, auquel cas votre ami n'a aucun droit, ou sont-ce les enfants du couple, auquel cas il a le droit ?

Dans la première hypothèse, même s'il a vécu sur une longue période avec eux, votre ex-compagnon n'a aucun droit sur les enfants. Tout au plus peut-il, s'il est attaché à eux, demander la possibilité d'entretenir des relations avec eux. Selon leur âge, ils devront eux-mêmes donner leur avis.

Si les enfants vous sont communs, *a priori* vous exercez conjointement l'autorité parentale, donc vous êtes à égalité. Dans une situation conflictuelle, celui qui entend partir avec les enfants doit saisir le JAF pour en obtenir l'autorisation.

### 125. *Quelles sont les contributions aux charges du mariage ?*

Les personnes liées par le mariage se sont engagées notamment à contribuer aux charges du ménage selon leurs moyens financiers (art. 214 CC). Cette obligation ne vaut pas pour les personnes qui vivent ensemble sans être mariées, mais, en revanche, joue pour les personnes pacsées.

Si l'un des conjoint(e)s/partenaires ne remplit pas ses obligations, l'autre peut l'y contraindre en saisissant le JAF du lieu du domicile du couple.

La demande est à déposer au secrétariat-greffe du TGI :

- soit en s'y présentant directement,
- soit en envoyant une lettre recommandée avec accusé de réception.

## 126. *Quel est le domicile de mon enfant en cas de séparation ?*

*A priori*, le domicile de l'enfant est celui de ses parents (art. 108-2 CC). Et il le demeure même quand il devient majeur, tant qu'il n'en a pas un nouveau qui lui soit personnel (voir question *supra*).

En cas de séparation des parents, le domicile de l'enfant est celui du parent qui exerce l'autorité parentale. En cas d'exercice conjoint, c'est celui du parent qui a la résidence.

S'il y a décision instituant une résidence alternée, il a deux domiciles.

Dans l'hypothèse où l'enfant est confié à l'ASE par justice ou par ses parents, son domicile demeure celui des parents. C'est celui-là qui doit figurer sur sa carte d'identité.

## 127. *Sommes-nous tenus par la décision de justice ?*

Non. Nous sommes là dans une matière privée. Ce sont les parents qui saisissent le JAF pour régler les problèmes liés à leur contrat de mariage ou à leur union de fait ; ils n'y sont pas attraits comme c'est généralement le cas devant le juge des enfants. La décision judiciaire fixe à leur demande un cadre juridique clair dans l'intérêt de chacun, des parents comme des enfants, pour apaiser une situation qui a pu être conflictuelle. Déjà, la loi demande au juge dans sa décision initiale de tenir compte des accords passés entre les parties ; il doit vérifier que l'un n'impose pas sa loi à l'autre ou que les parents ne trouvent pas un bon accord sur le dos de l'enfant. Mais il se doit surtout de suivre la dynamique familiale et non pas d'imposer sa loi, sauf en cas de conflit aigu.

Si les circonstances de la vie – les enfants grandissent et leurs besoins évoluent, les parents « refont » leur vie – veulent que les parents trouvent à s'accorder sur tel point, comme par exemple de ne pas s'en tenir pour l'exercice des droits de visite et d'hébergement à la stricte alternance des week-ends prévue par le juge, ils sont libres de le faire. On peut même souhaiter qu'ils en arrivent là.

Bien sûr, il pourra être utile de mettre à jour la décision par rapport aux accords trouvés : on pourra aller vers un exercice conjoint de l'autorité parentale. On comprend que la perspective de saisir la justice puisse être dissuasive, mais là encore l'intérêt général peut réclamer que soit mise à jour la loi familiale par rapport aux faits.

## *La pension alimentaire*

**128.** ***Mon ex ne paie pas sa pension alimentaire pour les enfants. Qui peut m'aider ?***

La Caisse d'allocations familiales peut vous aider à mener la procédure contre lui.

Art. L581-1 du code de la Sécurité sociale :

« *Les organismes et services auxquels incombe le service des prestations familiales sont habilités à apporter leur aide au recouvrement des créances dues au titre de l'entretien d'enfants, dans les conditions prévues par les dispositions relatives à l'intervention des organismes débiteurs des prestations familiales pour le recouvrement des créances alimentaires impayées.* »

Elle peut aussi se substituer provisoirement à lui et vous verser l'argent au plus tôt.

L'allocation de soutien familial est versée par la Caisse d'allocations familiales ou la Mutualité sociale agricole à la personne qui élève seule son enfant dont l'autre parent est décédé ou ne verse pas la pension qu'il doit.

Art. L 581-2 du code de la Sécurité sociale :

« *Lorsque l'un au moins des parents se soustrait totalement au versement d'une créance alimentaire pour enfants fixée par décision de justice devenue exécutoire, l'allocation de soutien familial est versée à titre d'avance sur créance alimentaire.*

*L'organisme débiteur des prestations familiales est subrogé dans les droits du créancier, dans la limite du montant de l'allocation de soutien familial ou de la créance d'aliments si celle-ci lui est inférieure.*

*Lorsque l'un au moins des parents se soustrait partiellement au versement d'une créance alimentaire pour enfants fixée par décision de justice devenue exécutoire, il est versé à titre d'avance une allocation différentielle.*

*Cette allocation différentielle complète le versement partiel effectué par le débiteur, à hauteur de la créance alimentaire susvisée, sans toutefois pouvoir excéder le montant de l'allocation de soutien familial.* »

Mieux, la Caisse mènera la procédure de recouvrement et vous y appellera.

Art. L581-3 du code de la Sécurité sociale :

« *Pour le surplus de la créance, dont le non-paiement a donné lieu au versement de l'allocation de soutien familial, et pour les autres termes à échoir, la demande de ladite allocation emporte mandat du créancier au profit de cet organisme.*

*L'organisme débiteur des prestations familiales a droit, en priorité sur les sommes recouvrées, au montant de celles versées à titre d'avance.*

*Avec l'accord du créancier d'aliments, l'organisme débiteur des prestations familiales poursuit également, lorsqu'elle est afférente aux mêmes périodes, le recouvrement de la créance alimentaire du conjoint, de l'ex-conjoint et des autres enfants du débiteur ainsi que les créances des articles 276 et 342 du code civil.* »

### 129. *Mon ex ne paie pas la pension alimentaire pour ses enfants. Puis-je l'empêcher de les voir ?*

Non. À l'inverse, un parent qui ne verrait pas ses enfants du fait de l'autre ne pourrait pas refuser de verser la contribution financière due pour les enfants. Nul ne peut se faire justice soi-même.

Les deux questions sont distinctes : il n'est pas question de marchander les enfants contre la pension alimentaire. Les enfants ont ici deux droits importants : celui de disposer des ressources nécessaires pour vivre et celui d'entretenir des relations avec leurs deux parents.

En cas de non-paiement de la pension alimentaire, le parent qui élève l'enfant dispose de recours civils, comme celui de faire pratiquer une saisie sur les revenus du parent contributeur récalcitrant ou saisir la Caisse d'allocations familiales pour qu'elle verse l'allocation de parent isolé, quitte à se retourner contre le parent qui ne contribue pas, voire engager une poursuite pour abandon de famille.

**130.** ***Le parent qui ne vit pas avec l'enfant peut-il se voir retirer son droit de visite et d'hébergement?***

Oui. Celui des deux parents qui ne vit pas habituellement avec l'enfant est en droit – et en devoir – de le visiter et de l'héberger. Les parents doivent convenir de ces modalités. Ils ne sont pas bridés par la décision de justice qui a pu intervenir. Cette décision fait la loi minimale pour la famille. Elle met un cadre. Elle doit d'ailleurs tenir compte de la volonté commune des deux parents et des souhaits exprimés par l'enfant quand il est en état de le faire. Mais rien ne les empêche de s'accorder régulièrement sur ces sujets, en fonction des obligations de la vie ou des fêtes plus ou moins carillonnées, par exemple, de bouleverser le calendrier de principe des visites fixé par le juge: 1$^{er}$, 3$^{e}$ et éventuellement le 5$^{e}$ week-end du mois. Il en est de même pour l'organisation des vacances. S'il y a un accord, il n'est pas nécessaire de prévenir le juge. En revanche, en cas de conflit, la décision de justice – tant qu'elle n'a pas été réformée – fait loi entre les parents.

Un parent peut demander que le droit de visite ou d'hébergement de l'autre soit suspendu ou purement et simplement supprimé. Il faut alléguer de faits graves (art. 373-2-1 CC).

Lorsque, conformément à l'intérêt de l'enfant, la continuité et l'effectivité des liens de l'enfant avec le parent qui n'a pas l'exercice de l'autorité parentale l'exigent, le JAF peut organiser le droit de visite dans un espace de rencontres désigné à cet effet ou avec l'assistance d'un tiers de confiance ou du représentant d'une personne morale qualifiée. Encore faut-il en trouver un, de qualité, disponible pour répondre aux besoins identifiés.

**131.** ***Il ne me paie pas la prestation compensatoire à laquelle il avait été également condamné à mon égard. Que risque-t-il ?***

Votre ex encourt les sanctions prévues pour l'abandon de famille. Vous pouvez lui adresser une copie de ces deux articles du code pénal dont la lecture est éclairante.

Art. 227-3 :

« *Le fait, pour une personne, de ne pas exécuter une décision judiciaire, une convention judiciairement homologuée ou une convention* [...] *lui imposant de verser au profit d'un enfant mineur, d'un descendant, d'un ascendant ou du conjoint une pension, une contribution, des subsides ou des prestations de toute nature dues en raison de l'une des obligations familiales prévues par le code civil, en demeurant plus de deux mois sans s'acquitter intégralement de cette obligation, est puni de deux ans d'emprisonnement et de 15 000 euros d'amende.*

*Les infractions prévues par le premier alinéa du présent article sont assimilées à des abandons de famille* [...]. »

Des peines complémentaires sont encourues pour cet abandon de famille (art. 227-29 CP) :

*1) L'interdiction des droits civiques, civils et de famille* [...] ;

*2) La suspension, pour une durée de cinq ans au plus, du permis de conduire, cette suspension pouvant être limitée à la conduite en dehors de l'activité professionnelle ;*

*3) L'annulation du permis de conduire avec interdiction de solliciter la délivrance d'un nouveau permis pendant cinq ans au plus ;*

*4) L'interdiction, pour une durée de cinq ans au plus, de quitter le territoire de la République ;*

*5) La confiscation de la chose qui a servi ou était destinée à commettre l'infraction ou de la chose qui en est le produit;*

*6) L'interdiction, soit à titre définitif, soit pour une durée de dix ans au plus, d'exercer une activité professionnelle ou bénévole impliquant un contact habituel avec des mineurs;*

*7) L'obligation d'accomplir un stage de responsabilité parentale;*

*8) Pour les crimes prévus par les articles 227-2 et 227-16, l'interdiction, suivant les modalités prévues par l'article 131-27, soit d'exercer une fonction publique ou d'exercer l'activité professionnelle ou sociale dans l'exercice ou à l'occasion de l'exercice de laquelle l'infraction a été commise, soit d'exercer une profession commerciale ou industrielle, de diriger, d'administrer, de gérer ou de contrôler à un titre quelconque, directement ou indirectement, pour son propre compte ou pour le compte d'autrui, une entreprise commerciale ou industrielle ou une société commerciale. Ces interdictions d'exercice peuvent être prononcées cumulativement.*»

### 132. *Je paie tout pour mon enfant. Puis-je me retourner contre son père?*

Bien sûr, dès lors qu'il y a une décision de justice condamnant l'un et l'autre des deux parents, l'enfant pourra demander au parent de son choix de verser la contribution fixée. Celui qui aura été amené à verser le tout à l'enfant pourra se retourner contre l'autre pour qu'il lui reverse sa part. *A priori*, le partage se fait au prorata des ressources, mais s'il y a une décision judiciaire, elle aura fixé la part de l'un et de l'autre.

Rien n'empêche de faire mieux. Ici, comme sur d'autres sujets (par exemple, les droits de visite et d'hébergement), le juge fixe le minimum. Les parents peuvent s'accorder autrement.

**133.** ***Nous nous séparons. Je veux garder Max, notre chien. Mon ex s'y oppose. Que faire ?***

On peut en sourire, mais, de plus en plus souvent, les JAF sont sollicités pour décider de l'attribution du chien de la famille, comme il devra se prononcer sur la résidence de l'enfant ou sur le sort de l'armoire anglaise. Après tout, par certains côtés, l'animal domestique reste un bien.

On relèvera que les animaux domestiques ne se sont pas encore vu reconnaître le droit d'être entendus personnellement par le juge sur leurs desiderata !

## *L'insolvabilité du conjoint*

**134.** ***Il s'est rendu insolvable, mais je sais qu'il gagne bien sa vie. N'a-t-on aucun recours ?***

La loi punit bien évidemment celui qui organise son insolvabilité pour ne pas avoir à assumer ses dettes alimentaires et la pension compensatoire considérée comme une dette alimentaire.

Reste à prouver que cette insolvabilité est organisée. Le fait d'abandonner son emploi rémunéré pour ne pas payer la pension compensatoire a été reconnu comme constitutif de ce délit. Ici encore la loi est claire et se suffit à elle-même :

Art. 314-7 du code pénal :

*« Le fait, par un débiteur, même avant la décision judiciaire constatant sa dette, d'organiser ou d'aggraver son insolvabilité soit en augmentant le passif ou en diminuant l'actif de son patrimoine, soit en diminuant ou en dissimulant tout ou partie de ses revenus, soit en dissimulant certains de ses biens, en vue de se soustraire à l'exécution d'une condamnation de nature patrimoniale prononcée par une juridiction répressive ou, en matière délictuelle, quasi délictuelle ou d'aliments, prononcée par une juridiction civile, est puni de trois ans d'emprisonnement et de 45 000 euros d'amende.*

*Commet le même délit le dirigeant de droit ou de fait d'une personne morale qui organise ou aggrave l'insolvabilité de celle-ci dans les conditions définies à l'alinéa précédent en vue de la soustraire aux obligations pécuniaires résultant d'une condamnation prononcée en matière pénale, délictuelle ou quasi délictuelle. »*

## Les modes de résidence

### 135. *Qu'est-ce que la résidence alternée ?*

L'article 373-2-9 du code civil dispose que « *la résidence de l'enfant peut être fixée en alternance au domicile de chacun des parents ou au domicile de l'un d'eux* ».

Cette disposition ne vaut que dans l'hypothèse où les parents s'accordent suffisamment bien par-delà leur séparation sur ce qu'il convient de faire pour l'enfant et si les conditions matérielles sont réunies.

Plutôt que d'établir l'enfant chez l'un ou chez l'autre des deux parents, l'idée est de s'organiser pour mieux partager le temps entre les deux, celui qui ne vit pas avec lui ayant le sentiment d'en être privé puisqu'il est privé de sa présence. Il ira *a priori* autant chez l'un que chez l'autre.

La résidence alternée n'est jamais un « droit ». Pour la fixer, le juge doit prendre en considération les critères prévus à l'article 373-2-11 du code civil :

– la pratique antérieure suivie par les parents,

– les sentiments de l'enfant,

– l'aptitude des parents à assumer leurs devoirs et à respecter les droits de l'autre,

– le résultat des expertises,

– le résultat des enquêtes sociales,

– les éventuelles pressions ou violences à caractère physique ou psychique exercées par l'un des parents sur la personne de l'autre.

La résidence alternée ne rimera pas nécessairement avec un partage égalitaire du temps. Par un arrêt du 25 avril 2007, la Cour de cassation a jugé que la résidence alternée ne supposait pas que le temps passé par l'enfant auprès de son père ou de sa mère soit de même durée et égalitaire.

L'alternance suppose également que les parents disposent des moyens matériels pour s'organiser, notamment en ayant tous deux un domicile proche du lieu de scolarisation de l'enfant.

Cette solution de résidence alternée convient à certains enfants, mais pas à d'autres qui ont plus besoin de stabilité dans leur environnement.

Bref, l'intérêt des adultes ne doit pas l'emporter sur celui des enfants concernés.

**136.** ***Si nous nous séparons, pourrons-nous obtenir une résidence alternée pour notre enfant?***

Oui. Lorsqu'il est décidé de maintenir l'exercice conjoint de l'autorité parentale, le JAF doit se prononcer sur la résidence de l'enfant.

À la demande des parents ou de sa propre initiative, il peut ordonner que la résidence soit chez l'un des deux, l'autre disposant donc d'un droit de visite et d'un droit d'hébergement. Il tiendra compte des accords passés entre les parents, somme toute souvent les mieux placés pour décider. Un couple peut se séparer en sachant s'accorder pour les enfants.

Il peut encore décider que l'enfant résidera alternativement chez l'un et chez l'autre en fixant les modalités de cette alternance.

On rappellera ici que les décisions du JAF peuvent, en plein accord entre parents, être interprétées et modifiées en tenant compte des circonstances de la vie (voir question suivante). Elles constituent le minimum.

## Le droit de visite

**137.** ***On me parle de droits de visite médiatisés. De quoi s'agit-il?***

C'est un dispositif exceptionnel: le droit commun est que vous rencontrez votre enfant sans contrainte ni encadrement. Mais il est des situations plus délicates où, tout en ménageant cette relation, il faut prendre des précautions.

En cas de conflit parental aigu ou d'inquiétude concernant le comportement d'un parent, le juge aux affaires familiales (JAF) peut confier l'exercice de l'autorité parentale à un seul des deux parents (art. 373-2-1 CC). L'autre parent bénéficiera d'un droit de visite et d'hébergement, sauf motifs graves.

Si l'intérêt de l'enfant le commande, ou si la remise directe de l'enfant au parent présente un danger soit pour l'enfant, soit pour le parent, le JAF peut organiser les modalités de cette remise afin qu'elle présente toutes les garanties nécessaires.

Il peut décider que la remise de l'enfant se fera dans un espace de rencontre désigné à cet effet. Cette décision doit être justifiée par l'intérêt de l'enfant. Il faut aussi que cela soit nécessaire pour assurer la continuité et l'effectivité des liens de l'enfant avec le parent qui n'a pas l'autorité parentale.

Il peut aussi décider que la remise de l'enfant se fera avec l'assistance d'un tiers de confiance ou avec l'assistance du représentant d'une personne morale qualifiée (une personne morale est par exemple une association).

La loi du 14 mars 2016 a prévu également qu'en cas de mesure d'assistance éducative devant le juge des enfants, s'il a été nécessaire de confier l'enfant à une personne ou à un établissement, ses parents conservent un droit de correspondance ainsi qu'un droit de visite et d'hébergement. Le juge en fixe les modalités et peut, si l'intérêt de l'enfant l'exige, décider que l'exercice de ces droits, ou de l'un d'eux, est provisoirement suspendu. Il peut également, par décision spécialement motivée, imposer que le droit de visite du ou des parents ne peut être exercé qu'en présence d'un tiers qu'il désigne, lorsque l'enfant est confié à une personne, ou qui est désigné par l'établissement ou le service à qui l'enfant est confié. Les modalités d'organisation de la visite en présence d'un tiers sont précisées par décret en Conseil d'État.

La présence de tiers a un triple objectif:

– un rôle éducatif pour apprendre aux parents un comportement adapté;

– un rôle de surveillance pour des parents qui, en raison d'une pathologie particulière, pourraient être nocifs pour leurs enfants;

– un rôle d'observation pour aider le juge dans ses décisions.

Les espaces de rencontre sont des lieux agréés par les autorités publiques où la famille peut trouver des travailleurs sociaux, des thérapeutes familiaux, des psychologues.

L'espace de rencontre est un lieu permettant à un enfant de rencontrer l'un de ses parents ou un tiers, ou lui permettant d'être remis à l'un de ses parents ou à un tiers (art. D. 216-1 du Code de l'action sociale et des familles). Il est censé assurer la sécurité physique et morale des enfants, des parents et des tiers.

# 6

# LA SCOLARITÉ DE L'ENFANT

## *La scolarité, un droit majeur pour tous les enfants*

*C'est un droit fondamental, consacré par la loi du 28 mars 1882, pour tous les enfants de 6 à 16 ans (bientôt dès 3 ans), de suivre une scolarité. On peut néanmoins observer que trop d'enfants porteurs de handicap ne le sont pas comme ils devraient l'être, quoique ce droit à être scolarisé soit opposable à l'État. En effet, depuis la loi du 11 février 2005 pour l'égalité des droits et des chances, la participation et la citoyenneté des personnes handicapées, l'État doit dégager les moyens financiers à mettre à disposition des parents s'il ne peut pas leur offrir de structures adaptées pour accueillir leur enfant. On sait aussi que les enfants de la communauté rom ont beaucoup de difficultés à fréquenter une école, l'accès leur en étant souvent refusé par le maire.*

*La plupart des enfants sont scolarisés entre 2 et 3 ans, dès qu'ils sont tenus pour propres. L'âge de la scolarité obligatoire passe de 6 à 3 ans à la rentrée 2019.*

*L'obligation de suivre une scolarité est une atteinte à la liberté d'éducation reconnue aux familles. Au nom de l'intérêt des enfants certes, mais d'abord au nom de l'intérêt de la société qui entend disposer de citoyens cultivés, formés, capables de réfléchir, de conduire leur vie et celle de leurs proches et de réagir aux vicissitudes quotidiennes.*

*La scolarisation des très jeunes enfants peut être tenue pour un mode d'accueil de la petite enfance, qui plus est gratuit, quand les ressources municipales ou familiales sont manquantes ; ce peut être aussi un lieu d'éveil essentiel pour les enfants qui en bénéficient.*

*Reste que scolarisation ne signifie pas fréquentation d'une institution scolaire publique ou privée. La loi accepte qu'un enfant puisse être scolarisé à domicile sous la responsabilité de ses parents. On évalue à 6 000 les enfants bénéficiant de ce dispositif purement privé. À quelles conditions ? Avec quelles garanties ? On sait notamment que certains groupes sectaires ont profité de ce dispositif pour soustraire des enfants à la société.*

*La scolarisation obligatoire jusqu'à 16 ans peut être vécue comme une punition par des adolescents en difficulté avec l'école classique, qui s'insurgent parfois contre le fait qu'on les empêche de gagner leur vie. Ils pourront, sous certaines conditions, quitter plus tôt l'école et entrer en apprentissage.*

*Les pouvoirs publics ont engagé un combat contre la déscolarisation des enfants. La non-fréquentation scolaire révèle souvent l'attitude individuelle d'un enfant en butte avec l'école et les apprentissages, ou rétif à la fréquentation des autres enfants. Elle peut être révélatrice de difficultés, sinon de tensions familiales. Quoi qu'il en soit, les parents ont l'obligation de veiller à la scolarisation de leur enfant ; ils peuvent avoir à en rendre compte pénalement ou devant un juge des enfants. Par ailleurs, la fréquentation de l'école et de l'ensemble des cours et activités qu'elle propose commande le versement des prestations familiales.*

*Les parents comme les enfants sont membres de la communauté éducative ; ils peuvent s'y exprimer et réfléchir à ses conditions de fonctionnement.*

*L'enfant doit être sécurisé dans sa fréquentation de l'école, sur le chemin de l'école, mais encore dans l'établissement lui-même où il peut être victime d'agressions verbales ou physiques, de persécutions ou de discriminations, notamment de la part d'autres élèves. À l'inverse, il doit respecter la discipline scolaire et peut être amené à rendre des comptes. Les parents eux-mêmes peuvent avoir à se justifier s'ils n'excusent pas l'absence ou le comportement de leur enfant.*

*En toute hypothèse, l'école ne se substitue pas aux parents dans la mission légale d'éducation qui leur échoit. Elle est complémentaire. L'école instruit et socialise, la famille individualise. On parle de plus en plus aujourd'hui de co-éducation, sachant que l'éducation est d'abord familiale.*

## Questions générales

### 138. *Un enfant est-il obligé de fréquenter une école ? À quel âge ? Jusqu'à quand ?*

On mélange souvent scolarisation obligatoire avec obligation d'aller à l'école.

Art. L131-1 du code de l'éducation :

« *L'instruction est obligatoire pour les enfants des deux sexes, français et étrangers, entre six ans et seize ans* [...]. »

En mars 2018, lors des Assises de l'école maternelle, le président de la République a annoncé que l'âge de la scolarisation obligatoire allait être abaissé à 3 ans, ce qui amènera environ 30 000 enfants non scolarisés actuellement à l'être désormais. On a le souci de faciliter l'intégration sociale via l'école. La loi sur l'« école de la confiance » débattue en 2019 reprend cet engagement.

Ce dispositif vaudra-t-il réellement pour tous les enfants, y compris les enfants de la communauté rom ?

La scolarité est obligatoire jusqu'à 16 ans, mais, bien évidemment, rien n'empêche de poursuivre au-delà.

Elle peut s'effectuer dans une école publique ou privée mais elle peut aussi se faire à domicile dans certaines conditions avec l'autorisation de l'inspection d'académie. On ne le dit pas suffisamment, mais cette scolarisation est une obligation pour les parents, un droit vécu certes régulièrement comme une punition pour l'enfant.

Quelque 6 000 enfants seraient ainsi scolarisés sous la responsabilité directe de leurs parents.

Art. L 131-1-1 al 2 du code de l'éducation :

« *Cette instruction obligatoire est assurée prioritairement dans les établissements d'enseignement.* »

L'État ne dispose pas d'un monopole des établissements scolaires.

Art. L 131-2 du code de l'éducation :

« *L'instruction obligatoire peut être donnée soit dans les établissements ou écoles publics ou privés, soit dans les familles par les parents, ou l'un d'entre eux, ou toute personne de leur choix* [...]. »

La famille qui n'inscrit pas ou ne déclare pas l'enfant dont elle est responsable recevra une mise en demeure de le faire de la part du directeur académique des services de l'Éducation nationale (DASEN). Cette obligation pèse sur les parents, le tuteur ou ceux qui ont la charge de l'enfant, soit qu'ils en assument la charge à la demande des parents, du tuteur ou d'une autorité compétente, soit qu'ils exercent sur lui, de façon continue, une autorité de fait (art. L131-4 C. de l'éducation).

Elle risque une amende de 1 500 € et peut être sanctionnée sur le plan des allocations familiales.

« *Les personnes responsables d'un enfant soumis à l'obligation scolaire* [...] *doivent le faire inscrire dans un établissement d'enseignement public ou privé, ou bien déclarer au maire et à l'autorité de l'État compétente en matière d'éducation, qu'elles lui feront donner l'instruction dans la famille. Dans ce cas, il est exigé une déclaration annuelle.*

*Les mêmes formalités doivent être accomplies dans les huit jours qui suivent tout changement de résidence ou de choix d'instruction.*

*La présente obligation s'applique à compter de la rentrée scolaire de l'année civile où l'enfant atteint l'âge de six ans.*

*Les familles domiciliées à proximité de deux ou plusieurs écoles publiques ont la faculté de faire inscrire leurs enfants à l'une ou l'autre de ces écoles, qu'elle soit ou non sur le territoire de leur commune, à moins qu'elle ne compte déjà le nombre maximum d'élèves autorisé par voie réglementaire.*

*Toutefois, lorsque le ressort des écoles publiques a été déterminé* [...], *les familles doivent se conformer à la délibération du conseil municipal ou de l'organe délibérant de l'établissement public de coopération intercommunale compétent, déterminant le ressort de chacune de ces écoles.*

*Lorsque le ressort des écoles publiques a été déterminé* [...], *l'inscription des élèves, dans les écoles publiques ou privées, se fait sur présentation d'un certificat d'inscription sur la liste scolaire* [...]. *Ce certificat est délivré par le maire, qui y indique l'école que l'enfant doit fréquenter.*

[...] *Chaque enfant est inscrit soit dans la commune où ses parents ont une résidence, soit dans celle du domicile de la personne qui en a la garde, soit dans celle où est situé un établissement ou une section d'établissement destinés plus particulièrement aux enfants de Français établis hors de France.* [...] »

Chaque année, à la rentrée scolaire, le maire dresse la liste de tous les enfants résidant dans sa commune et qui sont soumis à l'obligation scolaire (art. L 131-6 C. de l'éd.).

Afin de procéder à ce recensement et améliorer le suivi de l'obligation d'assiduité scolaire, le maire peut mettre en œuvre un traitement automatisé de données à caractère personnel. Ce fichier enregistre ces données relatives aux enfants en âge scolaire domiciliés dans la commune, qui lui sont transmises par les organismes chargés du versement des prestations familiales ainsi que par l'autorité de l'État compétente en matière d'éducation et par le directeur ou la directrice de l'établissement d'enseignement. De même, en théorie, doit-on y inscrire les enfants objet d'une exclusion temporaire ou définitive de l'établissement ou lorsqu'un élève inscrit dans un établissement le quitte en cours ou en fin d'année. En pratique, il a pu arriver que l'on observe que des enfants scolarisables soient inconnus des services municipaux, et à l'inverse, que des maires refusent d'inscrire des enfants résidant sur la commune. On pense aux enfants des familles des gens du voyage ou aux enfants roms.

La loi est pourtant claire (art. 132-5 du code de l'éducation, *in fine*) :

« [...] *Le statut ou le mode d'habitat des familles installées sur le territoire de la commune ne peut être une cause de refus d'inscription d'un enfant soumis à l'obligation scolaire. Lorsque la famille n'a pas de domicile stable, l'inscription dans un établissement public ou privé peut être cumulée avec l'inscription auprès du service public du numérique éducatif et de l'enseignement à distance* [...]. »

On l'oublierait, mais cette obligation qui pèse sur les personnes en charge de l'enfant vaut également sur l'enfant lui-même. Certes, ce n'est pas un délit de ne pas suivre des cours jusqu'à 16 ans – dès lors le jeune ne pourra pas être sanctionné –, mais on considérera qu'il est en danger, ne serait-ce que parce qu'il refuse l'autorité des adultes en s'enfermant dans sa toute-puissance. On saisira donc le juge des enfants qui devra tenter de comprendre cette attitude et trouver des solutions.

En France, de nombreux enfants vivent ce droit d'être scolarisés comme une punition : certains s'estiment incapables de suivre des études, d'autres souhaitent une orientation plus concrète, enfin certains ont envie de travailler pour gagner de l'argent et tracer leur chemin.

La scolarité fait l'objet d'un suivi. L'absentéisme scolaire est surveillé. En tant que tel, il est révélateur de possibles dysfonctionnements familiaux et de difficultés pour les parents à exercer leur autorité.

### 139. *Est-il normal que les professeurs donnent des devoirs à faire à la maison à mon enfant ?*

Non. Un enseignant ne peut pas donner à ses élèves un travail écrit à faire en dehors de la classe. Il peut donner un travail oral – lecture ou recherche par exemple – ou des leçons à apprendre.

C'est bien parce que l'interdiction est renouvelée régulièrement par l'Éducation nationale que l'interdiction des devoirs à la maison à l'école primaire pose un problème. On ne relève pas moins de six rappels à l'ordre de 1956 à 1995. Et cela en termes clairs comme en 1971 : « *Il reste interdit dans l'enseignement élémentaire de donner des travaux écrits à exécuter à la maison ou en étude.* » Pourtant la pratique est absolument généralisée, car le travail à la maison est intégré à la forme scolaire et justifié par les enseignants et les parents.

**140.** ***Mon fils est censé être à l'école jusqu'à 17 heures. Hier, à nouveau, il est sorti à 15 heures sans mon autorisation. Que puis-je faire ?***

Problème important qui peut être lourd de conséquences si, pendant le temps où il est censé être en cours, votre enfant « fait des bêtises » à l'extérieur ou est partie prenante, même involontairement, de dommages causés à autrui, par exemple en bousculant quelqu'un qui se blesse. Il peut même, dans des cas extrêmes, y avoir matière à engager la responsabilité civile de l'État et de ses agents, voire une responsabilité pénale pour mise en danger. On pense notamment aux écoles maternelles où un défaut de surveillance peut s'avérer dangereux.

L'établissement scolaire a une obligation à votre égard. Il faut donc l'interpeller pour essayer de comprendre ce qui explique cette défaillance de surveillance et comment on peut y remédier. Éventuellement, ce type de difficulté peut ou doit remonter à l'inspection académique.

**141.** ***Je ne veux pas que mon enfant mange n'importe quoi à la cantine. Puis-je demander que l'on surveille ses repas ?***

Non, sauf s'il a des problèmes de santé et dès lors des observations médicales à respecter.

Il vous faut en informer la direction de l'établissement qui prendra les mesures adaptées.

Pour le reste, il vous faut donner à votre enfant des conseils nutritionnels et admettre que les responsables de la cantine n'improvisent pas et ne proposent pas n'importe quoi aux enfants. Les menus sont étudiés par des diététiciens et généralement affichés.

**142.** ***Peut-on m'imposer d'inscrire mon enfant à l'école du quartier ?***

Non. Rien ne vous oblige à inscrire votre enfant à l'école publique, mais si vous le faites vous devez respecter la sectorisation. À vous d'apprécier si vous souhaitez recourir aux établissements privés et si vous pouvez assumer les frais de scolarité lorsqu'il s'agit de structures éducatives qui ne sont pas sous contrat d'association avec l'État.

Les établissements sous contrat d'association avec l'État existent dans le primaire comme dans le secondaire. Ils représentent la grande majorité des établissements privés. L'enseignement y est dispensé selon les règles et programmes de l'Éducation nationale. En contrepartie, ces établissements perçoivent de l'État des subventions de fonctionnement et leurs enseignants sont rémunérés par l'Éducation nationale.

L'établissement scolaire privé hors contrat est un établissement qui n'a pas signé d'accord avec l'État. Cet établissement doit cependant se déclarer auprès du recteur de l'académie où il s'installe qui transmet la déclaration au maire de la commune, au préfet et au procureur de la République.

Le recteur, le maire, le préfet et le procureur de la République peuvent s'opposer à l'ouverture de l'établissement (avec les recours de droit classiques contre cette décision) pour les raisons suivantes :

– dans l'intérêt de l'ordre public ou de la protection de l'enfance et de la jeunesse ;

– au regard de problèmes relevés concernant celui qui ouvre ou dirigera ce type de structures (personne étrangère non ressortissante d'un pays de l'Union européenne ou de l'Espace économique européen, condamnée pour crime ou délit contraire à la probité et aux mœurs ou privée de tout ou partie des droits civils, civiques et de famille, ou qui a été déchue de l'autorité parentale, objet d'une interdiction définitive d'enseigner, tout simplement si la personne qui dirige l'établissement ne remplit pas les capacités pour être enseignant, etc.).

S'il n'y a aucune opposition, l'établissement est automatiquement ouvert après un délai de trois mois à partir de la date de la déclaration.

L'ouverture d'une école sans respecter ces conditions, ou malgré une opposition formulée par les autorités, entraîne sa fermeture, ainsi qu'une amende de 15 000 €.

L'établissement scolaire privé hors contrat n'est pas obligé de suivre les programmes et de respecter les horaires de l'enseignement public. Il peut donc choisir les méthodes pédagogiques de son choix et les rythmes de passage. En revanche, il doit permettre aux enfants d'acquérir les connaissances du socle commun de connaissances.

L'État ne prend pas en charge la rémunération des enseignants : l'établissement recrute les enseignants et les rémunère.

L'élève qui souhaite retourner par la suite dans l'enseignement public peut se trouver en situation délicate. Il est généralement obligé de passer des tests avant d'y être intégré. L'établissement public ne tiendra pas systématiquement compte des décisions du conseil de classe de l'établissement privé hors contrat, notamment en ce qui concerne le passage en classe supérieure.

## 143. *Y a-t-il un médecin ou une infirmière dans les écoles ?*

Oui et non ! Comme celle de l'assistante sociale, leur présence est aléatoire. Le service de santé scolaire des élèves, compétence d'État, est depuis longtemps en situation délicate.

Les moyens disponibles ont été affectés au secondaire. Beaucoup d'écoles primaires en manquent.

Dans certains établissements, on peut trouver des médecins et des infirmiers. Si votre enfant a des problèmes de santé récurrents il faut en parler avec le chef d'établissement. Si des soins doivent lui être prodigués, un protocole spécifique peut être établi en accord avec l'établissement.

## 144. *Mon fils est séropositif, dois-je prévenir l'école ?*

Pas nécessairement. On sait que le sida se transmet par le sang et les relations sexuelles. Les risques de transmission sont donc très limités et, d'ailleurs, quelles précautions pourrait-on prendre, sauf à interdire à votre enfant la fréquentation de l'école qui est un droit !

**145.** ***Comment mon ex-mari a-t-il pu inscrire notre enfant à l'école après l'avoir enlevé ?***

Normalement, il n'aurait pas dû pouvoir le faire, faute de présenter l'*exeat*, à savoir le certificat de radiation, pièce obligatoire du dossier d'inscription. Il est délivré par le chef d'établissement et le gestionnaire dont dépend chaque élève en règle avec la caisse de l'établissement au moment où celui-ci quitte définitivement la structure. En vérité, il vaut *quitus* pour la famille qui est ainsi censée ne plus avoir de dette à l'égard de l'établissement.

À l'inverse, le nouveau chef d'établissement doit exiger de le recevoir. Il n'a pas le droit d'inscrire un élève démuni d'un *exeat* en règle et il engagerait sa responsabilité.

**146.** ***Les surveillants peuvent-ils interdire l'entrée du collège à mon fils du fait de sa tenue vestimentaire ?***

Oui, d'autant que certains adolescents ne manquent pas, consciemment ou non, de se montrer provocateurs. À cet âge, certains poussent loin le désir de s'affirmer tout en s'interrogeant sur leur identité.

Élèves comme personnel de l'établissement se doivent d'avoir une tenue adéquate pour un lieu d'enseignement. C'est normal. Dans les stations balnéaires, les maires n'autorisent pas les mêmes tenues dans les magasins en ville que sur la plage ou même dans les rues la jouxtant. Imagine-t-on une professeure venant faire son cours en robe de soirée !

Les établissements ont dû réagir devant certaines situations : des garçons portant des chaussures à pointes de fer jugées dangereuses ou des filles montrant leurs piercings ou vêtues de pantalons à taille basse laissant voir leur string. Ou, plus récemment, un élève ostensiblement maquillé.

Les conseils d'administration des établissements peuvent donc établir des codes vestimentaires sans pour autant décider d'un uniforme. Chacun est libre de sa tenue dans le respect des codes. L'idée bien sûr n'est pas de sanctionner l'élève, mais d'engager un dialogue avec lui et ses parents, si nécessaire.

Il vous revient donc de prévenir ce type de situation. D'autant que le même problème pourrait se présenter demain pour votre fils quand son employeur exigera – avec l'appui des tribunaux – une tenue adaptée à son poste de travail et à ses responsabilités. À chaque lieu sa tenue. À la liberté répond l'attitude responsable.

## La déscolarisation

### 147. *Que se passe-t-il si mon fils « sèche » l'école ?*

Tout dépend de l'ampleur du problème, de son âge, du caractère exceptionnel ou non de son acte. Cette attitude peut révéler des problèmes plus profonds, comme la violence supportée à l'école ou un certain mal-être, ou tout simplement le refus de l'école.

S'il s'absente, vous serez prévenu par l'établissement afin d'évaluer le problème. Il vous reviendra de recadrer votre enfant avec l'institution.

De votre côté, si cette absence résulte d'une décision familiale, vous êtes censé avoir prévenu l'école de son absence. Certes, et cette observation est essentielle, vous n'avez pas à demander une autorisation d'absence pour votre enfant – vous êtes censé être responsable de lui –, mais vous devez simplement prévenir et justifier cette carence. Il vous revient en effet d'avancer des motifs « légitimes » (art. L 131-8 du code de l'éducation).

On retient généralement comme motifs légitimes la maladie de l'enfant, la maladie transmissible ou contagieuse d'un membre de la famille, une réunion solennelle de famille, l'empêchement résultant de la difficulté accidentelle des communications, l'absence temporaire des personnes responsables lorsque les enfants les suivent. Les autres motifs avancés sont appréciés par l'autorité de l'État compétente en matière d'éducation. Celle-ci peut consulter les assistantes sociales agréées par elle, et les charger de mener une enquête.

L'école peut s'inquiéter de l'absence de courrier, des motifs avancés ou encore de la réitération des absences que vous cautionnez.

Un avertissement sera donné aux parents :

1) lorsque, malgré l'invitation qui leur a été faite, ils n'ont pas fait connaître les motifs d'absence de l'enfant ou qu'ils ont donné des motifs d'absence inexacts ;

2) si l'enfant a manqué la classe sans motif légitime ni excuses valables au moins quatre demi-journées dans le mois (art. L 131-8-5 du code de l'éducation).

Si l'absence ou le défaut d'assiduité persiste, on proposera une aide et un accompagnement adaptés et contractualisés. Un personnel d'éducation référent sera désigné pour suivre les mesures mises en œuvre au sein de l'établissement d'enseignement.

Le directeur de l'établissement informe les collectivités territoriales et les autorités concernées par la protection de l'enfance des mesures prises dans l'établissement scolaire contre l'absentéisme et le décrochage scolaire. Il doit être informé, en retour, du soutien dont il peut bénéficier afin de mener à bien les missions d'accompagnement des personnes responsables de l'enfant et de prévention de l'absentéisme.

Si le problème est plus chronique et apparaît comme une défaillance de votre part ou s'analyse comme un refus de l'enfant de suivre la scolarité, l'école vous interpellera (art. L 131-7 du code de l'éducation) et pourra éventuellement en tirer les conséquences en alertant les services sociaux, le procureur et la CAF (art. L 131-9 du code de l'éducation).

## Les enfants nécessitant des conditions d'accueil spécifiques, voire spécialisées

### 148. *Mon médecin me conseille de prendre contact avec un CAMPS. Qu'est-ce que c'est?*

Les CAMPS sont des établissements médico-sociaux compétents pour la prise en charge précoce des problèmes de handicap chez les enfants âgés de 0 à 6 ans. Des enfants présentant ou susceptibles de présenter un retard psychomoteur, des troubles sensoriels, neuromoteurs ou intellectuels, des difficultés relationnelles.

Ces structures, dont le statut peut être public ou privé, peuvent être implantées au sein d'une structure hospitalière ou d'un centre de PMI.

Conformément à la loi du 2 janvier 2002 rénovant l'action sociale et médico-sociale, les CAMPS ont le statut d'établissement médico-social. De ce fait, leur fonctionnement repose sur l'attribution d'un agrément. Deux autorités de tutelles interviennent dans le fonctionnement des CAMPS : l'Agence régionale de santé et le département, plus particulièrement le président du conseil départemental dont dépend l'établissement. Les enfants demeurent dans une famille. Ces structures dispensent en ambulatoire des prises en charge thérapeutiques, éducatives, sociales ou de rééducation. Elles interviennent également à titre préventif par des actions de dépistage ou encore de conseil et de soutien aux familles.

Les CAMPS sont composés d'une équipe pluridisciplinaire comprenant un médecin pédiatre, des professionnels de la rééducation – orthophonistes, kinésithérapeutes, psychomotriciens –, des professionnels éducatifs – éducateurs de jeunes enfants, psychologues – et un temps auprès d'un assistant de service social.

La prise en charge de l'enfant se veut globale : elle prend en compte à la fois le problème médical et l'environnement de l'enfant.

La prise en charge précoce des retards de développement vise à atténuer l'installation des troubles et faciliter l'intégration de l'enfant dans son environnement.

### 149. *Mon fils a besoin d'un accueil spécialisé. On me renvoie vers la Maison départementale du Handicap. De quoi s'agit-il ?*

Créées par la loi pour l'égalité des droits et des chances, la participation et la citoyenneté des personnes handicapées du 11 février 2005, les Maisons départementales des personnes handicapées (MDPH) sont chargées de l'accueil et de l'accompagnement des personnes handicapées et de leurs proches, notamment. Elles succèdent aux Commissions départementales d'éducation spéciale (CDES) décriées pour leur inefficacité.

Il existe une MDPH dans chaque département, fonctionnant comme un guichet unique pour toutes les démarches liées aux diverses situations de handicap.

Force est de constater que n'existent pas toujours en nombre et en diversité les structures d'accueil permettant de concrétiser les orientations données par la Maison du handicap. C'est ainsi que dans le Nord de la France, nombre d'enfants sont accueillis dans des structures belges.

## 150. *Qu'est-ce qu'une ULIS ?*

À compter du 1er septembre 2015, des ULIS (Unités localisées pour l'inclusion scolaire) ont remplacé les anciennes CLIS (Classes pour l'inclusion scolaire), unités dédiées au sein des écoles pour les élèves handicapés. Des « classes à part » qui ne satisfaisaient qu'en partie au principe d'inclusion.

Il existait déjà des ULIS dans les collèges et les lycées.

Les élèves porteurs de handicap seront scolarisés dans des petites unités comprenant au maximum 12 élèves, encadrés par des enseignants spécialisés, mais, pour certains enseignements, ils seront intégrés à une classe ordinaire avec un accompagnement spécialisé en fonction de leurs besoins. L'unité localisée n'intervient donc qu'en soutien, permettant, le plus souvent, la scolarisation avec les autres élèves.

Cette démarche de regroupement en milieu normal répond ainsi aux préconisations de la loi handicap du 11 février 2005 qui précise que « *le parcours de formation des élèves en situation de handicap doit se dérouler prioritairement en milieu scolaire ordinaire* ».

Les troubles spécifiques du langage et des apprentissages font désormais partie des troubles auxquels pourront répondre les ULIS.

Les moyens, en personnel et en matériel adaptés, suivront-ils ? Le dispositif ULIS-école prévoit en effet que chaque enseignant « ordinaire » pourrait être amené à scolariser partiellement dans sa propre classe un ou des élèves de l'ULIS. En l'absence de formation spécifique, sont-ils vraiment prêts pour ce type d'accompagnement ? Les effectifs d'enseignants spécialisés opérant en ULIS seront-ils renforcés ? Si le texte prévoit une plus grande collaboration entre tous, et notamment avec les acteurs du médico-social, à travers un « coordinateur », il faudra certainement un peu de temps, d'argent, et surtout de bonne volonté pour mettre de l'huile dans ces rouages encore trop souvent grippés.

**151.** ***Mon enfant est handicapé. Si l'on ne trouve pas d'établissement scolaire adapté, qui nous aidera ?***

La loi du 11 février 2005 veut que l'État scolarise les enfants porteurs de handicap dans l'établissement scolaire du lieu de résidence des parents.

Ensuite, l'inspection académique et l'établissement en lien avec la famille étudient dans quelles conditions l'enfant peut suivre sa scolarité dans cet établissement, si son handicap le permet, et veille à ce qu'un soutien lui soit apporté.

À défaut, on recherchera une structure et, en cas d'échec, l'État prendra en charge le coût des conséquences pour la famille. On a même affirmé « un droit opposable » à ce que l'enfant porteur de handicap soit scolarisé qui a pour conséquence que l'État peut être condamné en cas de carence à débloquer les moyens nécessaires.

De fait, si on reste souvent loin du compte, de gros efforts ont néanmoins été déployés pour garantir à un maximum d'enfants porteurs de handicap qu'ils seront scolarisés à l'école du quartier avec un soutien spécifique, dans une structure spécialisée ou chez eux.

La scolarisation en milieu ordinaire des élèves en situation de handicap a ainsi augmenté de 80 % en neuf ans. À la rentrée 2015, 350 300 enfants ou adolescents en situation de handicap étaient scolarisés. Près de 80 % d'entre eux en milieu ordinaire, dans une école, un collège ou un lycée, et 20 % sont accueillis en milieu spécialisé. Dans le premier comme dans le second degré, 30 % des jeunes scolarisés en milieu ordinaire sont en ULIS. Un petit nombre d'élèves (2 à 3 %) bénéficie d'une scolarité partagée entre milieu ordinaire et milieu spécialisé. Dans le second degré, les effectifs ont été multipliés par 2,7 ; cette hausse s'est aussi accompagnée d'une très forte augmentation du nombre d'élèves scolarisés en ULIS. L'accompagnement individualisé a plus que doublé et concerne aujourd'hui 39 % des élèves du premier degré et 18 % de ceux du second degré.

Pour autant, il reste encore beaucoup à faire.

### 152. *La langue des signes est-elle reconnue à l'école ?*

Oui. La langue des signes peut être utilisée à l'école, après des siècles d'interdiction.

La loi du 18 janvier 1991 a reconnu aux familles le droit de choisir une communication bilingue, langue des signes-oralisation, dans l'éducation de leurs enfants sourds.

Tout élève doit pouvoir recevoir un enseignement en langue des signes française (art. L 312-9-1 du code de l'éducation).

Le choix de pratiquer la langue des signes est inscrit dans le projet de vie de l'élève.

Reste à trouver des spécialistes la pratiquant.

### 153. *Ma fille est diabétique. Comment la protéger à l'école ? Dois-je prévenir l'école ?*

Oui. Depuis quelques dizaines d'années, des protocoles d'accueil pour les enfants ayant des besoins spécifiques ont été mis en place. Ce dispositif est adapté pour un enfant diabétique. Prévenir l'école du diabète de votre enfant lui permet de bénéficier des soins appropriés sur place. Le Projet d'accueil individualisé a pour objectif que votre enfant vive sa scolarité comme les autres enfants et ne soit pas mis à l'écart.

Il faut donc informer les responsables de la structure scolaire et adopter avec eux un dispositif adapté dans le cadre d'un PAI, sorte de contrat établi entre toutes les personnes concernées par la prise en charge du trouble ou de la maladie de l'élève. La demande émane de la famille, par l'intermédiaire du médecin qui suit l'enfant. Concrètement, une réunion est organisée avec la participation du directeur de l'établissement, de l'infirmière scolaire, des enseignants, mais également du personnel de la cantine et de surveillance. Le document est signé par chacune des personnes concernées. Il contient toutes les informations en relation avec la pathologie (le diabète, dans le cas présent) et utiles pour le quotidien de l'élève dans son école.

Ainsi, si votre enfant doit faire ses piqûres lui-même, il devra s'isoler dans une classe ou à l'infirmerie, avec l'autorisation des responsables pédagogiques.

### 154. *Mon mari et moi menons une vie itinérante. Comment scolariser notre enfant?*

Tout enfant de 6 à 16 ans – 3 ans à partir de la rentrée 2019 –, même étranger en situation irrégulière au regard du séjour, et quel que soit son mode d'hébergement (domicile fixe ou population non sédentaire), a le droit et même l'obligation de suivre une scolarité. Le principe a été posé par la loi de juillet 1882, repris par l'article L 111-2 et L 131-1 du code de l'éducation, mais les parents ont, sur le papier au moins, le choix: un établissement scolaire public, un établissement scolaire privé ou en famille.

Depuis 2007, l'instruction dans la famille recouvre l'enseignement à distance. Les enfants qui ne fréquentent pas un établissement scolaire relèvent désormais de l'instruction dans la famille. Certains suivront des cours à la maison délivrés par l'un ou les deux parents ou par toute personne de leur choix; d'autres seront inscrits à un enseignement par correspondance, soit au Centre national d'enseignement à distance (CNED) de Poitiers en inscription libre, soit dans un organisme d'enseignement à distance privé.

La scolarisation *via* le CNED vaudra notamment pour les enfants bénéficiant de soins médicaux en famille, en situation de handicap, en attente de scolarisation dans un établissement médico-social, ayant des activités sportives ou artistiques, dont les parents sont itinérants ou qui sont éloignés géographiquement d'un établissement scolaire.

Sans remettre en cause cette liberté reconnue aux parents, la loi a posé en 1998 le principe (art. L 131-1-1 du code de l'éducation) selon lequel l'instruction devait être assurée en priorité au sein des établissements d'enseignement.

Le mode d'instruction choisi doit permettre à l'enfant d'acquérir, à l'issue de la période de l'instruction obligatoire, l'ensemble des connaissances et des compétences du « socle commun ».

Pratiquement tous les enfants en France en âge d'être scolarisés fréquentent une structure scolaire, publique ou privée. Une infime minorité – 6000 – bénéficie d'une scolarisation sur mesure, en famille.

Si les familles font le choix d'instruire leur enfant en famille, il convient de s'assurer de la réalité de cette scolarisation et de la qualité de l'instruction dispensée.

Les pouvoirs publics y veillent, certes, avec le souci de ne pas porter atteinte à l'exercice de cette liberté, mais avec la préoccupation que des enfants ne soient pas purement et simplement déscolarisés avec la caution familiale ou pris dans une mouvance sectaire.

Des dispositions législatives et réglementaires (2007, 2009 et 2011) ont fait évoluer le cadre de l'instruction dans la famille en précisant les modalités de mise en œuvre des contrôles que les inspecteurs d'académie et les directeurs des services départementaux de l'Éducation nationale doivent effectuer.

L'instruction à domicile ne peut l'être que pour les enfants d'une seule famille (art. L 131-10 du code de l'éducation modifié par la loi du 5 mars 2007 réformant la protection de l'enfance) afin d'éviter le montage d'écoles sauvages hors de tout dispositif de l'Éducation nationale.

La décision d'une scolarisation en famille est un choix des parents, mais ceux-ci doivent en informer l'administration et le maire qui, depuis la loi du 28 mars 1882, a mission d'établir chaque année, à la rentrée scolaire, la liste des enfants soumis à l'obligation d'instruction résidant sur le territoire de sa commune. Les personnes responsables doivent faire inscrire auprès de la mairie les enfants dont elles ont la garde (art. L 131-6 du code de l'éducation) ou, à chaque rentrée scolaire, l'informer de leur choix d'une scolarisation à domicile (art. L 131-5 du code de l'éducation).

L'inspecteur d'académie (IA), directeur des services départementaux de l'Éducation nationale, doit également être informé.

Cette déclaration se fait par écrit. Elle indique le nom, les prénoms et la date de naissance de l'enfant, les nom et prénoms des personnes responsables ainsi que leur adresse, l'adresse à laquelle réside l'enfant et, si elle est différente de l'adresse de résidence, celle à laquelle est dispensée l'instruction.

Si, en cours d'année scolaire, les parents décident d'instruire leur enfant dans la famille, la déclaration doit être faite dans les mêmes conditions dans les huit jours qui suivent.

L'IA accuse réception de ce courrier et informe les intéressés des conséquences du choix effectué ; il délivre une attestation d'instruction dans la famille qui pourra être présentée à l'organisme débiteur de prestations familiales (art. L. 552-4 du code de la Sécurité sociale).

Les inspecteurs d'académie sont invités à se rapprocher des maires afin d'identifier les enfants qui, n'ayant fait l'objet d'aucune déclaration, ne sont pas inscrits dans un établissement scolaire.

Lorsqu'un défaut de déclaration d'instruction dans la famille est constaté, l'IA doit faire procéder en urgence à un contrôle. Il est nécessaire que l'intervention soit effectuée sans délai.

L'omission déclarative auprès du maire constituant une infraction pénale susceptible de faire encourir à toute personne exerçant l'autorité parentale, ou une autorité de fait de façon continue à l'égard de l'enfant, une peine d'amende de 1 500 euros maximum, elle doit être signalée au procureur de la République par toute autorité municipale ou académique informée.

Le maire, avec les moyens dont il dispose, d'où des inégalités, a ensuite l'obligation (art. L 131-10 du code de l'éducation) de faire mener une enquête sur les enfants qui reçoivent l'instruction dans la famille. Cette enquête est menée « uniquement aux fins d'établir quelles sont les raisons alléguées par les personnes responsables, et s'il leur est donné une instruction dans la mesure compatible avec leur état de santé et les conditions de vie de la famille ». Elle ne porte pas sur la qualité de l'instruction, dont la validation est de la compétence du ministère chargé de l'Éducation nationale.

Si l'enquête n'a pas pu être effectuée, elle est diligentée par le préfet du département.

Elle doit intervenir dès la première année de la période d'instruction dans la famille et être renouvelée tous les deux ans, jusqu'à l'âge de 16 ans.

Les résultats en sont communiqués à l'inspection académique qui pourra en tirer les conséquences pour le choix et la mise en œuvre des contrôles qui lui incombent.

**155.** ***Cet enseignement à domicile est-il suivi par les autorités ?***

Oui. L'inspection académique doit vérifier que l'enseignement assuré dans la famille est conforme au droit de l'enfant à l'instruction défini à l'article L 131-1-1 du code de l'éducation qui veut que «*le droit de l'enfant à l'instruction ait pour objet de lui garantir* [...] *l'acquisition des instruments fondamentaux du savoir, des connaissances de base*». Il s'agira donc de contrôler le contenu de l'enseignement dispensé et les compétences et connaissances acquises par l'enfant.

Elle s'assure également que la progression retenue «*a pour objet d'amener l'enfant, à l'issue de la période de l'instruction obligatoire, à la maîtrise de l'ensemble des exigences du socle commun*», comme les enfants scolarisés dans les établissements publics ou privés sous contrat et sur les acquisitions de l'enfant et sa progression. Cette progression doit s'évaluer en tenant compte de l'âge de l'enfant et de son état de santé, mais aussi des aménagements justifiés par les choix éducatifs des parents (D. 131-12 C. de l'éducation).

Un décret définit le contenu des connaissances et des compétences requis des enfants instruits dans la famille à l'issue de la période d'instruction obligatoire.

Dans chacun des sept domaines de compétence déclinés dans le socle commun (lecture, écriture, calcul, citoyenneté, etc.), l'évolution des acquisitions de l'enfant s'apprécie donc en fonction de la progression globale définie et mise en œuvre par les personnes responsables, en fonction de leurs choix éducatifs tels qu'elles ont pu les présenter à l'inspection académique chargée du contrôle. L'inspecteur peut conseiller à la famille de produire préalablement au contrôle un document explicitant ces choix. Le contrôle n'a pas, en effet, pour objet de valider le niveau scolaire. Il ne dispense en aucun cas l'enfant de passer l'examen d'admission dans l'enseignement secondaire public en cas d'inscription dans un établissement public.

Lorsqu'un enfant instruit à domicile est inscrit au CNED en inscription libre ou dans un organisme privé d'enseignement à distance, la progression globale retenue est celle fixée par l'organisme et validée par le contrôle pédagogique du ministre chargé de l'Éducation nationale auquel il est soumis.

L'inspecteur chargé du contrôle s'attachera aux différents travaux présentés par l'enfant lors d'un entretien. Les parents, dont la présence peut faciliter l'instauration d'un climat serein, de dialogue et de confiance, peuvent apporter, en tant qu'instructeurs, des explications utiles au bon déroulement du contrôle.

La famille est informée par écrit de la date du contrôle fixée par l'inspection académique du ou des lieux où il se déroulera et des fonctions de la ou des personnes qui en seront chargées. Cette information lui est adressée au minimum un mois avant. Toute demande de déplacement de rendez-vous par la famille doit être motivée par une incapacité à se rendre disponible à la date prévue par l'inspection académique.

Le contrôle a lieu notamment au domicile des parents. Il peut être opportun de ne pas le circonscrire au seul domicile des personnes responsables de l'enfant. Ces modalités appartiennent à l'administration. Un refus de déplacement équivaudrait à une opposition de la famille au déroulement du contrôle.

Le contrôle pédagogique diligenté par l'inspection académique a lieu au moins une fois par an, à partir du troisième mois suivant la déclaration d'instruction dans la famille en veillant à ce qu'il ne soit pas trop tardif dans l'année scolaire afin de permettre, le cas échéant, d'effectuer un deuxième contrôle avant la fin de l'année scolaire.

Les résultats du contrôle sont notifiés systématiquement aux personnes responsables de l'enfant.

Il doit leur être précisé en quoi l'instruction donnée ne permet pas, si tel est le cas, la progression de l'enfant vers l'acquisition, en fin de période d'instruction obligatoire, des connaissances dans chacun des sept domaines de compétence déclinés dans le socle commun. Elles sont informées du délai au terme duquel un deuxième contrôle est prévu. Ce délai doit leur permettre d'améliorer la situation ou de fournir des explications. Les personnes responsables sont également avisées des sanctions auxquelles elles pourraient s'exposer en l'absence de prise en compte des observations émises lors du premier contrôle.

À l'issue de ce deuxième contrôle, les résultats sont également notifiés. En cas d'approche critique, il doit leur être précisé en quoi l'instruction est défaillante. Les parents peuvent alors être mis en demeure par l'inspection académique d'inscrire l'enfant, dans les quinze jours qui suivent, dans un établissement d'enseignement public, selon les règles habituelles d'inscription et d'affectation, ou dans un établissement d'enseignement privé de leur choix décliné dans le socle commun.

Les parents doivent communiquer au maire de la commune de résidence le nom de l'établissement dans lequel est inscrit l'enfant. Le maire en avise alors l'inspection académique.

Qu'elle se traduise par un refus du contrôle ou par des entraves manifestes à son déroulement, l'opposition de la famille aux contrôles pédagogiques prévus par la loi constitue une infraction. Une telle situation justifie que l'inspecteur d'académie la signale au procureur de la République.

Lorsque des parents, enjoints de scolariser leur enfant eu égard à l'insuffisance de l'instruction dispensée dans la famille, refusent délibérément de l'inscrire dans un établissement d'enseignement, ils s'exposent à une peine de six mois d'emprisonnement et de 7500 euros d'amende (art. 227-17-1 CP).

L'inspection signalera les faits au procureur de la République en vertu de l'article 40 du code de procédure pénale qui «*fait obligation à tout fonctionnaire d'aviser sans délai le procureur de la République de tout crime ou délit dont il acquiert la connaissance dans l'exercice de ses fonctions*».

Les résultats des contrôles, précisément motivés, seront joints au signalement, les parents pouvant arguer de la conformité de l'instruction dans la famille avec le droit de l'enfant à l'instruction pour contester devant le tribunal correctionnel le bien-fondé de la mise en demeure de rescolarisation. Les juridictions pénales sont compétentes en effet pour apprécier la légalité des actes administratifs lorsque de cet examen dépend la solution du procès pénal (art. 111-5 CP).

Lorsque des parents enjoints de rescolariser leur enfant au cours d'une année scolaire font une nouvelle déclaration d'instruction dans la famille à la rentrée scolaire suivante, il convient de diligenter un contrôle dès que possible afin de permettre, le cas échéant, une rescolarisation rapide :

– si la déclaration est intervenue dès la rentrée scolaire, le premier contrôle devra intervenir dès les premiers jours du mois de novembre ;

– dans le cas contraire, si la déclaration n'intervient pas dès la rentrée scolaire, il convient de constater le défaut de déclaration afin de diligenter sans délai un contrôle.

Au cours de leur contrôle, les services de l'Éducation nationale peuvent être confrontés à la situation d'un enfant qui n'a jamais reçu une quelconque instruction, malgré une déclaration d'instruction dans la famille adressée à l'inspection académique.

Dans ce cas, l'IA effectuera en urgence, avant même toute mise en demeure, un signalement au procureur de la République au titre de l'enfance en danger et de l'infraction à l'article 227-17 du code pénal.

La vérification de l'acquisition de l'ensemble des connaissances et des compétences du socle commun peut permettre d'apprécier si l'enfant est soumis à une emprise contraire à son intérêt, notamment l'emprise sectaire.

Enfin, si l'instruction dans la famille n'est pas déficiente, mais que la famille est confrontée à « *des difficultés risquant de mettre en danger la santé, la sécurité ou la moralité d'un mineur ou de compromettre les conditions de son éducation* », l'inspection peut faire part de sa préoccupation au président du conseil départemental en vertu de l'article L. 226 2-1 du code de l'action sociale et des familles afin « *d'évaluer la situation du mineur et de déterminer les actions de protection et d'aide dont ce mineur et sa famille peuvent bénéficier* ». Préalablement, il convient d'informer de son intention le père, la mère ou toute autre personne exerçant l'autorité parentale, sauf intérêt contraire de l'enfant.

En cas de danger grave ou imminent pour l'enfant, les personnes chargées du contrôle peuvent aviser directement et sans délai le procureur de la République pour que des mesures d'assistance éducative soient ordonnées (art. 375 et s. CC). Elles adressent alors une copie de cette transmission au président du conseil départemental (art. L 226-4 Code de l'action sociale et des familles).

Les parents jouissent bien de la liberté – juridique – d'éduquer leur enfant comme bon leur semble, mais d'une liberté très surveillée, car par-delà les enjeux privés – d'ordre familial – se profilent des enjeux d'ordre public : l'Éducation nationale, la protection des enfants en danger.

## La pratique religieuse

### 156. *Je ne veux pas que mon enfant mange du porc à la cantine. Que faire ?*

Vous pouvez toujours en informer les responsables de l'école, mais en demeurant lucide sur le fait qu'en fin de compte ils ne peuvent rien vous garantir. Ils ne peuvent pas faire obstacle aux choix personnels de votre enfant au moment de déjeuner. Il y a de fortes chances pour que l'offre de repas soit diversifiée. Elle permet à chaque enfant de construire son menu en fonction de ses goûts ou de ses convictions. Et c'est là l'essentiel. Toutefois, certaines municipalités se refusent à offrir ces alternatives.

Vous apprécierez en fonction de ces éléments si votre enfant doit ou non être inscrit à la cantine de l'école.

### 157. *Ma fille entend porter un voile pour se rendre au collège. Que dois-je faire ?*

L'école publique est laïque, c'est-à-dire qu'elle garantit la neutralité du lieu au regard des religions. Elle ne les ignore pas en tant que faits culturels, mais elle s'interdit de paraître privilégier l'une ou l'autre. Et surtout, même si on aurait tendance à l'oublier, elle garantit en premier lieu aux non-croyants la liberté de conscience.

Bref, les pratiques religieuses doivent rester en dehors de l'école. En revanche, le fait religieux peut être enseigné comme c'est le cas, Histoire oblige, dans les deux départements d'Alsace (Haut-Rhin – Bas-Rhin) et en Moselle.

Les enseignants ont une stricte obligation de neutralité sur ces questions que les jeunes soient croyants ou pas.

Les élèves ne peuvent afficher que d'une manière discrète leurs convictions religieuses. La loi du 9 mars 2004 a tranché une polémique qui défrayait alors la chronique sur la provocation de certains extrémistes qui incitaient les jeunes filles au port d'un voile religieux dans l'école publique ou le favorisaient.

Ses dispositions sont claires : elle interdit tout signe ostentatoire d'expression religieuse et *a fortiori* les comportements prosélytes dans les lieux scolaires de la part des élèves, la chose étant acquise pour les personnels. Ostentatoire doit être entendu comme excessif, confinant à la provocation. On peut porter au cou un signe religieux discret. Reste que le port du bandeau sikh est loin d'être discret, même si ces jeunes ne font généralement aucun prosélytisme !

Cette loi controversée qui, pour certains, allait trop loin et, pour d'autres, était trop modérée, a somme toute apaisé la situation que nous connaissions. Son ressort est de convaincre chacun de respecter les autres pour être lui-même respecté.

En d'autres termes, il faut déconseiller, sinon interdire, à votre fille de tenter d'entrer au collège avec ce voile. Elle peut le porter dans la rue, mais pas plus.

Si elle persiste dans son projet, elle risque d'être interpellée par les responsables du collège. Dans un premier temps, ils engageront un dialogue avec elle pour tenter de la convaincre de le retirer dans l'enceinte scolaire, mais ils n'hésiteront pas, si nécessaire, à prononcer une exclusion provisoire, puis définitive si elle persiste dans son attitude. C'est sûrement le début de gros ennuis dont elle paiera le prix à terme. Pour commencer, elle devra être scolarisée dans un établissement privé, à vos frais, si vous en trouvez un.

## *L'éducation sexuelle*

### **158.** ***Comment m'opposer à ce que des cours d'éducation sexuelle soient donnés à mes enfants ?***

Vous ne disposez pas de ce droit. La fréquentation scolaire n'est pas à la carte, même si certaines matières sont en option !

Ces cours d'éducation sexuelle, inscrits au programme, sont obligatoires pour tous les élèves. Il est en effet essentiel que les jeunes aient un minimum de connaissance des choses de la vie. Certes, ces questions sont délicates à aborder, mais les enseignants le font avec tact et sans interférer avec le respect de la vie privée de chacun. D'ailleurs, beaucoup de parents sont soulagés que l'Éducation nationale se charge de ce qui est pour eux parfois délicat à expliquer à leurs enfants compte tenu de leur proximité affective. Il s'agit d'oser aborder sereinement ces sujets qui restent tabous pour de nombreux jeunes. Ce qui peut les mettre en difficulté.

Vous restez libre d'aborder ces questions avec votre enfant comme bon vous semble, en lançant le sujet ou en répondant à ses questions.

### 159. *Puis-je refuser que mon enfant participe à un cours où l'on aborderait la question de l'homosexualité ?*

On a déjà, dans le passé, connu ce type de problème avec les cours d'éducation sexuelle qui ont pu choquer certains parents, notamment catholiques, qui estimaient que cette question relevait de l'intimité absolue ou des responsabilités parentales.

Des parents peuvent être heurtés par le fait que l'enseignant, directement ou avec l'aide d'une association, aborde la question de l'orientation sexuelle, comme ce père qui avançait que l'homosexualité était un péché.

Cette question de l'homosexualité est aujourd'hui d'autant plus importante que nombre de jeunes sont l'objet de pratiques discriminatoires à cause de leurs tendances sexuelles, affichées ou supposées. On relève régulièrement des tentatives de suicide ou d'autres marques de malaise chez des jeunes qui s'estiment dans l'impossibilité de suivre leur nature et ne voient pas comment résoudre les injonctions contradictoires auxquelles ils sont soumis.

Rappelons que la loi interdit et condamne les propos et pratiques homophobes ainsi que les discriminations fondées sur l'orientation sexuelle.

Bien évidemment, il n'est pas question de porter un jugement de valeur sur une orientation sexuelle, qui, de toute façon, n'est pas un choix. Elle ne se commande pas : il en va ainsi de tout temps et en tout lieu. Point à la ligne ! Toutefois, dans certains pays, révélée, elle fait encourir au mieux la bastonnade, au pire la mort. En revanche, il s'agit pour l'école d'amener à la tolérance et au respect ; en tout cas, de combattre des pratiques discriminatoires dans tous les registres.

Le cours ou la séquence où cette question est abordée s'inscrit dans le cadre de l'enseignement moral et civique (EMC), instauré par la loi du 8 juillet 2013 en 5e, 4e et 3e, et en liaison avec le programme de sciences de la vie et de la terre (SVT) du niveau concerné (4e et 1re).

Il vise à faire acquérir aux élèves les notions relatives au respect de la personne, de ses origines et de ses différences, de l'égalité des femmes et des hommes. L'EMC et les SVT sont des enseignements obligatoires qui ne sauraient faire l'objet d'une dispense pour motif religieux. Il n'est donc pas question d'accorder une dispense d'enseignement.

Si la lutte contre l'homophobie n'est pas spécifiquement inscrite dans le programme scolaire, qui contesterait qu'elle participe au combat contre les discriminations ?

La charte de la laïcité à l'école est claire sur ce point : «*Aucun élève ne peut invoquer une conviction religieuse ou politique pour contester à un enseignant le droit de traiter une question du programme*» (art. 12).

L'attitude devrait être la même si des parents ou des élèves contestaient qu'on aborde la question de la Shoah ou une autre période de l'Histoire à laquelle l'élève est sensible.

## Le harcèlement et le racket

**160.** ***Mon fils est victime de harcèlement scolaire ; l'école néglige ce que je lui ai dit. Que dois-je faire ?***

Régulièrement, à l'école ou sur son chemin, des enfants font l'objet de harcèlement de la part d'autres élèves. Il peut s'agir d'une mise à l'écart, de vexations, de propos désobligeants, de menaces, de chantage, etc. Les modalités sont diverses, mais ont en commun le fait que l'enfant est victime d'une violence insupportable dont il peut difficilement faire part aux adultes, membres de la communauté éducative ou parents. L'enfant peut se sentir acculé et ne pas trouver d'issue à ce dilemme, ce qui trop souvent conduit à des comportements extrêmes que chacun imagine.

Il peut adresser des messages plus ou moins faciles à décrypter. Un changement de comportement peut être révélateur de ces difficultés. Les parents, mais aussi les enseignants et les élèves amis ne doivent pas négliger ces signes parfois très discrets.

Il est alors essentiel que parents et enseignants se concertent pour venir en aide à l'enfant et desserrer le piège dans lequel il se croit enfermé.

Si les responsables scolaires négligent les informations que vous avez pu recueillir et leur communiquer, vous ne devez pas hésiter à alerter l'inspection académique ou une association de parents d'élèves et, bien évidemment, la police même si vous ne disposez pas d'éléments permettant de mettre en cause tel ou tel élève.

Avec l'utilisation permanente des nouvelles techniques de communication (téléphones, réseaux sociaux numériques), le harcèlement entre élèves se poursuit en dehors de l'enceinte des établissements scolaires. On parle alors de cyberharcèlement.

Ces pratiques doivent être intégrées dans la politique de prévention et de lutte contre le harcèlement à l'école, car il n'en est souvent qu'une des modalités. Pour lutter contre, le ministère de l'Éducation nationale a signé une convention avec l'association e-Enfance et a élaboré un guide.

Un numéro – 0800 200 000 – géré par cette association est à votre disposition. Au-delà de l'écoute et du conseil, Net Écoute peut vous aider au retrait d'images ou le cas échéant de propos blessants. Vous pouvez également alerter les services de police habilités. Les harceleurs sont souvent lâches ou inconscients ; il faut les ramener sur terre.

Même si votre fils vous interdit de vous en mêler, vous ne devez pas en rester là. Il vous faut être très présent auprès de lui avant de mobiliser les responsables scolaires ou de porter plainte au commissariat ou à la gendarmerie, selon la gravité de ce racket.

En tout cas, un enfant victime de racket ne doit pas avoir le sentiment que les adultes l'abandonnent à son sort. Et il est important que les racketteurs voient que l'omerta qui les protège en théorie ne fonctionne pas.

# 7

# FAIRE FACE AUX ENFANTS EN BUTTE À L'AUTORITÉ

## *Une autorité protectrice qui peut être mal vécue*

*Un des besoins fondamentaux de tout enfant est de sentir s'exercer sur lui une autorité bienveillante, mais sûre. L'autorité est certes une contrainte, parfois difficilement supportable quand elle va à l'encontre de ses désirs et aspirations du moment, mais qui se révèle également une protection et une assurance contre les accidents de la vie. Elle trahit fondamentalement une marque d'intérêt : trop d'enfants souffrent d'être délaissés physiquement ou moralement par leurs proches, pour des raisons diverses. C'est une préoccupation majeure pour les adolescents car cette contrainte est structurante et sert de tuteur et de point de repère au quotidien.*

*Au reste, cette autorité ne se décrète pas : il ne suffit pas de l'inscrire dans la loi ou d'affirmer une posture.*

*Pour être légitime aux yeux des plus jeunes, l'autorité doit paraître juste et s'exercer avec intelligence et discernement, en s'adaptant aux situations et à l'enfant lui-même. À chaque moment de son développement et en fonction de la personnalité de l'enfant et des circonstances, l'autorité doit être adaptée tant dans la forme que dans le fond. Tout dirigeant doit être fin psychologue s'il ne souhaite pas susciter une révolte difficilement maîtrisable. Il en va de même pour l'autorité parentale. Néanmoins, les parents ne sont pas toujours dans la posture idéale pour répondre au problème posé : ils ont aussi leurs propres difficultés à régler. La piété napoléonienne, ou du moins le respect pour les parents, persiste, mais il convient de le relégitimer quasiment au quotidien par des mots et des attitudes.*

*Comme tout espace, la famille a ses règles, et un dispositif de sanctions en cas de violation de ce qui constitue la discipline familiale. Sur quoi s'applique-t-elle ? Quelles sont les sanctions légitimes, et celles qui ne le sont pas ou plus ? Ces règles relèvent certes de la loi – des droits et devoirs des parents – mais aussi de la morale et des mœurs, qui évoluent, et bien sûr de la spécificité de chaque famille. On est ici au cœur de la liberté dans notre démocratie.*

*Petit à petit, l'enjeu est que l'enfant reconnaisse et admette cette autorité comme pertinente, efficace : « Ne touche pas la casserole, tu vas te brûler ! », respectable car elle est utile.*

*Bien évidemment, il revient à celui qui l'exerce (là encore, cette règle vaut pour tous) de ménager un espace, sinon une marge de manœuvre, à celui qui en bénéficie. Il doit pouvoir exprimer son point de vue, et celui-ci être dûment pris en compte, ce qui ne veut pas dire systématiquement suivi. Il faut souvent négocier et, au passage, expliquer ce qui fonde une décision. À l'inverse, ce que l'enfant propose ne doit pas être rejeté par principe. Parfois, c'est plein de bon sens et pertinent, mais cela doit passer au filtre des principes applicables dans la famille.*

*Il arrive qu'on atteigne la crise avec des propos, des gestes, des attitudes comme la fugue quand, malgré les efforts développés, les explications, les formes respectées, l'autorité apparaît injustifiée, excessive, insupportable, en tout cas comme contestable. Il faudra souvent savoir reculer sans rompre, mais aussi parfois ne rien céder et aller à l'affrontement, ne fût-ce que pour offrir une posture par rapport à laquelle l'enfant pourra se positionner et sur laquelle il s'appuiera. Il faut toujours avoir le souci de ménager une porte de sortie au jeune qui peut s'engager sans le vouloir dans une impasse. L'adulte responsable se doit d'avoir une ou deux étapes d'avance sur l'enfant. Dans certains cas, il sera nécessaire d'aller chercher de l'aide à l'intérieur ou à l'extérieur de la famille.*

*En bref, exercer une autorité sur des enfants de tout âge, seuls ou en fratrie, n'est pas chose aisée.*

### 161. *Peut-on apprendre à être parent ?*

Il n'y a pas d'école pour cela ! On apprend à être parent le plus souvent à travers ce que l'on a vécu en voulant imiter l'éducation reçue ou au contraire en la rejetant, avec le danger de ces deux postures extrêmes.

L'École des parents est une association qui aborde les questions qui préoccupent les parents ou futurs parents, mais il serait exagéré de parler d'école au sens classique du terme.

Bien évidemment, les membres de la famille, les proches et les amis peuvent prodiguer des conseils. Sans compter de nombreux ouvrages ou revues.

## Questions d'éducation

### 162. *Les droits de l'enfant à la maison*

Comme toute personne vivant en collectivité, l'enfant a des droits et des devoirs. Il doit être respecté, mais lui-même doit respecter ce qui l'entoure, les personnes comme les choses.

Il bénéficie du cadre familial et des facilités plus ou moins importantes dont il dispose ; à l'inverse, il se doit de participer aux tâches ménagères pour maintenir ce cadre de vie. Bien sûr, tout dépend de son âge. On sait qu'obtenir de l'adolescent la tenue de sa chambre relève déjà du grand art pour les parents. *A fortiori* la participation aux tâches ménagères.

La loi est désormais explicite : elle demande que l'avis de l'enfant soit recueilli et dûment pris en compte pour tout ce qui le concerne. Mais donner son avis ne veut pas dire qu'il décide. On peut discuter, négocier, mais il y a un décideur.

Il a le droit de voir respectée son intimité, mais cependant, sa chambre s'il en dispose, n'est pas un territoire impénétrable (voir question 165).

### 163. *Qu'en est-il de la discipline familiale ?*

Elle est indispensable et tout groupe a sa discipline.

Les parents ont le droit et le devoir en général de poser des règles qu'ils doivent respecter eux-mêmes et de faire preuve d'autorité à l'égard de leurs enfants pour qu'elles le soient. Il est essentiel, pour que ceux-ci grandissent, qu'ils intègrent l'idée de limites et du besoin d'un cadre pour ne pas se développer dans la toute-puissance, car en se heurtant plus tard aux interdits imposés par la société, ils rencontreraient de graves difficultés.

Les parents doivent pouvoir se faire obéir. Ce sera généralement par leur autorité naturelle. Il leur faudra parfois hausser le ton, poser des interdits ou encore exiger certaines attitudes, l'enfant cherchant justement à repérer où sont les limites.

Ils le feront tout simplement en s'opposant et en disant non. Ils pourront être conduits à exercer certaines formes de contraintes physiques ou morales.

En l'état, la loi admet le recours aux châtiments corporels comme la gifle ou la fessée sans qu'on dépasse les violences légères ne laissant pas de traces. Des coups trop appuyés ou des humiliations pourront entraîner des poursuites pénales ou des sanctions civiles.

La discipline familiale est indépendante, même si elle doit être en relation avec d'autres systèmes de règles comme la responsabilité pénale ou la réparation civile du dommage.

### 164. *Mon fils de 12 ans ne veut pas que je vienne à la sortie de l'école et souhaite que je lui donne la clé pour rentrer seul à la maison. Puis-je refuser ?*

On peut comprendre que votre enfant ne veuille plus passer aux yeux de ses copains pour un « petit » que ses parents ou un aîné accompagnent. À vous de lui parler et de trouver la bonne attitude.

Votre fils est en droit de rentrer aisément chez vous, donc chez lui. Pour autant, vous êtes en devoir de vous assurer que le retour se fera dans les meilleures conditions. En effet, le trajet peut être dangereux (circulation, mauvaises rencontres...).

Il vous revient donc d'apprécier le contexte. Vous pouvez également avoir des inquiétudes ou des doutes sur son comportement. Ne va-t-il pas ramener des amis à la maison sans vous prévenir ? Ou, par exemple, ne risque-t-il pas de se faire voler la clé avec tous les risques que cela représente pour la famille ?

Autant de questions possibles pour les parents. Vous donnerez le précieux sésame plus tôt à tel enfant, plus tard à tel autre en fonction de votre perception du contexte et de sa personnalité.

Bref, comme pour l'argent de poche, qui dépend de votre pouvoir discrétionnaire, aucun texte de loi ne réglemente ce sujet. L'appréciation de la somme se fait lors d'une conversation en famille.

### 165. *Mon fils m'interdit d'entrer dans sa chambre sous prétexte que c'est chez lui. Que faire ?*

Comme tout le monde, votre fils a le droit à une certaine intimité. Pour autant, sa chambre n'est pas un domicile privé. En droit il est chez vous, même il est aussi chez lui.

Il est donc parfaitement légitime que vous entriez dans sa chambre, donc chez vous, voire à contrôler ce qui s'y trouve, notamment si vous soupçonnez qu'il y apporte des choses de provenance douteuse. Il ne s'agirait pas que cette chambre se transforme, comme on a pu le voir, en une caverne d'Ali Baba, car on pourrait vous reprocher de l'avoir su et vous risqueriez une condamnation pour recel avec une peine de cinq ans de prison. Il vous faut donc être inflexible, et ce au plus tôt, afin d'éviter d'entrer dans un engrenage difficilement maîtrisable.

Vous devez frapper par principe, respect de l'intimité oblige, avant d'entrer dans la chambre de votre enfant, mais vous êtes parfaitement en droit d'y entrer, qu'il soit présent ou non. Il faut ici faire preuve de diplomatie, de tact et d'intelligence en tenant compte de son âge, de son caractère, de vos pratiques habituelles, sans oublier vos responsabilités.

Et il vous revient de lui expliquer pourquoi vous agissez ainsi.

En revanche, et sans qu'il soit nécessaire de développer, il est des lieux et des moments (comme dans la salle de bains) où chacun a droit au respect absolu de son intimité.

Réciproquement, il va de soi que les parents ont leurs lieux d'intimité. Si le dimanche les enfants et les parents peuvent se retrouver sur le lit familial pour jouer ou échanger, l'univers parental appartient aux parents.

**166. *Mon fils prétend que je l'exploite en lui demandant de débarrasser la table et de faire la vaisselle. Peut-il se plaindre ?***

Se plaindre, sûrement ! Rien que de normal et banal. Obtenir votre condamnation pour exploitation d'enfant, sûrement pas ! Vous n'êtes pas l'indigne patron d'une bonne à tout faire.

Tous les enfants protestent un jour à l'idée de participer aux tâches ménagères ou tout simplement à l'idée de donner un coup de main en allant faire des courses. D'ici à ce que certains imbus de culture livresque ou télévisuelle soient qualifiés de Cosette par les services sociaux ou la justice, il y a un grand pas… rarement franchi en pratique.

Il est normal que, comme tout le monde, selon son âge et selon son développement, l'enfant tienne sa chambre en ordre, range ses affaires – et ce sujet est un point de friction classique entre parents et ados – et qu'il prenne sa part, ni plus ni moins, au fonctionnement de la maison. La maison n'est pas un hôtel dont les parents seraient les tenanciers. Tout simplement il est des habitudes de vie qui, si elles ne se prennent pas très tôt, ne se prendront jamais. L'hygiène, la propreté, le rangement en font partie.

Ces choses doivent se faire naturellement, avec de réguliers rappels à l'ordre et des explications quand cela s'impose. Certains enfants ont besoin qu'on dialogue avec eux ; d'autres, qu'on soit sévère avec eux.

### 167. *Puis-je refuser à mon fils de 15 ans de sortir le soir alors qu'il a école le lendemain ?*

Aux termes de la loi, non seulement pour le pouvez, mais vous le devez. Et votre fils doit l'entendre ! Ce n'est pas un caprice de votre part, mais le respect des règles du jeu social et, déjà, du code civil.

Mineur, il est juridiquement un enfant, même s'il s'estime être presque un adulte. Il est sous votre protection et la loi vous donne le moyen juridique d'exercer cette responsabilité. En l'espèce, vous pouvez lui interdire de sortir si vous n'êtes pas rassuré sur ce qui peut lui arriver ou tout simplement parce que vous jugez cette sortie inappropriée.

À lui de vous rassurer sur ses sorties. Qui va-t-il voir ? Où ? Quand entend-il revenir ? Comment tient-il compte de son obligation d'être en classe et en forme le lendemain ?

Mieux: il doit non pas vous annoncer son intention de sortir, mais il doit vous demander l'autorisation de le faire.

Vous pouvez accepter si vous êtes rassuré.

Vous pouvez aussi refuser parce que vous ne l'êtes pas ou pour toute autre raison que vous invoquerez, comme, par exemple, le fait que le lendemain il doit aller à l'école de bonne heure. Votre pouvoir est ici absolu – c'est-à-dire sans contrôle extérieur –, mais ne doit pas être vécu comme arbitraire et donc doit être justifié pour être compris.

Votre enfant doit respecter votre décision qui se veut fondée sur le bon sens et la justice.

Généralement il obéira d'autant plus que, très tôt, vous l'aurez habitué à vous obéir. Même s'il passe outre, il est important qu'il ne vous sente pas démissionnaire et que vous n'hésitiez pas à manifester votre désaccord. À défaut, il glissera facilement vers la toute-puissance.

C'est aberrant, mais il arrive qu'un juge des enfants soit obligé (dans le cadre d'un contrôle judiciaire imposé à un adolescent qui sort en permanence au risque de commettre des «bêtises» pénalement répréhensibles) de lui imposer de demander l'autorisation de sortir à ses parents, avec le risque d'être incarcéré s'il est trouvé dans la rue sans autorisation parentale.

**168.** ***Mon fils a 16 ans. Je lui ai interdit de sortir. Comme d'habitude, il rentre à 3 heures du matin. Puis-je lui fermer la porte?***

Il vous revient de veiller aux fréquentations de votre enfant mineur qui vit au domicile. Vous êtes en droit de lui interdire de sortir seul et d'exiger de lui qu'il rentre à une certaine heure et, bien entendu, qu'il ne fréquente pas certaines personnes (voir *supra*). Il doit vous demander l'autorisation. En tant que parent, vous êtes libre d'accepter ou de refuser, quitte à justifier votre décision.

Il faut ici encore concilier la loi, le bon sens et la psychologie de base. Dans votre décision, positive ou négative, vous tiendrez compte de sa personnalité et de son âge ainsi que des conditions de temps et de lieux. Généralement, l'enfant obéit à ses parents et fait contre mauvaise fortune bon cœur quand ceux-ci lui refusent une sortie ou lui interdisent telle fréquentation.

Reste qu'effectivement certains jeunes entendent forcer la main des adultes, dicter leur loi et refuser celle de leurs parents. Cette attitude a des racines profondes dans la prime enfance, notamment dans la relation de confiance et de respect réciproques nouée entre enfant et parents.

S'il vous a désobéi en sortant sans votre accord, en refusant de lui ouvrir la porte du domicile familial à son retour il y a de fortes chances que la scène dégénère et qu'en fin de compte, alertées par des voisins, les forces de police interviennent et vous demandent d'accueillir votre enfant. Bien évidemment, personne ne peut vous y forcer physiquement.

Pour calmer le jeu, vous serez certainement amené à composer une nouvelle fois, quitte à mettre les choses au point le lendemain. Peut-être, au vu du comportement de votre enfant, serez-vous contraint, non seulement de changer les serrures de la maison, mais de saisir le juge des enfants afin de décider de son départ officiel de la maison pour aller vivre soit chez un membre de la famille, soit dans une institution sociale ou une famille d'accueil.

### 169. *Ma fille de 15 ans dort chez sa copine de classe sans mon autorisation et refuse de revenir à la maison. Que puis-je faire ?*

Vous pouvez autoriser votre fille ou votre fils à passer une nuit ou quelques jours chez des amis, mais la décision vous appartient et vous en êtes maître sans avoir à rendre de comptes à quiconque.

Votre enfant ne doit pas vous mettre devant le fait accompli. Il exprimera sa demande et vous déciderez en tant que parent.

Par ailleurs, elle ne va pas seulement chez son amie, mais chez le(s) parent(s) de celle-ci. Il revient à ces personnes de vous donner leur accord et de vous rassurer sur qui ils sont, leurs rapports aux enfants, etc. Éventuellement, elles devront s'opposer elles aussi à ce projet formé par leur enfant et le vôtre si vous n'êtes pas d'accord. Si elles passaient outre à votre refus, elles engageraient leur responsabilité pénale.

En cas de conflit ouvert, notamment avec des personnes qui ne respecteraient pas votre autorité, il vous revient de prévenir les services de police ou de gendarmerie de cette situation pour que ces fonctionnaires interviennent et prennent la mesure de la situation.

Si elle devait perdurer, il faudrait faire intervenir le tribunal pour enfants afin de régler le conflit qui vous oppose à votre enfant. Toutefois, il y a tout lieu de penser qu'il faudra du temps et du savoir-faire pour venir à bout de cette crise.

**170. *Ma belle-fille de 15 ans et demi est partie de la maison pour s'installer chez son petit ami de 27 ans. Puis-je porter plainte pour détournement de mineur ?***

Le détournement de mineur n'implique pas nécessairement qu'il y ait eu une relation sexuelle entre la personne majeure et le mineur. Pour être caractérisé, il implique un élément matériel (l'enlèvement du mineur) et un élément moral (l'intention de soustraire l'enfant à sa famille).

Le fait que vous soyez son beau-père ne change rien. Elle est de fait sous votre autorité. Vous êtes en droit de porter plainte.

Mais il y a peu de chance pour que cette plainte suffise à ramener votre fille à la raison et à la maison. On peut même supposer qu'elle va exacerber ce qui vous oppose. Cependant, il est important que vous manifestiez clairement votre désaccord et votre inquiétude au sujet de cette relation que, comme nombre de parents, vous jugez déséquilibrée.

Il va vous falloir procéder avec diplomatie, parfois en espérant que les choses évoluent d'elles-mêmes. Facile à dire, plus difficile à vivre et à mettre en œuvre ! Ce sera surtout avec son ami qu'il faudra travailler. Il est majeur. C'est son intérêt s'il ne veut pas avoir d'ennuis avec la justice.

Il est important cependant de savoir que la loi n'interdit pas à votre fille de plus de 15 ans d'avoir des relations sexuelles avec un adulte et que ce n'est pas un délit pour l'adulte d'entretenir cette relation dès lors qu'il n'y a pas de surprise ou de violence.

Toutefois, une plainte pour détournement de mineur (peine encourue : cinq ans d'emprisonnement et 75 000 euros d'amende) pourrait être envisagée.

En revanche, si votre fille a moins de 15 ans, on peut se poser plus nettement la question de l'absence de consentement – donc de viol (art. 222-23 et 222-24 CP) – et en tout cas d'atteinte sexuelle sur mineur de 15 ans, punissable depuis la loi d'août 2018 de sept ans d'emprisonnement et de 100 000 euros d'amende (art. 227-25 CP).

On vous recommandera de joindre un service de police, un avocat ou, à défaut, un service social.

## Les enfants et le numérique

**171.** ***Comment empêcher les enfants de consulter en permanence leur téléphone portable, y compris lors du repas commun ?***

C'est un problème d'éducation qui dépasse la question du portable.

Il faut que vous marquiez votre autorité, c'est-à-dire que vous posiez des limites à vos enfants. Il y a des choses que vous acceptez et d'autres non. Le repas de famille est important à vos yeux, car vous le considérez comme un temps où l'on échange, ce qui veut dire que chacun doit être disponible.

La possession d'un portable n'est pas un droit, et les professionnels de santé s'inquiète de plus en plus de l'accès trop précoce aux écrans. Son usage doit donc être cadré. Si vous posez très tôt les limites, elles seront intégrées. On sait que beaucoup d'enfants sont addicts.

Il faut aussi que la sanction tombe si la règle est transgressée. Sanction ne veut pas dire violence, mais, par exemple, confiscation du téléphone le temps du repas.

Vous pouvez aussi, tout simplement, supprimer la ligne ou restreindre son usage. Si vous tardez à intervenir, par facilité, démagogie, ou pour avoir la paix, vous le paierez plus tard.

Il est important que les adultes, et d'abord les parents, montrent l'exemple en ne passant pas leur temps sur leur propre téléphone.

### 172. *Mon fils nous menace de saisir le juge des enfants si nous continuons à lui refuser le dernier téléphone portable. Est-ce possible ?*

Il peut essayer, mais les risques sont nuls de voir un juge retenir cette situation comme relevant de sa compétence.

Ne pas disposer du dernier modèle de téléphone portable n'est pas révélateur d'une carence éducative ou de protection. Votre enfant n'est pas en danger de ce fait. Le tribunal ne s'attache pas à ce type de plainte.

En revanche, il est effectivement possible à un enfant, dès lors qu'il est doué de discernement, de saisir un juge des enfants et de lui demander protection s'il démontre être en danger – battu, délaissé, maltraité, humilié, etc. Le refus d'un téléphone portable n'entre pas dans ce registre ! De la même manière, un juge n'interviendra pas en cas de refus de vêtement de marque ou d'argent de poche.

Conditionner l'octroi d'un téléphone portable à l'installation d'un système de traçage permettant de savoir où votre enfant se trouve est à manier avec prudence face à une personnalité qui s'affirme et demande à se voir reconnue et investie de la confiance parentale.

**173.** ***Je m'inquiète de la nature des échanges numériques de mon fils mineur. Puis-je regarder dans son ordinateur et son téléphone ?***

C'est la version moderne de la question que se posaient jadis les parents à l'idée de pénétrer le journal intime de leur enfant ou d'ouvrir son courrier.

Sur le plan juridique, vous êtes en droit de vous donner les moyens de protéger votre enfant si vous estimez qu'il se met en danger.

Pratiquement, vous pouvez lire son journal intime comme vous pouvez pénétrer son ordinateur ou son téléphone portable. Reste à savoir si c'est la bonne méthode sur le plan psychologique.

Il vous faut par ailleurs anticiper sur les réactions que vous allez provoquer. On vous conseillera d'y réfléchir à deux fois. Dans la mesure où vous pouvez éviter cette effraction, même si vous estimez qu'elle est dans l'intérêt de votre enfant, gardez-vous-en.

Il faut faire preuve de pédagogie : tout d'abord, informer votre enfant sur les dangers d'Internet et des réseaux sociaux ; mettre en place des dispositifs limitant l'accès hors de votre présence, demander à être informé, montrer que vous êtes inquiet et que votre enfant ne doit pas vous mettre dans telle situation. Cela suffira le plus souvent. Les enfants sont généralement obéissants et respectueux, pas moins aujourd'hui qu'hier, s'ils ont confiance en leurs parents.

Toutefois, on peut entendre et admettre qu'il y ait des situations et des cas plus délicats qui appellent à protéger votre enfant malgré lui. Si vous découvrez des choses illégales, il vous revient d'en informer les autorités de police qui disposent de services spécialement consacrés à la protection contre la cybercriminalité[1].

On peut rappeler les règles posées par le code des postes et télécommunications (art. 15) qui veulent que les parents soient informés de certaines correspondances reçues par leur enfant mineur.

« *Les correspondances ordinaires, recommandées ou avec valeur déclarées, adressées en poste restante à des mineurs non émancipés âgés de moins de 18 ans, ne peuvent leur être remises que sur présentation d'une autorisation écrite du père ou de la mère ou, à défaut, du tuteur.*

*En l'absence d'autorisation, ces correspondances sont retournées aux expéditeurs ou versées au service du rebut.* »

En revanche, les mineurs peuvent recevoir – et adresser – de simples lettres et il appartient aux parents de traiter ce sujet avec doigté s'ils ont des inquiétudes.

### 174. *Puis-je empêcher mon enfant d'aller sur Internet ?*

Interdire est possible. Empêcher sera plus difficile.

Le psychiatre Serge Tisseron, relayé par l'Association française de pédiatrie ambulatoire, a été amené à préconiser le moins d'écrans possible avant 3 ans : pas de console personnelle avant 6 ans, accès à Internet à partir de 9 ans avec un adulte, accès seul à Internet à partir de 12 ans.

Des règles de prudence s'imposent cependant en fonction de l'âge de l'enfant, mais il faut être lucide : les moyens pour l'enfant d'accéder à Internet sont aujourd'hui illimités.

On peut éviter la présence d'ordinateurs ou de smartphones accessibles à domicile. Il vous est loisible

1. Consultez le site du ministère de l'Intérieur afin d'y trouver les sites spécifiques.

d'installer un code d'accès à l'ordinateur et de modifier l'accès au Wifi. Il existe également des logiciels de contrôle parental qui restreignent l'accès à Internet. Toutefois, aucun de ces systèmes n'est fiable à 100 %.

Une bonne solution consiste à être présent lorsque les enfants vont sur Internet en installant l'ordinateur de la maison dans une salle commune et d'en interdire l'accès si besoin en le bloquant aux plus jeunes lorsque les parents ne sont pas là.

Les dangers d'Internet pour un enfant sont bien connus, mais ne sont somme toute que les dangers classiques exacerbés par les moyens de la technologie. Par exemple, les parents pouvaient toujours ouvrir le courrier de leur enfant mais ils ne le faisaient qu'exceptionnellement. En revanche, ils discutaient avec lui des messages inquiétants. De même pour ses lectures. On doit donc avoir ici le même comportement avec l'enfant que par le passé en l'informant des limites à ne pas franchir. C'est la qualité de ce dialogue engagé qui peut demain permettre d'éviter des dérapages et d'éviter des incidents, parfois très graves.

### 175. *Comment l'empêcher d'ouvrir un compte Facebook? Comment le fermer?*

La loi ne fixe pas de seuil d'âge.

En théorie le réseau social n'ouvre ses portes virtuelles qu'aux enfants âgés de plus de 13 ans, mais le dispositif de contrôle étant déclaratif, il suffit aux intéressés d'afficher un âge supérieur.

Vous avez la possibilité d'obtenir la fermeture en faisant un signalement, mais votre enfant pourra toujours ouvrir un autre compte.

Si aucun paramètre n'est réglé, tout le monde peut accéder au profil des enfants et leur envoyer des messages. Il suffit de se rendre dans « Paramètres de confidentialité » et d'autoriser seulement les « amis » à accéder au profil.

De la même façon, pour éviter tout contact qui vous échapperait, vous pouvez choisir qui peut lui envoyer des messages et publier dans son journal. Choisissez là aussi uniquement ses « amis ». Ces simples manipulations protègent l'enfant des inconnus.

Sans tomber dans la paranoïa, il est bon de toujours savoir avec qui votre enfant est ami sur Facebook et avec qui il discute en ligne, tout en lui laissant son impression de liberté.

Connaître son identifiant et son mot de passe peut également éviter de bien mauvaises surprises.

La meilleure solution reste, si la complicité parent-enfant existe, de permettre au parent d'être « ami » avec son enfant et d'exercer sa vigilance sans en abuser.

On rappellera que les services de police sont présents pour enquêter sur les pratiques répréhensibles et y mettre fin. Ils ont leurs propres dispositifs d'investigation sur la Toile, et vous pouvez les saisir si vous êtes inquiet.

## *La sexualité*

### 176. *Comment puis-je conseiller ma fille en matière de contraception ?*

Les enfants ont très tôt une sexualité. Il revient aux parents d'informer leurs enfants sur les choses de la vie. Le sujet n'est pas toujours facile à aborder. Certains parents sont plus à l'aise que d'autres pour aborder ces questions avec les plus jeunes.

Aujourd'hui, les voies d'approche pour aborder ces sujets sont nombreuses. À chacun de trouver celle qui convient pour son enfant. L'école y participe aussi, dès la classe de troisième, ainsi que les pairs, les publications et les réseaux, sociaux ou non. Ou tout simplement le médecin de famille qui peut vous aider et informer votre enfant sur les risques éventuels et les précautions à prendre.

### 177. *Ma fille mineure veut avorter. Puis-je intervenir ?*

Oui encore faut-il préciser la marge de manœuvre dont vous disposez.

Une jeune fille enceinte peut désirer aller jusqu'au bout de sa grossesse ou l'interrompre. En France, chaque année, environ six mille jeunes filles mineures accouchent.

Pour qu'une IVG ait lieu, il faut disposer de la demande de la jeune fille donnée une première fois, et renouvelée hors la présence de ses parents, afin d'éviter toute pression sur elle. En d'autres termes, la loi lui reconnaît le droit de ne pas souhaiter avorter malgré la pression familiale, spécialement celle de ses parents.

Dans l'hypothèse où la jeune fille souhaite interrompre sa grossesse, il lui fallait auparavant disposer de l'accord de l'un ou l'autre de ses parents. Ce qui *a priori* donnait un droit de veto aux deux parents s'ils étaient d'accord pour empêcher l'avortement.

Les juges des enfants étaient amenés à intervenir depuis la loi Veil de 1976, confirmée et complétée en 1979, afin de régler le conflit entre la jeune fille enceinte désireuse d'avorter et ses parents réservés ou hostiles. Généralement, ils obtenaient l'accord des parents dans leur cabinet. À défaut, ils habilitaient l'ASE pour donner l'autorisation nécessaire en lieu et place des parents qui, pour des raisons leur appartenant, s'y refusaient.

Depuis 2001, la loi permet à la jeune fille de se rendre dans un centre médicalisé pour faire pratiquer l'IVG, accompagnée d'une personne majeure de son choix – un membre du planning familial, une éducatrice – et pas nécessairement d'un de ses parents.

De telle sorte que l'on peut dire que les parents ont quasiment perdu leur droit de décider sur ce sujet. Mais ils peuvent jouer un rôle dans ce moment difficile auprès de leur enfant.

### 178. *Ma belle-fille de 15 ans et demi a un petit ami. Il est majeur. Que faire ?*

Tout enfant a une vie sexuelle. Le tout-petit lui-même découvre son corps.

Néanmoins, il convient de protéger l'enfant dans les rapports sexuels qu'il pourrait avoir avec autrui, dans la mesure où il peut être la proie de personnes qui pourraient être tentées de profiter de sa faiblesse physique ou de son manque de discernement.

La loi condamne tout acte sexuel imposé physiquement par une personne à une autre. La situation ne souffre pas d'ambiguïté s'il y a des actes manifestes de violence. On parlera de viol. C'est une circonstance aggravante de s'attaquer à un enfant.

Mais qu'est-ce que la violence ? Uniquement la violence physique ? La violence morale ou la contrainte ? On trouve facilement des « excuses » à l'adulte qui franchit la frontière de l'interdit. On l'a vu en 2016 à Pontoise et à Meaux sur des enfants de 11 ans.

Et s'il n'y a pas de violence physique ? Un adulte peut-il entretenir des relations sexuelles avec un enfant ? Oui, si le jeune a 15 ans et plus.

À défaut de viol, on parlera d'atteinte sexuelle sur mineur. Ce sera alors un délit et non plus un crime. Ne conviendrait-il pas pourtant d'affirmer que toute relation sexuelle entre un adulte et un enfant de moins de 15 ans est formellement interdite ? Cette préconisation de bon sens n'a pas été retenue par le gouvernement et le parlement en 2018.

**179.** ***Puis-je recevoir la petite amie de 17 ans de mon fils lui aussi mineur et les laisser dormir ensemble ?***

Vous ne pouvez pas empêcher les relations sexuelles consenties entre mineurs.

Il en irait différemment si l'un était majeur et que l'autre avait moins de 15 ans. Encore plus avec la nouvelle loi adoptée en 2018, dite loi Schiappa (voir question 189).

Vous devez quand même être prudent dans ce que vous cautionneriez, notamment si vous facilitez ces relations. Avec la diplomatie qu'impose ce type de situations, il faut les conseiller sur les précautions à prendre dans ces rapports.

Tout est affaire de circonstances et il faut tenir compte de la personnalité de chacun et des âges respectifs.

Toutefois, les parents du partenaire pourraient porter plainte (art. 227-8 CP) dès lors qu'ils seraient opposés à ces relations. Le fait d'accueillir leur fille mineure, même de plus de 15 ans, sans qu'ils soient au courant, peut justifier des poursuites pour détournement de mineur.

Force est de reconnaître que la vie sexuelle des grands adolescents n'est pas toujours aisée. Une sorte d'interdit existe sur l'usage de l'appartement familial ; mais on les voit difficilement aller à l'hôtel, ne serait-ce que pour des raisons économiques…

## Parents en difficulté avec leurs enfants

### 180. *Parents en difficulté avec nos enfants, pouvons-nous attendre de l'aide du tribunal pour enfants ?*

Le tribunal pour enfants a vocation à se préoccuper des enfants délinquants, mais depuis 1958 il a aussi compétence à s'occuper des enfants en danger. Plus que jamais, on estime qu'avant d'être délinquant un enfant est en danger, et donc que s'occuper des enfants en danger peut éviter à certains de basculer dans la délinquance.

Si le travail de fond repose sur les magistrats spécialisés que sont les juges des enfants, le parquet joue de plus en plus un rôle essentiel dans ce dispositif. Il réceptionne les signalements d'enfants en danger et prend les initiatives judiciaires qui s'imposent pour assurer leur protection ou leur faire rendre justice, selon les cas.

Le tribunal peut s'appuyer sur des équipes publiques ou associatives pour mener des investigations et pour ordonner les mesures de protection de l'enfance qui s'imposent.

Cette procédure comporte des singularités qui se justifient par le souci de protéger au mieux les enfants. Ainsi, le juge peut s'autosaisir ou un enfant peut le saisir. On verra que le procureur dispose des mêmes pouvoirs que le juge des enfants.

Ces actions s'inscrivent dans le cadre des dispositions sur l'assistance éducative (art. 375 et s. CC). Dès lors, des parents – l'un ou l'autre ou les deux – peuvent saisir le tribunal pour enfants quand par exemple ils se sentent dépassés par leur adolescent ou se trouvent dans un conflit aigu, avec violence. Généralement, ils le feront après qu'une intervention sociale aura montré ses limites ou tout simplement parce qu'ils n'arrivent pas à obtenir une réponse de la part de l'aide sociale à l'enfance. Le juge des enfants a plutôt bonne presse et est perçu comme un service au parent ; on n'hésite pas à le saisir.

## Quand les enfants veulent quitter le foyer

### 181. *L'enfant peut-il quitter le domicile familial de son propre chef ?*

Non. Jusqu'à sa majorité et à défaut d'avoir été émancipé par décision de justice, l'enfant doit demeurer au domicile familial. Bien évidemment, ses parents peuvent lui donner l'autorisation d'en sortir, voire d'aller résider à l'extérieur pour une durée plus ou moins longue.

S'agissant de sortie exceptionnelle en soirée ou pour se rendre chez des tiers, l'enfant doit demander l'autorisation de ses parents.

De même, s'il s'agit d'aller séjourner à l'extérieur du domicile familial pour des vacances ou pour des sorties scolaires ou professionnelles.

À défaut, les parents pourront considérer que leur enfant ne respecte par leur autorité, voire qu'il se met en danger, et faire appel au tribunal pour enfants avec plus ou moins de succès.

Ceux qui hébergeraient un enfant mineur sans l'accord des parents pourraient avoir des comptes à rendre à la justice pénale.

**182.** ***Que risque notre enfant s'il fugue ?***

Un enfant qui a, par définition, l'obligation de ne quitter le domicile familial qu'avec l'autorisation parentale ne commet pas un délit, c'est-à-dire un fait susceptible d'entraîner pour lui une condamnation pénale, s'il « part » de chez lui. Il viole la loi civile qui veut qu'il obéisse à ses parents. Il ne sera donc pas puni, au mieux tancé… intelligemment, car la fugue peut être dangereuse et sa disparition a pu inquiéter à juste titre.

La rue recèle maints dangers et rien n'y est jamais gratuit. De jeunes fugueurs sont morts à la suite de mauvaises rencontres. Sans parler des agressions sexuelles.

Une fois retrouvé, il faut engager un échange avec le jeune fugueur pour comprendre ce qui l'a motivé, où sont les blocages éventuels avec ses parents ou l'institution où il demeure. Si on entend lui permettre de trouver sa place chez lui ou dans l'institution, il faut lui montrer que les choses vont changer et qu'il a été pris en compte.

On sera surpris d'apprendre que nombre de parents ne signalent pas aux services de police la disparition de leur enfant, surtout s'il est un « habitué » de la fugue. Or, ils doivent le faire. Il peut s'agir d'une fugue avec les dangers inhérents à cette désobéissance ou d'un acte criminel. De même, on constate que des parents ne signalent pas aux services de police le retour de leur enfant.

**183.** ***Mon fils ne nous supporte plus. Il veut être libre. Peut-il quitter légalement notre domicile ?***

Votre fils doit comprendre qu'il ne sera jamais vraiment libre, mais qu'il lui faut déjà attendre ses 18 ans pour décider de ce qui est bon pour lui ; d'ici là, il doit vivre, comme la loi le veut, chez vous, c'est-à-dire chez lui. Mais on peut difficilement forcer un adolescent à demeurer chez ses parents ou dans un foyer s'il ne veut pas. On peut l'y ramener de force, une fois, deux fois, trois fois, plus si nécessaire, mais il aura le dernier mot... au risque de tous les dangers.

De telle sorte qu'avec l'intervention du juge des enfants, il pourra obtenir le droit légal de ne pas résider chez vous. Il sera confié à un membre de la famille, à une tierce personne ou à une institution sociale, mais il ne sera pas « libre ». Ajoutons que, quel que soit l'endroit où il vivra jusqu'à ses 18 ans (sauf émancipation), il sera sous l'autorité d'une personne physique ou morale chargée de s'occuper de lui.

Si un enfant, généralement un adolescent, prétend que l'ambiance familiale est invivable au moins pour lui, il deviendra difficile de le maintenir à domicile ou de l'y réintégrer après chaque fugue.

### 184. *Mon fils de 17 ans veut se mettre en ménage contre notre gré. Ne pouvant pas se marier, il veut se pacser. Est-ce possible ?*

Il lui est impossible de se pacser. Pour conclure un PACS, il faut être majeur. Le greffier du tribunal d'instance et l'officier d'état civil du lieu où le PACS doit être enregistré contrôlent la majorité de chaque futur partenaire en vérifiant l'acte de naissance et la pièce d'identité qu'il doit présenter (art. 515-1 CC).

Reste le fait qu'il ait quitté votre domicile contre votre gré, alors qu'il est mineur. En droit, il est dans l'illégalité puisqu'un mineur ne peut quitter le domicile familial qu'avec l'accord de ses parents. En fait, compte tenu de son âge, vous n'avez aucun moyen de le faire revenir à la maison *manu militari*.

### 185. *Puis-je accueillir l'ami de ma fille qui ne veut plus rentrer chez elle ?*

En droit, on ne peut pas héberger chez soi un enfant qui n'est pas proche au 4e degré sans accord des père ou mère ou d'une autorité administrative ou judiciaire.

Mais on peut mettre à l'abri un enfant en situation délicate. Par exemple, s'il est en fugue et exsangue, s'il fuit une agression, etc. À défaut on se rendrait coupable du délit de non-assistance à personne en péril, sanctionné de 5 ans d'emprisonnement (art. 223-6 al. 2 CP).

La mise à l'abri assurée, on doit alors au plus tôt prévenir les autorités administratives ou judiciaires, à défaut, bien évidemment, de joindre les parents.

Vous devez donc refuser d'héberger cette jeune fille au-delà du minimum qu'impose une mise à l'abri provisoire, si elle vous interdit d'entrer en relation avec ses parents.

Quoi qu'il en soit, l'attitude de cette jeune fille révèle une situation anormale : elle refuse l'autorité parentale et se trouve dans la toute-puissance ou bien elle cherche légitimement à fuir des conditions de vie insupportables. Pour autant, vous ne pouvez pas en être juge, ne possédant qu'une partie de l'information.

Bien évidemment, les choses seraient différentes si les parents de cette jeune fille que vous auriez contactés vous autorisaient à l'accueillir.

**186.** ***Notre fils apprenti vit dans un foyer de jeunes travailleurs. Peut-il demander son émancipation ?***

Votre fils ne peut pas engager cette procédure judiciaire, mais vous pourrez le faire en lien avec lui si vous estimez que l'émancipation lui rendrait service.

L'émancipation permet à un enfant d'être majeur avant l'âge (art. 423-1 CC). La loi pose une présomption qu'un jeune sera pleinement capable de conduire sa vie à 18 ans. Certains ont d'ores et déjà ces compétences avant le jour fatidique des 18 ans, tandis que d'autres devront attendre bien plus longtemps, sinon ils n'acquerront jamais ces compétences et cette maturité.

L'émancipation permet de faire coïncider la loi applicable au jeune à la réalité de son développement.

Il doit obligatoirement être âgé d'au moins 16 ans. Seuls, ses parents sont en droit de le faire. Lui ne peut pas demander son émancipation. Il vous appartiendra donc d'engager cette démarche sans avoir l'obligation d'être assisté d'un avocat.

L'émancipation ne vise pas à permettre à des parents de se décharger de leurs responsabilités. Ce dispositif entend donner au jeune le statut juridique correspondant à sa maturité réelle, à ses capacités. Il revient donc aux parents d'établir que l'enfant pourra conduire sa vie. Par exemple, qu'il a un contrat d'apprentissage et qu'il se révèle capable de gérer son budget et de s'organiser dans sa vie quotidienne.

La compétence de prononcer l'émancipation relève du juge des tutelles – fonction exercée par le juge aux affaires familiales du tribunal de grande instance – qui bien sûr entendra le jeune et vérifiera ses compétences alléguées.

Une fois émancipé, le jeune disposera de la même capacité juridique qu'un adulte, même s'il ne peut être commerçant et se marier – sauf autorisation judiciaire. Par ailleurs, il n'a pas la capacité civique, spécialement le droit de vote, et il répond pénalement de ses actes en fonction de son âge au jour des faits, donc comme mineur tant qu'il n'a pas 18 ans.

# 8

# ENTENDRE QUE L'ENFANT A DES DROITS

## *L'enfant est une personne*

*À tout âge, comme tout être humain, l'enfant a des droits, d'où découlent logiquement des devoirs.*

*En tant que personne, l'enfant a besoin d'être protégé et il doit être respecté y compris dans son corps (l'autorité parentale ne saurait justifier les violences), il a besoin d'une présence humaine, de chaleur, de dialogue – il a droit de ne pas être ballotté d'adulte en adulte, de lieu en lieu ; il a droit d'acquérir des repères, de voir poser des interdits qui l'aideront à grandir...*

*Force est de constater que tous les enfants n'ont pas les mêmes atouts au début de leur vie. Certains souffrent dès leur plus jeune âge : leurs besoins fondamentaux (consacrés par le droit) ne sont pas assurés par des parents défaillants. La maltraitance, le délaissement, les négligences dans l'exercice des responsabilités parentales sont des réalités plus ou moins visibles.*

*La famille élargie peut pallier ces défaillances ; parfois il faudra aller jusqu'à mobiliser le dispositif public de protection de l'enfance, souvent mal connu, notamment dans ses modalités d'intervention.*

*Mais l'enfant n'est pas seulement un être fragile qu'il convient de protéger contre un environnement potentiellement dangereux et qui doit bénéficier de certaines prestations de base comme l'accès aux soins, la relation, l'éducation... C'est fondamentalement une personne qui a des ressentis, des affects, des idées, des convictions, des refus et des blocages. Une personne qui prend régulièrement des initiatives qu'il revient aux parents de faciliter, de canaliser, sinon de contrôler avant sa majorité. Ce seuil franchi, les parents souhaiteront souvent jouer encore un rôle dans la vie de leurs enfants.*

*Quotidiennement, l'enfant est un être social qui communique, qui agit, qui entreprend. Il jouit de droits ou de libertés qu'il peut parfois exercer seul. Les parents doivent les connaître, faciliter leur exercice, en éclairant la voie à leur enfant quand c'est nécessaire à partir de leur propre expérience ou de leur connaissance des sujets, dans le cadre des pouvoirs qui leur sont reconnus par la loi.*

### 187. *L'enfant peut-il donner son accord au sujet des décisions qui le concernent ?*

De plus en plus souvent, les parents associent les enfants aux décisions qui le concernent. Bien évidemment, ils pilotent la manœuvre et essaient d'expliquer aux enfants ce qu'ils souhaitent faire ; ils tiennent compte de leurs réactions. Parfois, ils modifient leur démarche, prennent du temps ou renoncent. Tout dépend du sujet et, bien évidemment, de la maturité de l'enfant et de sa capacité à apprécier ce qui est bon pour lui. On connaît certaines positions classiques comme la nécessité de rester ferme sur les cours de musique prodigués ou l'activité sportive suivie, pour ne pas laisser l'enfant renoncer devant le premier obstacle qui se présente. Reste qu'il faut aussi savoir voir si réellement l'enfant rejette l'activité projetée.

La loi est venue acter cette démarche, qui est désormais celle de la majorité des familles, en demandant aux parents d'associer leurs enfants aux décisions qui les concernent (art. 371-1 CC). C'est une manière douce de décliner l'article 12 de la CIDE au droit français.

Sur certains points très exceptionnels, la loi au contraire est claire : rien ne se fera sans l'accord de l'enfant. Par exemple un changement de prénom ou un projet d'adoption formé pour l'enfant de plus de 13 ans. Parfois l'accord de l'enfant sera aussi indispensable que celui des parents. Ainsi pour pratiquer une IVG sur une jeune fille mineure. En revanche, la volonté de l'enfant suffit pour porter plainte ou saisir un juge des enfants ou encore renoncer à la nationalité française.

## *Protection de l'enfance*

### **188.** ***Puis-je monter avec mon bébé en haut du mont Blanc ? J'ai un sac à dos équipé pour lui.***

Vous avez comme obligation de ne pas mettre votre enfant en danger !

La question peut paraître loufoque, mais elle se réfère à une situation qui a défrayé la chronique voici quelques années. Elle illustre qu'il appartient aux parents non seulement de protéger les enfants contre les dangers qui les menacent au quotidien de la naissance – voire de la conception – à leur majorité, mais encore qu'ils ne doivent pas les exposer à une situation périlleuse pour eux. Comme les laisser seuls dans l'appartement en dessous d'un certain âge ou les utiliser dans des démarches de mendicité.

Pour revenir à l'hypothèse posée par la question, la gendarmerie de Savoie est en droit de vous empêcher d'engager une telle randonnée qui, même si vous n'en êtes pas conscient, conduirait à mettre en danger votre enfant.

Si vous persistiez, la justice, à travers le procureur de la République, serait alertée avec la possibilité d'alléger votre sac à dos en vous retirant votre enfant ! De même vous interdira-t-on certaines pratiques dangereuses avec votre enfant, comme de le faire jouer le rôle de l'obus dans un cirque, comme cela s'est vu…

Sans aller jusqu'à ces extrêmes, il vous appartient non seulement d'être prudent pour vous-même quand vous sortez des sentiers battus, mais bien plus, s'agissant des enfants qui vous accompagnent, vous vous devez de redoubler de précautions, de vous informer auprès de ceux qui connaissent le terrain où vous entendez vous engager, de suivre leurs conseils et recommandations et bien évidemment le principe de précaution.

### 189. *Quelle protection pour l'enfant victime de violences ou de mauvais traitements ?*

L'enfant victime d'infractions pénales, notamment de coups ou de négligences, doit se voir rendre justice. La chose n'est pas toujours aisée, car il faut établir la réalité des violences supportées. L'auteur des faits aura bien évidemment tendance à les nier ou à les relativiser, voire à prétendre, spécialement en matière sexuelle, qu'en vérité il a été victime de l'enfant qui lui aura fait de mauvaises propositions. Fréquemment, celui qui a abusé de l'état de faiblesse d'un enfant, choisi comme victime justement du fait de cette qualité, n'hésitera pas à le menacer.

Des poursuites pénales s'imposeront donc contre l'auteur, non seulement pour qu'il soit condamné pour son comportement blâmable, s'il a existé, mais encore pour qu'il soit clairement dit qu'il y a d'un côté un coupable et de l'autre une victime. Cette démarche contribue souvent à la reconstruction de l'enfant victime. En tout cas, elle peut la conditionner.

Il faut encore éviter que les faits ne se répètent. Une mise à l'écart de l'auteur peut s'imposer ; des mesures de protection spécifiques de la victime peuvent se justifier.

Au fil du temps, notre droit s'est renforcé pour accroître le droit à la protection de l'enfant tant au sein de la famille qu'à l'extérieur. Ainsi, on veille même à protéger son image. Par exemple, le fait de posséder sur son ordinateur des dessins représentant des enfants dans des scènes pornographiques est condamnable. La minorité de la victime est déjà une circonstance aggravante pour tous les délits contre la personne[1].

De même, notre droit procédural a été adapté au besoin de protection de l'enfant victime. Les délais de prescription ont été allongés pour tenir compte de l'allongement décidé en 2016 de tous les délais de droit commun. Celui-ci a été porté à trente ans en matière de crime sexuel sur un enfant en août 2018 par la loi Schiappa.

1. Jean-Pierre Rosenczveig, *L'Enfant victime d'infractions pénales et la justice*, ASH, 2016.

### 190. *Quel rôle joue le parquet des mineurs pour les enfants en danger ?*

Un rôle aujourd'hui majeur, mais encore négligé, car mal connu.

En première intention, le parquet est une plaque tournante qui connaît toutes les situations judiciaires impliquant un enfant. Il décide des orientations à donner aux affaires dont il a connaissance. Il reçoit des appels des services de police confortés par des rapports ; il est destinataire des signalements adressés par l'ASE ; il reçoit aussi au courrier ou par téléphone des appels signalant des situations d'enfants en difficulté.

Amené également à traiter les affaires pénales dans lesquelles des mineurs sont mis en cause pour être partie prenante – auteur ou complices – de délits ou de crimes, il peut estimer que derrière cette délinquance il y a la preuve d'une situation de danger qui appelle l'intervention judiciaire. Plus généralement, il suit toutes les affaires familiales difficiles et, spécialement, les violences faites aux femmes. Vingt-quatre heures sur vingt-quatre, trois cent soixante-cinq jours par an par le biais de sa permanence, il est joignable par les services de police et il prend les mesures de protection qui s'imposent par-delà les poursuites pénales. En d'autres termes, quotidiennement, tous les parquets de France ont connaissance de situations où des enfants sont en danger ou sont présentés comme tels. Dans les parquets importants, des magistrats sont spécialisés sur les questions de l'enfance. De plus en plus, ces magistrats font le choix de cette fonction plus qu'ils la subissent comme une corvée confiée au dernier arrivant.

Une disposition spécifique a été introduite : le procureur de la République dispose des mêmes moyens pour intervenir en urgence que le juge des enfants. Il pourra donc décider que l'enfant sera confié à telle personne physique ou morale, comme l'ASE ou un foyer associatif. Il lui appartient alors de saisir le juge des enfants dans les huit jours. À défaut, sa mesure serait caduque. Sa décision n'a pas à être motivée, mais cela est recommandé. Il la prend le plus souvent par téléphone sur la base des informations fournies par ses interlocuteurs policiers ou sociaux.

Le juge des enfants compétent appréciera s'il convient de confirmer cette mesure quitte à recueillir les informations complémentaires si cela est nécessaire (voir question suivante).

Durant le temps où la procédure d'assistance éducative se poursuit, le parquet peut se faire communiquer le dossier et requérir ce qui lui paraît opportun.

Au moment de se prononcer sur les mesures dites définitives, il reçoit la communication du dossier et prend ses réquisitions. Le parquet peut saisir un juge d'instruction ou le tribunal correctionnel, tout en faisant prendre par le juge des enfants les mesures qui s'imposent pour l'enfant maltraité ou délaissé.

Il peut aussi intervenir dans les procédures de divorce si bon lui semble. Il peut saisir le tribunal pour une délégation ou un retrait d'autorité parentale (voir question 53).

Sa position carrefour lui permet de suivre toutes les procédures et de veiller à un minimum de cohérence.

Le parquet est donc bien investi de la mission de veiller à la protection de l'enfance dans le département.

### 191. *Qui reçoit les signalements d'enfants en danger ?*

La loi du 5 mars 2007 réserve le mot « signalement » au document émanant du conseil départemental et destiné au tribunal.

Elle a instauré en amont une cellule de recueil des informations préoccupantes (CRIP) qui, sous l'autorité du président du conseil départemental, a pour objectif de faire remonter tout ce qui peut sembler « préoccupant » pour un enfant, d'évaluer la situation et les réponses déjà apportées ou sur ce qui pourrait être fait pour combattre cette situation. Elle peut intégrer des fonctionnaires d'autres administrations et doit désormais selon la loi de 2016 être pluridisciplinaire.

La CRIP doit faire en sorte d'être connue de tout le monde, adultes et enfants, dans le département.

Elle analyse les informations qui lui sont transmises. Elle demande des éléments complémentaires au service social territorial, à la PMI, au service de l'action sociale.

Une fois convaincue qu'il y a une situation de danger, elle avalise ce qui a été fait jusqu'ici et analyse les limites rencontrées. S'il le faut, elle suggère au service territorial des pistes à suivre. Par exemple, en débloquant des fonds pour louer une chambre d'hôtel afin d'y mettre à l'abri parents et enfants. Elle peut aussi préconiser un secours d'urgence ou une allocation mensuelle, ou encore allouer des heures de travailleur familial via l'inspecteur de l'enfance. L'ASE peut aussi proposer un accueil temporaire des enfants dans une famille ou un foyer.

Si la famille accepte ces propositions, l'action sociale se mettra en place.

Si la cellule ne parvient pas à convaincre les parents d'accepter son diagnostic ou ses propositions, le tribunal pourra être saisi de ce conflit à travers un signalement d'enfants en danger.

De même, si le service social n'arrive pas à obtenir des parents les informations nécessaires, tout simplement en ne parvenant pas à se faire ouvrir le domicile parental.

Le souci du législateur est de faire en sorte que tout ce qui est inquiétant concernant un enfant passe par le département et de réduire autant que faire se peut les « signalements » directs vers la justice.

Bien évidemment, si un délit, et *a fortiori* un crime, a été commis, le parquet doit immédiatement être informé, directement ou via les services de police.

### 192. *On me menace d'envoyer mon enfant chez le juge des enfants. Qu'est-ce que cela veut dire ?*

Il arrive encore régulièrement que des parents soient en difficulté pour assurer à leur enfant les missions de protection et d'éducation dont la responsabilité leur incombe de par la loi. Ils peuvent être négligents à garantir ses droits à leur enfant. Par exemple, en n'assurant pas le suivi médical ou éducatif qui s'impose. Ils peuvent avoir des comportements inappropriés en criant à tout bout de champ ou en violentant leurs enfants à tous propos, et il est des actes et des comportements encore plus préoccupants et dangereux.

De deux choses l'une : ou ces parents acceptent les critiques et remarques qui leur sont faites, changent d'attitude et acceptent le soutien qui leur est proposé par les services sociaux et les choses n'iront pas plus loin ; ou bien ils refusent d'admettre leurs défaillances ou de mettre en œuvre les mesures proposées, et il faudra alors saisir la justice qui, à travers le tribunal pour enfants, pourra éventuellement recourir à des décisions coercitives si cela s'impose.

### 193. *Quels sont les droits de la famille d'accueil sur les enfants confiés par l'ASE ?*

Aucun, sinon la possibilité d'exercer au quotidien les actes de la vie courante de l'enfant. Elle l'héberge à son domicile et doit pouvoir agir au quotidien pour lui et avec lui. Ces pouvoirs sont coordonnés avec le service qui a légalement en charge l'enfant et dont ils sont les salariés. La marge de manœuvre est plus ou moins grande et plus ou moins supportable pour la famille de l'enfant. S'agissant des actes autres que ceux de la vie courante, ils nécessitent l'accord des titulaires de l'autorité parentale ou, à défaut, l'autorisation d'un juge (art. 375-7 CC).

La famille d'accueil a encore la possibilité, dans l'hypothèse où l'enfant deviendrait pupille de l'État, de demander en priorité à l'adopter. Il s'agit de veiller à ce que l'enfant ne soit pas déplacé d'un milieu à un autre. Bien évidemment, son avis sera sollicité quel que soit son âge, et même son accord, indispensable s'il a plus de 13 ans.

### 194. *Mineur, puis-je reprocher à un de mes parents d'être alcoolique ?*

Reprocher moralement, oui ; le sanctionner pénalement sans doute, mais il faudrait trouver et justifier le motif d'incrimination : négligence mettant autrui en danger, manquement à ses obligations, non-exercice de l'autorité parentale, etc.

Bien sûr, si cet alcoolisme rend difficile l'exercice des responsabilités parentales, des mesures de protection s'imposeront qui, à défaut d'initiatives prises par les parents, seront suggérées sinon imposées par le juge des enfants.

L'enfant mineur peut lui-même être à l'origine de ces mesures de protection en se plaignant auprès de ses proches, des services sociaux ou tout simplement en saisissant le juge des enfants (voir question 192).

**195.** ***L'enfant dans le ventre de sa mère a-t-il des droits ?***

L'enfant est une personne. Françoise Dolto l'affirmait comme psychanalyste ; le droit le dit aussi avec ses mots. Il n'est pas propriété de ses géniteurs, même si ceux-ci doivent voir respecté leur lien privilégié avec la chair de leur chair. Ils ont même ces devoirs à son égard.

Le droit reconnaît qu'un enfant existe dès lors qu'il est né. Le fœtus n'est pas encore un enfant. Pour autant, un fœtus a le droit d'être soigné, alors même qu'il est dans le ventre de sa mère. Si les soins, chirurgicaux notamment, peuvent mettre sa mère en danger, il y aura débat. Chacun sera représenté au sein du conseil d'éthique du service hospitalier pour évaluer la décision à prendre sur ces situations délicates.

**196.** ***Les policiers ont refusé de prendre la plainte de ma fille mineure pour agression sexuelle et exigé que je porte plainte moi-même. Est-ce légal ?***

Non. Chacun est en droit de porter plainte, c'est-à-dire de dénoncer à un service d'enquête – police ou gendarmerie – des faits dont il s'estime victime.

Votre fille, dès lors qu'elle a le discernement, est en droit de se rendre seule au commissariat ou à la gendarmerie pour y porter plainte. Les policiers doivent recevoir cette plainte, puis investiguer au regard des faits allégués. On relèvera que ce service n'est pas nécessairement celui du lieu de l'agression ou de son domicile : la victime a le choix.

Il reviendra au procureur de la République d'apprécier les suites à donner sur la base de cette enquête.

Il est rarissime que des policiers commettent cette erreur de refuser la plainte d'une personne mineure, mais cela peut se produire. On l'a vu. Aujourd'hui, le dispositif de préplainte en ligne doit permettre d'éviter ce type de faute majeure.

En revanche, un mineur ne peut pas porter plainte avec constitution de partie civile devant le doyen des juges d'instruction, car juridiquement cette plainte engage la poursuite pénale. Seuls, ses parents ou tuteur ou administrateur *ad hoc* sont en droit de le faire.

En tout cas, à tout âge, on peut s'adresser par courrier au procureur de la République pour signaler les faits dont on se prétend victime.

### 197. *Dois-je donner de l'argent de poche à mes enfants et combien ?*

Rien ne vous oblige à donner de l'argent de poche à vos enfants. La loi est muette en cette matière. Vous apprécierez.

On peut vous recommander de le faire à un niveau adapté à l'âge, aux compétences et aux besoins de vos enfants, bien évidemment à la hauteur de vos moyens et en évitant les excès.

Il est important qu'il apprenne à gérer son budget, à faire des choix, à se donner des priorités, bref à avoir un pied dans la réalité.

Reste que l'argent de poche n'est pas un droit.

## Le droit de l'enfant à son histoire

### 198. *Mon fils peut-il exiger de tout savoir sur notre famille ?*

La loi ne reconnaît pas à l'enfant le droit de savoir tout ce qui a pu se passer dans une famille. Il est des familles réservées et d'autres dans lesquelles on parle beaucoup.

Parmi les sujets qui peuvent intéresser les enfants figurent les histoires d'amour et les méandres de la vie affective de leurs parents, surtout quand ils peuvent s'interroger sur leur filiation. D'autant que c'est une réalité que les parents affichés ne sont pas toujours les géniteurs de l'enfant. Et cela dans une proportion non négligeable. Des travaux scientifiques le démontrent.

En tout cas, la loi, pour garantir la paix des familles, estime que toute vérité n'est pas bonne à savoir et veille à ce que certains secrets ne soient pas violés. Ainsi, une expertise génétique n'est possible que dans le cadre d'une procédure de contestation de filiation. Avec cette difficulté que la mondialisation et Internet permettent de faire pratiquer une expertise à l'autre bout de la planète sur des éléments recueillis ici.

Des parents peuvent cacher totalement ou partiellement sa filiation à un enfant. Ainsi la procédure d'accouchement sous X permet-elle à une mère de celer son identité au moment de quitter le lieu d'accouchement (voir question 35).

Rien ne garantit à l'enfant qu'il aura connaissance de l'identité de ses deux géniteurs.

### 199. *Malgré mon désaccord, mon fils peut-il entretenir des relations avec mon ex-ami auprès duquel il a vécu durant des années ?*

Votre ex-conjoint est en droit de demander à entretenir des relations avec votre fils (voir question 238). À défaut d'accord entre vous, il lui faut saisir le JAF. Votre avis et celui de votre fils seront recueillis (votre fils ne dispose pas du droit de saisir le JAF).

Force est de constater qu'il vous sera très difficile de vous opposer à son désir. À terme, vous serez inéluctablement perdante. Sans doute vaut-il mieux lâcher du lest, vous expliquer sur vos réticences, accepter des contacts, et laisser le temps faire son office.

Si ce n'est pas le cas, la situation risque de s'envenimer et de se terminer dans le cabinet d'un juge des enfants, surtout si ce conflit qui vous oppose à votre enfant vous interdit d'exercer votre autorité parentale.

Il va de soi que, dans ce raisonnement, nous mettons de côté l'hypothèse selon laquelle vous pourriez légitimement reprocher à votre ex des faits que la morale réprouve et que la justice condamne. Dans cette hypothèse, non seulement il ne se verrait pas reconnaître un droit à des relations, mais au contraire il se verrait interdire toute relation avec lui et risquerait de sérieuses sanctions pénales s'il passait outre.

## Apprentissage

### 200. *À quel âge mon enfant peut-il entrer en apprentissage ?*

Le contrat d'apprentissage est un contrat de travail écrit à durée limitée (CDD) ou à durée indéterminée

(CDI) entre un salarié et un employeur. Il permet à l'apprenti de suivre une formation en alternance en entreprise sous la responsabilité d'un maître d'apprentissage et en Centre de formation des apprentis (CFA) pendant une durée de un à trois ans.

En principe, l'apprenti doit avoir entre 16 et 25 ans (inclus), mais il existe des dérogations. Il peut être abaissé à 15 ans si le jeune :

– atteint cet âge entre la rentrée scolaire et le 31 décembre de l'année civile,

– s'il a terminé son année de classe de 3e.

L'apprentissage repose sur le principe de l'alternance entre enseignement théorique en CFA et enseignement du métier chez l'employeur (de droit privé ou public) avec lequel l'apprenti a signé son contrat de travail.

L'apprenti est accepté en CFA seulement après avoir trouvé un employeur.

Il peut entrer en formation dans les trois mois qui précèdent ou suivent le début du contrat d'apprentissage.

Si ce n'est pas le cas, l'entrée en formation peut avoir lieu à tout moment opportun, au regard du calendrier d'actions mis en place par le CFA.

## *Le travail*

### 201. *Qui décide si l'enfant continue ses études, entre en apprentissage ou commence à travailler ?*

Ce sont les parents qui décident de l'orientation scolaire, mais, bien sûr, selon l'âge, la maturité et la personnalité de l'enfant, ils en débattent avec lui et tiendront compte de ses désirs, de ses projets, de ses blocages. Il est même souhaitable qu'il s'approprie ce projet.

Dans la foulée de la Convention des Nations unies relative aux droits des enfants (art. 12), le code civil demande bien que sur les décisions importantes le concernant l'enfant soit consulté et son avis dûment pris en compte. Mieux, « [...] *les parents associent l'enfant aux décisions qui le concernent, selon son âge et son degré de maturité* » (art. 371 al. 3 CC).

Un apprentissage peut être une solution positive, et non pas un pis-aller, pour nombre de jeunes qui aspirent à un travail concret et rapide. Tout n'est pas question de droit, mais de conviction et d'intelligence pour trouver la réponse adaptée. Cela se prépare et ne s'improvise pas. Cette décision est le fruit d'un climat général et ne doit pas être perçue comme un couperet qui tombe, un quitte ou double ou le résultat d'un rapport de forces. Il faut aussi prévoir un plan B au cas où le premier ne fonctionnerait pas. Quelle que soit l'orientation retenue, elle doit être valorisée par les parents.

### 202. *Mon enfant de 15 ans veut absolument travailler. Est-ce possible ?*

Non. La scolarité est obligatoire jusqu'à 16 ans. De fait, aller à l'école est vécu comme une punition par trop de jeunes. Pourtant cette règle est d'intérêt général.

Mais un jeune peut obtenir une dérogation pour être apprenti à partir de 15 ans à deux conditions :

– avoir atteint cet âge entre la rentrée scolaire et le 31 décembre de l'année civile ;

– avoir terminé son année de classe de 3^e^.

Force est de constater que nombre d'adolescents ne comprennent pas qu'on porte atteinte à leur droit de travailler en les obligeant à aller à l'école. Il convient de leur en expliquer les raisons et de positiver à leurs yeux cette séquence vécue comme une punition. Par exemple, vouloir être artisan ou commerçant sans avoir un minimum de capacité de gestion, c'est aller dans le mur à moyen terme ou s'enfermer dans un travail de terrain sans perspective d'évolution ! Concrètement, la jeune fille qui veut devenir coiffeuse ou esthéticienne doit pouvoir envisager d'être à terme responsable d'un salon. Il faut l'armer dans cette perspective.

**203.** ***Je veux orienter mon enfant vers le mannequinat. On me dit que c'est désormais très encadré. Exact ?***

De fait, avec une loi spécifique de 1990, des conditions ont été posées pour protéger les enfants contre leurs parents ou ceux qui voudraient les exploiter.

L'enfant mannequin doit se soumettre à une obligation de visite médicale dont dépend l'autorisation individuelle préalable de l'article L. 211.6 du code du travail.

S'agissant de l'emploi de l'enfant par une agence de mannequins agréée, l'examen médical est effectué, aux frais de l'agence, de la même manière par un pédiatre. Le pédiatre est tenu de contrôler si le travail qu'effectuera l'enfant est susceptible d'avoir des effets préjudiciables à son avenir, sa santé ou son développement.

Le code du travail (art. L. 211.7.1 ; R. 211.12.1, 2 et 3) organise les conditions de travail de l'enfant mannequin en termes de durée, d'emploi et de sélection préalable. Ces dispositions complètent et s'inscrivent dans le cadre des conditions de droit commun d'emploi de l'enfant.

À ce titre, la durée de l'emploi de l'enfant correspond à la durée effective de prise de vue ou de jeu.

En sont exclus les temps de déplacement ou d'attente qui ne constituent pas en soi une activité salariale donnant lieu à versement de rémunération. Les enfants non scolarisés ne peuvent être employés ou sélectionnés que deux jours par semaine, à l'exclusion du dimanche. Pour les enfants scolarisés, en période scolaire, cela n'est autorisé que les jours de repos hebdomadaires hors le dimanche. Enfin, la circulaire du 4 juin 1993 du ministère du Travail définit les durées journalières et hebdomadaires maximales d'emploi et de sélection des enfants mannequins en fonction de l'âge et du moment de la prestation.

Toute personne employant un enfant mannequin doit détenir (art. L. 211.11 et L. 211.13 CT) son extrait d'acte de naissance afin de pouvoir justifier de son âge et un livret ou un passeport afin d'attester de son identité.

Tout simplement, c'est votre souhait, mais lui le veut-il ? Sait-il ce que cela induit comme contraintes ?

### 204. *Mon fils est doué. Je veux qu'il fasse des castings. Quelles précautions prendre ?*

Lors d'un casting, un professionnel recherche des artistes pour un projet particulier. Le milieu artistique est un domaine attirant qui peut faire tourner la tête. Il y a le meilleur et le pire. Ainsi, des professionnels douteux peuvent sévir. Il existe aussi des arnaques en tous genres. Certains professionnels profitent en effet de la crédulité des candidats artistes et de leurs proches pour faire miroiter monts et merveilles sans aucune garantie de travail en retour.

Quelques règles essentielles s'imposent.

Un casting ne doit pas être payant. Un professionnel n'a pas à demander de l'argent – en liquide ou par virement bancaire – pour une « inscription » ou des « frais de dossier » : il s'agit d'une arnaque. En revanche, la création d'un book artistique est payante ainsi que les auditions d'entrée aux écoles artistiques.

Il est conseillé d'utiliser les informations indiquées dans chaque annonce pour se renseigner sur le professionnel. La société existe-t-elle bien ? Quelle est sa renommée ? La personne en charge du casting est-elle sûre ? Quel est son titre ? Une fois les vérifications faites, on peut questionner le professionnel par mail ou par téléphone. Quel est le projet exact ? Où a lieu le casting ? Quel est le montant de la rémunération ? Autant d'informations qui vous permettront de vous rassurer pour le casting. Dans le cas où le candidat artiste est mineur, il est obligatoire qu'il soit accompagné d'un adulte responsable.

On a le droit de dire « non » aux propositions et suggestions qui sont faites pour le déroulement de ce casting.

Un casting est un moment de stress pendant lequel l'intéressé est jugé par d'autres personnes sur sa voix, son jeu, sa sensibilité ou son physique. Mais cela ne doit en aucun cas mettre mal à l'aise la personne concernée. *A fortiori* s'il s'agit d'un enfant appelé à s'emballer ou à prendre tout au premier degré.

### 205. *Puis-je obliger mon enfant à être mannequin ?*

Non, pas plus qu'à une autre profession. Toutefois, ce sont les parents qui décident des orientations après avoir écouté leur enfant et dialogué avec lui.

On sait que certains parents se projettent dans leur enfant au point de chercher à lui imposer leurs passions, quand ils n'ont pas en tête de gagner de l'argent à travers lui, pour en profiter.

Des enfants adhèrent à ces projets et les font leurs. D'autres pas.

Il faut effectivement veiller à ce que la volonté de l'enfant soit respectée et à ne pas le contraindre.

Le législateur a introduit des protections contre les dérapages parentaux et des pratiques professionnelles contestables. Tout cela peut se terminer dans le cabinet d'un juge des enfants.

**206.** ***Je veux inscrire mon enfant au concours des mini-miss. Est-ce possible ?***

C'est désormais impossible. Un amendement adopté par le Sénat à la loi du 4 août 2014 pour l'égalité réelle entre les femmes et les hommes prévoit l'interdiction de concours de beauté pour les enfants de moins de 16 ans ; dans le texte final, cette interdiction est finalement abaissée à 13 ans et prévoit une amende en cas d'infraction.

**207.** ***Je souhaite que mon enfant devienne un grand sportif. Puis-je l'y obliger ?***

L'y obliger, non ; l'engager dans cette voie et le conduire à aller le plus loin possible pour vous satisfaire, oui.

Il peut faire sien ce désir, mais aussi subir votre volonté. On a vu des sportifs de haut niveau, littéralement sous la coupe d'un parent, s'efforçant d'y échapper avec difficulté.

Dans certains pays, parents et État se liguent au nom de la raison d'État et de l'intérêt familial pour fabriquer des sportifs de haut niveau en prenant très tôt des enfants au risque de les priver de leur enfance. Des fabriques de champions – notamment dans la République populaire de Chine – existent dans de nombreux sports (gymnastique, danse artistique, patinage, etc.). On s'interroge souvent sur le prix à payer par ces enfants pour des performances qui ne doivent pas tout au seul entraînement physique.

**208.** ***Notre fille de 13 ans nous propose de garder ses frères de 3 et 5 ans pour que nous puissions sortir le soir. Pouvons-nous accepter?***

Il faut ici être clair: c'est une lourde responsabilité que de confier vos enfants *a fortiori* à leurs frères et sœurs qui ne sont pas nécessairement aptes à faire face à tout ce qui pourrait survenir. Vous prenez le risque, s'il arrive quelque chose, de devoir supporter en plus la mauvaise conscience de l'aîné qui culpabilisera et vous vous en voudrez.

Il vous faut donc apprécier.

Ce n'est pas à des enfants de 10 ou 13 ans de surveiller leurs frères et sœurs quand vous sortez, notamment de nuit, même avec un lien téléphonique. Les choses se présentent différemment avec de très grands adolescents, en tenant compte toutefois de l'âge des enfants à surveiller.

Il existe de nombreux dispositifs de baby-sitting auxquels vous pouvez recourir pour éviter de prendre des risques.

## Les convictions religieuses et l'engagement

**209.** ***Alexandre, notre fils de 16 ans, a décidé d'être bouddhiste. Est-ce possible ?***

Oui, selon l'article 14 de la CIDE qui reconnaît la liberté de croire ou de ne pas croire.

Ce texte mérite d'être restitué car il n'en existait pas d'équivalent en droit interne français sur la liberté de conscience et la liberté de religion des enfants.

C'est chose faite en trois points :

« *1. Les États parties respectent le droit de l'enfant à la liberté de pensée, de conscience et de religion.* »

Cette disposition est fondamentale et identifie bien l'enfant comme un être humain. Il est impossible d'obliger quelqu'un à avoir des convictions religieuses ou philosophiques comme il est impossible d'empêcher une personne – et l'enfant est une personne – d'avoir des convictions religieuses ou philosophiques,

L'article 14 poursuit :

« *2. Les États parties respectent le droit et le devoir des parents ou, le cas échéant, des représentants légaux de l'enfant, de guider celui-ci dans l'exercice du droit susmentionné d'une manière qui corresponde au développement de ses capacités.* »

Les parents sont en droit de guider leur enfant, ici comme ailleurs. Et c'est une dimension essentielle dans toutes les familles. L'État doit l'accepter.

Reste qu'il est des situations délicates où la pression familiale confine à de la maltraitance quand des parents obligent leur enfant à pratiquer. Il faudra apprécier s'il n'y a pas là une situation de danger justifiant l'intervention du juge des enfants et une décision de retrait.

Enfin les manifestations des convictions religieuses sont possibles mais là encore à condition de respecter l'ordre public et il faut une loi pour les restreindre :

« 3. *La liberté de manifester sa religion ou ses convictions ne peut être soumise qu'aux seules restrictions qui sont prescrites par la loi et qui sont nécessaires pour préserver la sûreté publique, l'ordre public, la santé et la moralité publiques, ou les libertés et droits fondamentaux d'autrui.* »

### 210. *Notre fils de 16 ans est apprenti. Peut-il se syndiquer ?*

L'adhésion à un syndicat n'est pas obligatoire en France ; en revanche tout travailleur est en droit d'adhérer à un syndicat : « *Tout salarié, quels que soient son sexe, son âge, sa nationalité, peut librement adhérer au syndicat professionnel de son choix.* »

On ne peut adhérer à un syndicat professionnel qu'à partir du moment où l'on travaille, et en France on ne peut travailler qu'à partir de 16 ans. Cependant, on peut être apprenti à partir de 15 ans et adhérer alors à un syndicat (art. L. 4416 CT).

Il est en droit de participer aux élections professionnelles, voire d'y être candidat.

### 211. *Notre fils veut adhérer à un parti politique. Puis-je l'en empêcher ?*

Non. C'est son droit et nombre de jeunes gens et de jeunes filles ont des convictions politiques et s'engagent pour les soutenir.

**212.** ***Mon fils a-t-il le droit de signer une pétition ?***

Bien sûr. Au risque de vous surprendre, rien n'interdit à un mineur le droit de s'associer à une pétition, voire d'en prendre l'initiative. L'enfant doué de discernement est en droit d'exprimer ses convictions (art. 12 CIDE). On s'inscrit totalement dans la liberté d'expression reconnue à toute personne ; ce qui n'est pas formellement interdit est permis.

Comme tout le monde, votre fils assumera – à l'échelle de l'enfant qu'il est – les conséquences de ses propos s'il viole la loi, par exemple si ses propos sont diffamatoires, injurieux, ou s'ils troublent l'ordre public.

**213.** ***Notre fils veut aller manifester. Comme l'en empêcher ? Puis-je le lui interdire ?***

Difficile pour un grand enfant. Vous pouvez vous inquiéter, vous pouvez interdire, mais serez-vous suivi ?

Les mineurs jouissent du droit de manifester et ne se privent d'ailleurs pas de l'exercer régulièrement, seuls pour ce qui les concerne ou en solidarité avec les étudiants ou les travailleurs. Sur le plan juridique, le droit de se réunir vaut pour toute personne, mineure comme majeure. La liberté de manifester sur la voie publique est un droit reconnu par la Constitution (loi du 30 juin 1881 et décret-loi du 23 octobre 1935). Il n'existe aucune interdiction visant les mineurs d'âge et il ne doit pas en exister.

Quitte à rappeler aux jeunes comme aux moins jeunes que désormais – loi Fillon du 11 octobre 2010 – on ne peut pas manifester en camouflant son visage.

En pratique, qui pourrait empêcher des mineurs d'exprimer collectivement leurs convictions ?

Il est évident que, dans de nombreuses circonstances, ils sont aux côtés de leurs parents, quand ils ne sont pas mis en avant. Ils font leurs premières armes, et très rapidement, beaucoup découvrent les joies de la marche à pied!

Reste à leur rappeler les règles du jeu: on ne manifeste pas le visage couvert; on ne pratique pas le jet de pavé et on ne commet aucune exaction.

Il faut aussi avoir en tête que l'exercice de ce droit peut être source de danger.

### 214. *Mon fils mineur peut-il éditer un journal?*

De longue date, dans de nombreux établissements scolaires, soit avec leurs enseignants soit seuls, des enfants font des journaux ou des magazines et, aujourd'hui, ils ont à leur disposition des sites internet, des lettres et d'autres moyens d'expression et de communication.

Toutefois, c'est à tort qu'on parle de journaux, car ces documents n'entrent pas sous le coup de l'ordonnance de 1945 sur la presse.

En tout état de cause, cette démarche est intéressante et doit être encouragée. Elle est déjà l'occasion de maîtriser l'expression écrite, non seulement dans la forme, mais dans son contenu, tout simplement pour apprendre à critiquer ou dénoncer sans injurier, diffamer ou porter atteinte à l'ordre public.

La loi – ici la CIDE en ses articles 12 et 15 – reconnaît la liberté d'expression des enfants.

Il ne peut y être porté atteinte que par la loi et pour des raisons d'ordre public.

Un décret de février 1991 et une circulaire d'application concomitante de l'Éducation nationale prévoient que le chef d'établissement doit donner son accord pour la diffusion de ces documents sous label de l'établissement et dans l'enceinte ou à proximité de celui-ci, mais il n'a pas à donner l'autorisation d'imprimer.

Ainsi, on a pu s'inquiéter de voir de jeunes lycéens donner en première page de leur « journal » les modalités pour confectionner un cocktail Molotov sous le titre « Comment en finir avec votre bahut ? » ou encore parler des morpions de leur professeur d'histoire dont ils contestaient les opinions trop droitistes !

Les jeunes qui ont confectionné ce document rendront des comptes – là encore comme des enfants – de leurs dérapages devant le conseil de discipline ou encore devant le tribunal pour enfants. S'il le faut, ils auront à réparer les dommages causés.

### 215. *Jean (17 ans) veut créer une association avec ses amis pour lutter contre le racisme ? Puis-je m'y opposer ?*

Non, la loi internationale (art. 15 CIDE) et la loi nationale (loi de 1901) lui reconnaissent le droit d'adhérer, mais aussi de créer une association.

Notre législation reconnaît deux types d'associations : les associations de fait et les associations déclarées. Les juges pourront toujours estimer que, de fait, une association existe entre différentes personnes concernées par une action.

La question posée est celle de l'association fondée sur une convention formelle : l'enfant dispose-t-il de ce droit ? Qui plus est sans en référer à ses parents ?

La loi du 1er juillet 1901 sur les associations est silencieuse sur l'âge des associés. Dans son silence délibéré, elle n'interdit pas la présence de mineurs. Pourtant, on en a longtemps déduit que des enfants ne pouvaient pas adhérer et *a fortiori* créer et animer une association. À tort.

Une circulaire Jeunesse et Sports de 1973 reconnaissait la liberté de s'associer aux mineurs, sous condition de ne pas exercer de fonctions dirigeantes (président, trésorier ou secrétaire général). On craignait le jeu des responsabilités (notamment le fait que sa responsabilité entraîne celle de ses titulaires de l'exercice de l'autorité parentale), sauf si ces derniers prouvent un fait de force majeure ou une faute de la victime entraînant partage de responsabilités.

En 1989, la CIDE a permis de passer de l'implicite à l'explicite. Dans la dynamique de la CIDE, dans les années 1990, on a vu des préfectures – celle de Paris pour l'association des élèves du collège Pailleron – accepter qu'un mineur soit élu président.

Discrètement, sans débat public, le Parlement a légiféré sur le sujet en 2011, mais à y regarder de près, ce texte réduisait la liberté consentie dans la CIDE :

– en réservant l'accès à ce droit aux plus de 16 ans quand la CIDE ne fixe aucun seuil d'âge sinon le discernement ;

– en privant les 16-18 ans des actes de disposition si on se réfère aux grands principes du code civil (art. 1990 CC), les choses sont simples : avec l'accord de ses parents un mineur peut être administrateur d'association. Il peut être mandataire donc responsable d'association. Si sa responsabilité civile est engagée à l'égard de l'association ses parents seront tenus de lui apporter leur caution.

On est revenu en 2006 sur ce texte. Désormais :

– avant 16 ans, un enfant peut adhérer à une association ou en créer une avec l'accord de ses parents ;

– à partir de 16 ans, les parents sont informés et apprécient s'ils doivent s'opposer et paralyser l'initiative de leur enfant.

Il existe en France un millier d'associations gérées par des mineurs d'âge. Elles disposent d'un budget et peuvent embaucher.

Il s'agit de leur permettre de s'inscrire dans une démarche collective et dans le temps, bref dans une démarche de responsabilisation dans une période où les associations se vident d'énergie militante et où les associations de jeunes n'ont que leur titre à afficher !

### 216. *Des élèves peuvent-ils créer une association dans leur établissement ?*

D'une manière surprenante, l'Éducation nationale, depuis le décret Jospin de février 1991 et ses circulaires d'application, reconnaît la possibilité de créer des associations dans les établissements quand, à l'extérieur, beaucoup contestent ce droit.

Article R511-9 du code de l'éducation :

« *Le fonctionnement, à l'intérieur des lycées, d'associations déclarées qui sont composées d'élèves et, le cas échéant, d'autres membres de la communauté éducative de l'établissement, est autorisé par le conseil d'administration, après dépôt auprès du chef d'établissement d'une copie des statuts de l'association, sous réserve que leur objet et leur activité soient compatibles avec les principes du service public de l'enseignement ; en particulier, elles ne peuvent avoir un objet ou une activité de caractère politique ou religieux. Ces associations peuvent contribuer à l'exercice du droit d'expression collective des élèves. Si les activités d'une telle association portent atteinte aux principes mentionnés au premier alinéa, le chef d'établissement invite le président de l'association à s'y conformer.*

*En cas de manquement persistant, le chef d'établissement saisit le conseil d'administration qui peut retirer l'autorisation, après avis du conseil des délégués pour la vie lycéenne.*

*Les dispositions du présent article ne sont pas applicables aux associations créées en application de l'article L. 552-2.* »

La loi est claire : par principe, la création de ces associations, par exemple un club UNESCO, n'est pas soumise à l'autorisation du conseil d'administration de l'établissement. C'est leur fonctionnement à l'intérieur de l'établissement qui fait l'objet d'une autorisation du conseil d'administration, pas leur existence juridique.

## La vie amoureuse

**217. *Ma fille de 17 ans est follement amoureuse de sa copine et veut l'épouser. Elle menace de se suicider en cas de refus. Je ne m'y oppose pas, à la différence de mon mari. Que faire ?***

*A priori*, le mariage est désormais ouvert aux seuls majeurs. Il vaudrait mieux s'entendre pour éviter maints débats dans l'avenir, surtout si cette union tourne mal. Reste que la loi est ainsi faite : il suffit de l'accord de l'un ou l'autre des titulaires de l'autorité parentale.

Plus précisément, il faut l'accord de deux parents, mais en cas de dissentiment « *ce partage vaut consentement* » (art. 148 CC).

Par ailleurs, le fait que les deux personnes qui entendent s'engager ensemble dans les liens du mariage soient du même sexe n'est plus un obstacle depuis 2013 (art. 143 CC).

Mais ce n'est pas la seule condition à remplir. Pour se marier durant sa minorité, il faut que votre fille obtienne l'accord du procureur de la République qui peut accorder des dispenses d'âge pour des motifs graves, ce que vous n'invoquez pas (art. 145 CC).

Il n'est donc pas certain que le procureur refuse.

**218. *Ma fille mineure veut se marier. Je n'ai rien contre, mais son père a disparu depuis des années. Le mariage est-il possible ?***

Oui. La disparition de l'un des parents ne saurait paralyser le bonheur de l'enfant. On se passera de l'accord de votre ex-mari ou du père de votre fille si vous n'étiez pas mariés (art. 149 CC).

Il n'est pas nécessaire de produire l'acte de décès du père ou de la mère de l'un des futurs époux lorsque le/la conjoint(e)/partenaire ou les père et mère du défunt attestent ce décès sous serment.

Si la résidence actuelle du père ou de la mère est inconnue et s'il n'a pas donné de ses nouvelles depuis un an, il pourra être procédé à la célébration du mariage si l'enfant et celui de ses père et mère qui donnera son consentement en font la déclaration sous serment.

Du tout, il sera fait mention sur l'acte de mariage.

Le faux serment prêté dans les cas prévus au présent article et aux articles suivants du présent chapitre sera puni des peines édictées par l'article 434-13 du code pénal.

Reste bien sûr à obtenir le feu vert du procureur de la République, puisque votre fille est mineure (art. 145 CC).

**219.** ***Mes voisins veulent faire pratiquer un examen de virginité pour leur fille. Est-ce possible ?***

Qu'ils en aient l'intention, oui ; qu'ils puissent y parvenir avec l'aide d'un médecin, non !

Il n'est pas rare, malheureusement, pour des médecins de se trouver confrontés à cette demande de la part de parents qui souhaiteraient s'assurer de la virginité de leur fille. Les médecins doivent bien sûr s'y refuser. Ils sont là pour soigner, pas pour expertiser d'une manière privée ! Et, de toute façon, ils n'ont pas d'informations à communiquer aux parents, sauf si la fillette ou la jeune fille a été victime d'une agression. La jeune fille qui, malgré elle, aura été présentée à un médecin pour que sa virginité soit vérifiée pourrait prévenir directement ou indirectement le conseil de l'ordre des médecins, afin que ce praticien peu respectueux de la déontologie de sa profession fasse l'objet de sanctions disciplinaires. Elle pourrait aussi porter plainte – toute personne même mineure peut porter plainte – pour qu'il soit poursuivi pénalement pour violation du secret professionnel (art. 226.13 CP) : il risque alors un an d'emprisonnement et 15 000 euros d'amende.

Les Nations unies ont lancé en octobre 2018 une campagne pour mettre fin aux tests de virginité, c'est-à-dire à ces examens gynécologiques censés permettre de déterminer si une fille ou une femme ont eu un rapport vaginal. Ce test de virginité perdure dans une vingtaine de pays, majoritairement en Asie, au Moyen-Orient et en Afrique. L'ONU les considère comme « une pratique médicalement inutile, souvent douloureuse, humiliante et traumatisante ».

## *L'accès aux soins*

### 220. *Mon fils doit-il donner son accord sur les soins qui lui sont prodigués ?*

La question ne se posera véritablement que pour des situations particulièrement graves et à un certain âge.

Le jeune enfant qui se blesse acceptera bien volontiers d'être soigné, voire viendra lui-même demander des soins. La question se pose différemment pour un adolescent pour lequel les médecins proposent une opération chirurgicale sérieuse et aléatoire. Il faudra souvent faire preuve de conviction, comme souvent pour des adultes. Les médecins pourront difficilement passer en force.

### 221. *Des médecins peuvent-ils passer outre à l'avis des parents ?*

Oui, dans certains cas limites. Les médecins peuvent-ils interrompre les soins à une mineure en état végétatif si ses parents s'y opposent ? C'est cette question extrêmement grave que le Conseil d'État a dû trancher. La plus haute juridiction administrative française a en effet examiné le 28 décembre 2017 le cas d'une adolescente, prénommée Inès, qui se trouve dans un état végétatif depuis quelques mois. Elle a été saisie par les parents, opposés à la décision prise le 7 décembre par le tribunal administratif de Nancy de valider l'arrêt des soins prodigués à Inès, comme l'ont souhaité les médecins à l'issue d'une procédure collégiale.

Les experts médicaux avaient en effet conclu au caractère irréversible de l'état de la jeune patiente.

L'adolescente de 14 ans souffre depuis 2014 de myasthénie auto-immune, une maladie neuromusculaire entraînant un affaiblissement généralisé. Elle a été admise au CHU de Nancy fin juin après avoir été victime d'une crise et d'un arrêt cardiaques. Les médecins sont parvenus à la réanimer, mais la jeune fille est depuis placée en état végétatif.

Il n'est pas certain qu'elle ne puisse pas se réveiller. Son père, sa sœur, son frère sont contre l'arrêt des soins. Pour la mère, au regard de ses convictions religieuses, donner son accord à la décision des médecins serait « un crime ».

La loi considère comme traitement la nutrition et l'hydratation artificielles, et précise qu'elles peuvent être suspendues ou arrêtées, dans le cas d'une décision d'arrêt de traitement prise par un médecin.

La loi française permet de mettre un terme aux traitements s'ils sont jugés inutiles, disproportionnés ou destinés au maintien artificiel de la vie. Le médecin souhaitant entamer un arrêt des traitements doit engager une procédure collégiale, avec les membres de l'équipe de soins, ainsi qu'un médecin extérieur appelé en qualité de consultant. Si le malade est inconscient, sa personne de confiance ou ses proches doivent obligatoirement être consultés, mais les médecins ne sont pas tenus de suivre leur avis. Et c'est précisément sur la place de la famille, particulièrement dans le cas d'un malade mineur, que le Conseil d'État est invité à se prononcer.

Mi-septembre, l'avocat de l'hôpital avait pour sa part assuré que les médecins n'avaient pas l'intention d'aller à l'encontre des parents. « Il n'est pas question de débrancher Inès sans l'accord des parents », avait-il affirmé.

Ce n'est pas la première fois que le Conseil d'État se prononce sur le sujet. En mars 2017, le juge des référés avait ordonné la poursuite des traitements délivrés à une fillette de 16 mois atteinte de séquelles neurologiques graves. La justice avait estimé que ceux-ci ne relevaient pas d'une obstination déraisonnable.

Dans ces situations extrêmement lourdes et délicates, « les conflits entre les parents et les équipes médicales ne sont pas rares », admet un pédiatre spécialisé en soins palliatifs. Selon ce spécialiste, à qui il arrive d'être confronté à de tels cas, « toute la question est de savoir ce que l'on entend par “prendre soin” de l'enfant ».

« Dans nos pays industrialisés, on a souvent l'impression que plus on soigne, mieux c'est. La technicité peut être rassurante. Mais il y a un point où commence le déraisonnable », explique encore ce pédiatre.

« La famille pense que les traitements contribuent au soin de l'enfant, alors que les médecins jugent au contraire qu'ils vont à son encontre », poursuit-il. Il évoque, pour chaque cas, « forcément particulier », la nécessité d'un « cheminement » entre les deux parties. « La plupart du temps, on y arrive. Il est exceptionnel que ces affaires soient évoquées dans les journaux ou se retrouvent devant la justice », insiste-t-il.

Le Conseil d'État a rendu sa décision en janvier 2018 en passant outre à la volonté parentale.

**222. *J'ai compris que mon fils avait vu notre médecin. Celui-ci refuse de me dire de quoi il retourne. Est-ce normal ?***

Oui, au risque de vous surprendre ! Pour des raisons qui sont les siennes – suspicion de sida, grossesse, etc.

– votre fils ou fille a souhaité consulter seul un médecin plutôt que de vous en parler ou de vous demander de l'accompagner. Il a exigé du médecin le respect de la confidentialité de cet examen. La loi l'y autorise et *a priori* punirait le médecin sur le plan disciplinaire, civil et pénal s'il ne respectait pas cette confidentialité.

En effet, désormais la loi considère que l'enfant est pleinement une personne. Comme tel, il bénéficie de la garantie de la confidentialité au regard des informations détenues par des professionnels avec lesquels il est en relation.

Nul n'ignore que le médecin est tenu au secret professionnel prévu au code pénal (art. 226-13 sur le secret : un an d'emprisonnement). S'il est amené à intervenir pour un enfant qui le sollicite ou qu'il est amené à observer, il lui doit donc la confidentialité.

Généralement, l'enfant vient consulter avec ses parents ; le problème se pose rarement. La difficulté apparaît si l'enfant prend l'initiative de consulter seul.

Si l'enfant le lui demande, il doit ne rien dire à quiconque, même s'il a tenté en vain de le convaincre de l'autoriser à parler à ses parents. Il n'est autorisé à dépasser ce blocage que si le diagnostic vital est engagé et qu'il faut mobiliser les parents.

L'article L. 1111-2 CSP mérite d'être cité, tant il peut dérouter :

« *Toute personne a le droit d'être informée sur son état de santé. Cette information porte sur les différentes investigations, traitements ou actions de prévention qui sont proposés, leur utilité, leur urgence éventuelle, leurs conséquences, les risques fréquents ou graves normalement prévisibles qu'ils comportent.* [...]

*Cette information est délivrée au cours d'un entretien individuel.*

*La volonté d'une personne d'être tenue dans l'ignorance d'un diagnostic ou d'un pronostic doit être respectée, sauf lorsque des tiers sont exposés à un risque de transmission.*

*Les droits des mineurs ou des majeurs sous tutelle mentionnés au présent article sont exercés, selon les cas, par les titulaires de l'autorité parentale ou par le tuteur.* [...] *Les intéressés ont le droit de recevoir eux-mêmes une information et de participer à la prise de décision les concernant, d'une manière adaptée à leur degré de maturité s'agissant des mineurs* [...]. »

S'il y a un danger majeur, le médecin n'a pas à solliciter l'avis de quiconque.

Ainsi, l'enfant a le droit d'accéder à toutes informations qui le concernent. Il peut révéler à qui il veut, notamment à ses parents, son état (une grossesse, par exemple).

Vis-à-vis de tiers, le médecin doit être taisant.

Vis-à-vis des institutions de protection de l'enfance notamment – police, ASE, parquet –, le médecin doit se taire, mais devra intervenir sur la situation pour faire cesser le danger ou la réitération du péril. Par exemple, un mineur qui consulte un médecin pour un problème de maladies sexuellement transmissibles ou pour une grossesse dans la perspective d'une IVG, ou une demande de la pilule du lendemain, se voit garantir un secret absolu.

## Dans la vie quotidienne

### 223. *Mon fils de 16 ans passionné d'aviation veut passer le brevet de pilote. Est-ce possible et dois-je donner mon accord ?*

Oui. Il peut le passer et prendre des cours en étant mineur.

Même s'il n'y a pas d'âge minimum prévu par la réglementation pour commencer la formation, le premier vol seul à bord (solo) ne peut intervenir avant 15 ans révolus.

La loi semble silencieuse, mais on vous demandera certainement votre accord pour cette activité à risque.

### 224. *Mon fils peut-il avoir un livret de caisse d'épargne ?*

Oui, tout enfant peut avoir un livret de caisse d'épargne où il pourra, ainsi que ses proches, déposer de l'argent. Mais il ne peut pas, sauf pour des sommes modiques, procéder à des retraits tant qu'il n'a pas atteint l'âge de 13 ans.

### 225. *Mon fils peut-il avoir un compte bancaire ou boursicoter ?*

Ouvrir un compte en banque ou en disposer n'est pas un acte de la vie courante.

La pratique bancaire – la loi étant silencieuse – fixe à 13 ans l'âge auquel un enfant peut ouvrir un compte, ce qui ne veut pas dire qu'il puisse retirer seul de l'argent sur son compte.

L'ouverture d'un compte bancaire permet aux membres de la famille de constituer un pécule à l'enfant lors des anniversaires, des fêtes, mais également de le responsabiliser.

Seuls les parents sont autorisés à ouvrir un compte en banque pour un mineur, notamment pour les jeunes enfants. Ce n'est qu'à 16 ans qu'un jeune peut ouvrir un livret A seul (sans ses parents).

Avant 12 ans, il existe le compte d'épargne bancaire. Il est rémunéré par la banque selon un taux qu'elle fixe elle-même. Mais les intérêts sont fiscalisés. Cet argent est disponible à tout moment. Vous pouvez également placer votre argent au nom de votre enfant en épargne logement (PEL, CEL), en assurance-vie… Ce qui lui permettra de disposer d'un capital à sa majorité. Vous pouvez également souscrire un livret A (dans toutes les banques) ou un livret bleu (Crédit Mutuel) rémunéré actuellement à 0,75 % net d'impôt (1er août 2017) dont le plafond est fixé à 22950 €. La rémunération est garantie par l'État.

À 12 ans, le livret jeune est accessible. Il s'agit d'un livret d'épargne dont les banques fixent librement le taux d'intérêt (au moins égal au livret A). Plafonné à 1600 €, intérêts capitalisés non compris, ce livret est disponible jusqu'aux 25 ans de l'enfant. Ce livret jeune est associé le plus souvent à une carte de retrait. Seul un compte créditeur permet d'effectuer des retraits. Certaines banques permettent aux parents de fixer le montant maximal des retraits par période de temps (toutes les semaines ou tous les mois).

À partir de 16 ans, l'enfant peut disposer d'un compte courant avec un chéquier et d'une carte de paiement. Les parents doivent néanmoins donner leur accord et se porter caution. En cas d'incidents bancaires (débit substantiel, chèque sans provision…), l'établissement financier se tourne vers les parents. Afin de limiter ce type de désagrément, certaines banques proposent des cartes de paiement avec autorisation préalable. Les retraits et les paiements ne sont alors possibles que dans la limite de la somme disponible sur le compte.

À sa majorité, il est possible à votre enfant d'ouvrir un compte bancaire, de disposer de moyens de paiement, et de contracter un crédit sans votre autorisation. D'une manière générale, les banques adaptent leurs produits financiers à cette tranche d'âge. En cas de demande particulière (prêt important…), les banques demandent le plus souvent que les parents se portent garants. Aucun découvert n'est possible.

> *On voit bien combien a cédé le principe selon lequel l'enfant était incapable d'accomplir certains actes de la vie civile. Il y a quelques années, une banque avait un bon slogan que l'on peut appliquer aux jeunes : « Votre argent m'intéresse. » En approchant très tôt de jeunes clients, les banques essaient de se constituer un socle de clientèle.*
>
> *Par exception, avec l'accord explicite de la loi, un enfant peut ouvrir seul un livret de caisse d'épargne sans l'autorisation de ses parents ou représentants légaux. Il peut y faire des dépôts. En revanche, les retraits sont soumis à l'accord des parents avant 16 ans. À partir de 16 ans, il dispose de son argent, sauf opposition des parents ou de son représentant légal (art. L. 221-4 du code monétaire et financier).*

Un enfant peut adhérer à un club d'investissement à partir de 12 ans. L'initiation se fait très tôt afin de faire de bons boursicoteurs “accros” qui, devenus adultes, continueront d'investir en Bourse. Les risques sont limités à la somme initiale investie avec l'accord des parents.

### 226. *Mon fils veut faire un testament. Est-ce possible ?*

Oui, sous conditions.

Avant 16 ans, sauf s'il est marié, un mineur ne peut pas faire de testament. Au-delà, il ne peut léguer que la moitié de ce qu'un majeur pourrait léguer, à moins – survivance d'une autre époque – qu'il ne soit appelé sous les drapeaux en temps de guerre (art. 901 à 904 CC).

Une précaution est prise :

« *Le mineur, quoique parvenu à l'âge de 16 ans, ne pourra, même par testament, disposer au profit de son tuteur.* »

C'est une précaution pour que celui qui a en charge le futur défunt ne puisse pas se voir léguer quoi que ce soit par celui-ci. On le sait pour les médecins et les infirmiers (art. 907 CC).

Cette disposition ne fait pas obstacle à ce qu'un parent soit héritier d'un enfant décédé sur la base des règles générales de la dévolution des successions.

## En cas de délit commis par l'enfant

### 227. *Les policiers sont-ils en droit d'emmener mon fils mineur au commissariat ?*

Oui, mais il doit y rester le moins longtemps possible.

*A priori*, la place d'un enfant – c'est-à-dire d'une personne de moins de 18 ans – n'est pas dans des locaux de police au regard des événements traumatisants qui peuvent s'y dérouler.

Cependant, les circonstances de la vie peuvent conduire un enfant dans ces locaux de police.

D'abord, dans le cas d'enfants en danger ou tenus pour l'être, comme par exemple un enfant trouvé dans la rue, sans papiers et incapable de donner des éléments permettant de joindre ses parents dans l'instant. On pourra le conduire au poste et l'y garder durant quatre heures, le temps de procéder à des recherches. Si ses parents sont retrouvés, il faudra apprécier ce qui a pu générer cette situation et en tirer les conclusions ; si les parents ne sont pas identifiés ou joignables *via* le procureur de la République, des mesures de précaution devront être prises. L'enfant sera notamment orienté vers les services sociaux et quittera le commissariat.

Des enfants peuvent également être invités à venir au commissariat comme témoins accompagnés de leurs parents pour y être entendus. Ils y resteront le temps strictement nécessaire à cette audition.

Si l'enfant est plus ou moins lié à des actes de délinquance, il peut être conduit ou convoqué au commissariat le temps d'y être entendu.

Il ne pourra y séjourner qu'à partir de 10 ans, dans le cadre de ce que l'on appelle une retenue. S'il existe des éléments à charge contre lui et sur décision du procureur de la République, le ministère de la Justice sera immédiatement informé. Ce séjour ne peut pas excéder douze heures, il est renouvelable une fois sans qu'il soit nécessaire d'aller jusqu'au bout de ce délai.

À partir de 13 ans, il peut être placé en garde à vue, là encore s'il est soupçonné d'être l'auteur d'un acte délictueux (voir question 83).

En cas de retenue ou de garde à vue, les parents doivent être informés.

## En cas de décès des parents

### 228. *Que se passera-t-il pour nos enfants si l'un de nous décède ?*

Dans l'hypothèse où l'un des parents décède, si les parents exerçaient conjointement les responsabilités sur l'enfant, logiquement, le survivant devient *a priori* totalement investi de l'autorité parentale ou la retrouve en entier s'il en était partiellement privé (art. 373-1 CC).

*A priori*, car, de son vivant, le parent qui avait l'enfant à charge a pu, par précaution, obtenir du JAF que, dans le cas où il décéderait, les responsabilités de l'exercice de l'autorité parentale soient confiées à une personne donnée. Ce sera le cas dans des affaires de violences ou quand le parent aura des conditions de vie particulièrement préoccupantes pour la sécurité d'un enfant.

Au décès du parent qui élève l'enfant, le jugement produira ses effets, mais le parent privé de l'exercice de l'autorité parentale pourra tenter de faire revenir la justice sur cette décision (voir question 53).

**229. *Mon ex est dangereux. Puis-je anticiper et désigner celui ou celle qui s'occupera de mon enfant si je décède ? Quelle est la valeur de cet acte ?***

Oui. Depuis 1993, à l'occasion d'une procédure de séparation, que le couple soit marié ou non, il est possible de paralyser les dispositions légales (art. 373-1 CC) qui veulent que le parent survivant jouisse de la plénitude de l'exercice de l'autorité parentale sauf à avoir été l'objet d'une procédure de retrait de l'autorité parentale.

Par anticipation, « *dans des circonstances exceptionnelles* », le juge pourra confier l'enfant à votre demande à une tierce personne, par exemple, l'un ou l'autre des grands-parents, un oncle ou une tante de l'enfant, voire à l'un de vos proches que vous désignerez avec son accord (art. 373-3 al. 3 CC).

Cette règle qui vaut pour les couples, mariés ou non, est intéressante, car elle peut éviter qu'on saisisse le juge des enfants en urgence, comme on l'a vu fréquemment, à la perspective inquiétante pour les proches du défunt de voir l'enfant partir, après l'enterrement de son père ou de sa mère, avec un parent quasi inconnu. Mais il revient aux magistrats de faire un usage modéré de cette possibilité dans l'ambiance conflictuelle qui peut dominer une séparation, sachant par ailleurs que l'influence des beaux-parents ou des membres de la famille de l'un des parents peut jouer un rôle non négligeable.

Bref, le fait de confier l'essentiel des responsabilités concernant l'enfant à l'un des parents dans le temps de la séparation sous prétexte que le couple parental est dissocié ne veut pas dire que l'autre parent a démérité et doit perdre toute perspective d'élever un jour l'enfant. En revanche, une séparation sur fond de violences conjugales majeures, *a fortiori* si des faits de violences notamment sexuelles se sont produits, entre dans l'épure : on peut imaginer combien il serait incongru que le décès du parent qui a protégé l'enfant ouvre la voie à un retour de l'enfant auprès d'une personne dont le comportement passé a été contestable. Il lui reviendra de convaincre le JAF qu'il n'est plus celui-là ou que les conditions ont changé, ne serait-ce que parce que l'enfant a grandi.

En tout état de cause, si on peut prévoir beaucoup de choses, il faudra aussi tenir compte des réactions de l'enfant, liées à son âge et à sa personnalité, quand il perdra le parent avec lequel il vivait : il pourra souhaiter ne pas rejoindre l'autre parent, ou, à l'inverse, trouver naturel de revenir vers lui.

La décision initiale du JAF est donc un révélateur des intentions du parent soucieux de ménager l'avenir. Elle sert de point de repère. À l'autre parent qui voudrait recouvrer ses droits de prouver qu'il en est capable.

### 230. *Qui gérera les biens de nos enfants si l'un de nous décède ?*

Il y aura lieu à ouverture d'une tutelle aux biens sous l'autorité du juge des tutelles.

Le parent survivant à qui échoit l'autorité parentale doit, après décès de l'autre parent, effectuer plusieurs démarches pour pouvoir administrer les biens des enfants mineurs.

En premier lieu, il lui faudra établir un inventaire ; dans le cas contraire, outre la perte de la jouissance légale de ces biens, il risque une amende.

Sous le contrôle du juge des tutelles, le parent survivant doit se charger de la gestion du patrimoine de l'enfant. Il ne pourra pas disposer des biens immobiliers dont l'enfant aurait pu hériter sans l'accord du juge. D'une manière générale, pour tous les actes de « disposition » qui entraînent une modification importante du patrimoine de l'enfant (vente d'un bien, emprunt, etc.), il doit demander l'autorisation du juge des tutelles.

En revanche, il pourra accomplir, sans en référer au juge, des actes dits « conservatoires » afin de sauvegarder le patrimoine sans compromettre les droits de l'enfant. Il peut s'agir, par exemple, de réparations urgentes du logement ou de la souscription d'une assurance multirisque habitation.

Le parent peut également réaliser des actes « d'administration ». Il s'agit de l'exploitation ou de la mise en valeur du patrimoine, comme des travaux d'entretien, la signature d'un bail d'habitation ou la perception de loyers.

Le père ou la mère en vie doit déposer les capitaux sur un compte ouvert au nom du ou des enfants,

portant mention de leur minorité. Il est dans l'obligation de rendre compte de la gestion du compte, sauf si l'encours est très faible. Enfin, il doit respecter les indications du juge quant à l'usage des sommes en espèces détenues par l'enfant.

**231.** ***Si nous décédons tous les deux alors que nos enfants sont encore mineurs, que se passera-t-il ?***

Tous les enfants mineurs bénéficient d'une tutelle que la loi qualifie de charge publique (art. 394 CC « *La tutelle, protection due à l'enfant, est une charge publique. Elle est un devoir des familles et de la collectivité publique.* »). Les parents l'exercent *a priori*.

Au décès des parents d'enfants mineurs, ou encore s'ils ont disparu, un tuteur sera désigné, assisté d'un conseil de famille (art. 390 CC), sous l'autorité du juge des tutelles.

L'institution importante est le conseil de famille qui désigne le tuteur et le subrogé tuteur qui décideront des actes importants (art. 401 CC).

Il « *règle les conditions générales de l'entretien et de l'éducation du mineur en ayant égard à la volonté que les père et mère avaient pu exprimer.*

*Il apprécie les indemnités qui peuvent être allouées au tuteur.*

*Il prend les décisions et donne au tuteur les autorisations nécessaires pour la gestion des biens du mineur* [...].

*Le conseil de famille autorise le mineur âgé de seize ans révolus à accomplir seul les actes d'administration nécessaires pour les besoins de la création et de la gestion d'une entreprise individuelle à responsabilité limitée ou d'une société unipersonnelle* ».

C'est le juge des tutelles, fonction exercée par le JAF, qui sera en charge de déléguer la tutelle. Il préside le conseil de famille dont il a désigné les membres, si possible dans les deux branches familiales de l'enfant.

### 232. *Qu'est-ce que la tutelle à la personne ?*

Si les parents sont dans l'impossibilité d'exercer l'autorité parentale, parce que décédés, absents ou juridiquement incapables, il faudra pallier cette difficulté en désignant un tuteur.

Un membre de la famille ou un proche pourra être désigné par le juge des tutelles avec consultation du conseil de famille. Ce pourra être le préfet si l'enfant est devenu pupille de l'État. Un conseil de famille assistera le préfet.

## Héritage

### 233. *Puis-je donner par anticipation à son héritage de l'argent à mon enfant ?*

Oui. On parle de donation en avance sur héritage. Cela portait jusqu'en 2006 le nom d'« avance d'hoirie ». Cette dénomination a été modifiée par la loi du 23 juin 2006. Elle est devenue « avancement de part successorale ».

De son vivant, chacun peut prévoir une donation afin d'avantager un héritier mais aussi un tiers à sa succession, en lui transmettant tout ou partie de son patrimoine.

La donation permet d'anticiper la transmission du patrimoine qui a lieu en principe lors de la succession.

Ce mécanisme est intéressant, car l'allongement de l'espérance de vie implique des décès tardifs et des successions au profit des enfants déjà âgés et installés. L'argent ne circule pas autant qu'il le devrait.

Il est d'autant plus intéressant que les pouvoirs publics, pour faciliter cette démarche, accordent un dégrèvement de droits de succession.

Elle est strictement encadrée, notamment en ce qui concerne l'avance sur héritage et la donation hors part successorale.

Elle peut être consentie à un enfant héritier réservataire:

– soit pour poursuivre des études: par définition, la donation en avance sur héritage est consentie à un enfant héritier réservataire;

– soit pour s'engager dans la vie professionnelle. L'enfant arrivé en âge de s'installer (local professionnel ou logement familial) ne dispose pas forcément des moyens financiers adéquats.

À ce moment-là, il est judicieux de consentir à une donation au profit de l'enfant: don d'argent, donation d'un bien immobilier, donation de valeurs mobilières, etc.

La donation en avance sur héritage n'est pas hors part successorale. Elle s'impute sur l'héritage à venir.

La donation manuelle ou notariée qui ne stipule pas la mention « donation hors part successorale » est considérée comme une donation consentie sur la part de réserve héréditaire de l'enfant.

Le bénéficiaire de la donation conserve le bien donné, mais ne reçoit que sa part de réserve héréditaire diminuée de la valeur de la donation antérieure.

L'héritier bénéficiaire de la donation antérieure n'est pas avantagé par rapport aux autres héritiers réservataires.

La valeur de la donation est évaluée au jour de la succession et non au jour de la donation, sauf en cas de donation-partage.

### 234. *Puis-je déshériter mes enfants, un en particulier, et pas les autres ?*

Non. On peut en penser ce qu'on veut, et se demander à quel titre un enfant doit avoir un titre sur un bien acquis par ses parents au prix de leur travail, mais les enfants se voient reconnaître par la loi une part du patrimoine de leurs parents dont eux-mêmes ont pu hériter. C'est ce que l'on appelle la part réservataire. Cette disposition législative est d'ordre public et les parents ne peuvent y déroger en aucune manière (art. 912 CC). Ainsi, le *de cujus* ne pourrait pas interdire à son héritier de disposer des biens qui lui seront dévolus par la loi.

C'est au jour du décès, au regard de l'état du patrimoine dans le cadre de la liquidation de l'héritage, que se détermine la quotité disponible.

En revanche, le parent peut disposer tout à fait librement du reste de sa fortune : la léguer à un autre enfant en sus de sa part réservataire ou à une tierce personne.

Reste que chacun est en droit de dépenser jusqu'à son dernier centime, de façon à n'avoir rien à léguer à quiconque. Éventuellement, pour faire annuler vos donations, ses héritiers pourront tenter de démontrer que vous n'aviez plus toute votre lucidité.

### 235. *Puis-je m'organiser pour ne plus rien avoir le jour de mon décès et éviter tout héritage ?*

Oui. Chacun est bien sûr libre de disposer de sa fortune de son vivant. Vous pouvez toujours essayer de répartir vos biens et vos avoirs, mais l'exercice n'est pas aisé, d'autant qu'il vous faut conserver un minimum pour vivre jusqu'au dernier moment dont normalement vous n'avez pas la date.

Dans la mesure où les héritiers potentiels pourraient établir que vous avez perdu la raison, ils obtiendraient de faire annuler ces donations. On l'a vu dans une procédure concernant la plus grande fortune de France qui a récemment défrayé la chronique.

### 236. *Mon fils mineur a hérité de ses grands-parents. Qui doit gérer ses biens ?*

Un mineur peut parfaitement posséder un patrimoine personnel, acquis par son travail ou plus souvent par héritage, rente accident ou donation. La gestion de ce patrimoine obéit à des règles spécifiques.

La gestion des biens du mineur est désormais soumise au seul régime de l'administration légale.

La loi distingue les actes de disposition et les actes d'administration.

Les actes d'administration relèvent de la gestion courante du patrimoine du mineur. Il s'agit des actes qui permettent l'exploitation ou la mise en valeur des biens. Les actes d'administration ne font courir aucun risque anormal au patrimoine en question et ne modifient pas sa nature.

Les actes de disposition engagent le patrimoine du mineur, modifient sa nature ou l'exposent à un risque anormal.

Classiquement, l'un ou l'autre des parents ou les deux parents peut effectuer des actes d'administration sans avoir à solliciter l'autorisation du juge des tutelles, à la différence des actes de disposition. Depuis le 1er janvier 2016, les deux parents peuvent effectuer ensemble des actes de disposition sur le patrimoine du mineur. L'autorisation du juge des tutelles est toutefois nécessaire :

– en cas de désaccord entre les parents,

– pour un certain nombre d'actes de disposition spécifiés par la loi (la souscription d'un emprunt au nom du mineur, la vente ou l'apport en société d'un immeuble ou d'un fonds de commerce, la renonciation à un droit ou à une succession, etc.).

Même avec l'autorisation du juge des tutelles, les parents ne peuvent pas effectuer certains actes de disposition, qui sont donc strictement interdits par la loi comme l'exercice d'une activité professionnelle au nom du mineur ou encore l'aliénation gratuite de biens ou de droits appartenant au mineur.

L'apport en société d'un immeuble ou d'un fonds de commerce exige l'autorisation du juge des tutelles. En revanche, l'apport en numéraire au capital d'une société est un acte de disposition qui peut être effectué par les deux parents sans autorisation préalable du juge des tutelles.

## 237. *Quand y a-t-il lieu à tutelle aux biens ?*

Quand les deux parents sont décédés ou ont fait l'objet d'un retrait de l'autorité parentale, ou encore quand l'enfant n'a ni père ni mère, la gestion des biens est confiée à un tuteur.

Celui-ci est désigné par le juge des tutelles en fonction des dernières volontés des parents ou de l'existence d'un ascendant encore en vie. À défaut, il nomme un tiers compétent, en accord avec le conseil de famille.

Cette institution comprend quatre à six membres, choisis par le juge parmi les parents et amis de l'enfant. Seuls les revenus du travail du mineur lui appartiennent en propre, sachant qu'il ne peut pas travailler *a priori* avant 16 ans, mais qu'il peut être apprenti ou avoir des revenus d'activité de spectacle. Les parents ont alors l'obligation de les capitaliser sans en profiter personnellement.

# 9

# VEILLER AUX RELATIONS DES ENFANTS AVEC DES TIERS

## *Tout enfant vit en réseau*

*Pour essentiels auprès de leur enfant, les parents ne sont pas les seuls membres dans son environnement réel ou virtuel : les éventuels frères et sœurs, « demi-frères » et « demi-sœurs », les grands-parents du fait de l'allongement de la vie, et désormais de plus en plus souvent, à travers les familles recomposées, des beaux-parents, voire des ex-beaux-parents, qui ont engagé une relation forte sur la durée avec lui, tous comptent.*

*Ils composent la famille au sens large du terme et sont dans une relation réciproque de droits et de devoirs, de solidarité. L'enfant est à chacun, avec des nuances, et doit voir cet attachement reconnu.*

*L'expérience montre que si certains enfants sont livrés à eux-mêmes, délaissés, en déshérence faute d'autorité protective s'exerçant sur eux et pour eux, d'autres au contraire débordent d'adultes qui, chacun, forme un projet éducatif pour lui ! Ces situations ont une conséquence commune pour l'enfant : elles créent une forme d'insécurité et une nécessité de réagir, cette réaction pouvant aller jusqu'à la toute-puissance.*

*Pour autant, ces différents adultes n'ont pas à l'égard de l'enfant les mêmes droits et devoirs que les parents. Il est même essentiel d'éviter toute confusion : les grands frères ou les grandes sœurs ne doivent pas se substituer aux parents, même si ceux-là sont dépassés et que les beaux-parents ont de facto des responsabilités au quotidien que le parent éloigné ne vivant pas avec l'enfant ne peut pas exercer et réciproquement. On ne doit pas confondre mère et belle-mère, père et beau-père. De la même façon, les responsabilités des grands-parents ne sont pas celles des parents ; ils ne doivent pas se substituer à eux, sauf décision judiciaire exceptionnelle.*

*Dans l'intérêt bien compris de l'enfant et de tous ses proches, il est essentiel que chacun soit au clair sur ce qu'il lui revient de faire. Il y va aussi de l'intérêt de l'enfant qu'il sache ce qui relève de l'un ou de l'autre afin de ne pas se retrouver prisonnier des jeux de pouvoir. Et plus encore, au moment de l'adolescence, d'être tenté de jouer des conflits existant entre les uns et les autres pour installer une forme de toute-puissance qui peut conduire à tous les dérapages.*

*L'enfant a besoin de repères clairs pour grandir, notamment de savoir, implicitement ou explicitement, ce qu'il peut attendre de l'un ou de l'autre de ceux qui l'environnent. Des adultes au clair sur leurs compétences, c'est aussi autant de tensions et de conflits prévenus.*

## Les relations avec les beaux-parents

**238.** ***Le fils de ma femme refuse de m'obéir en me disant régulièrement : « Qui t'es toi ? » Ai-je des droits à son égard ?***

En l'état de notre droit, non.

Il serait opportun que la loi vienne enfin dire que les beaux-parents peuvent et doivent légitimement accomplir les actes de la vie quotidienne concernant l'enfant avec lequel ils vivent. Il ne s'agit pas de concurrencer les personnes avec lesquelles l'enfant ne vit pas : elles demeurent seules compétentes s'agissant des actes importants comme l'orientation scolaire ou la sortie de territoire.

En revanche, s'agissant des sorties quotidiennes, des heures de coucher ou autres décisions de la vie courante, il est essentiel d'investir les beaux-parents quand trop d'enfants sont dans la toute-puissance et jouent les adultes les uns contre les autres en profitant des silences de notre dispositif juridique.

On mesurera l'urgence de clarifier cette question en rappelant que 2 millions d'enfants vivent ainsi avec un adulte qui n'est pas leur parent biologique et juridique. Il est important de clarifier les choses aux yeux des enfants, mais également aux yeux des adultes présents autour d'eux qui sont souvent dans l'incertitude sur ce qu'il leur revient de faire ou pas.

### 239. *L'ami avec lequel je suis pacsé a-t-il des droits et des devoirs sur mon enfant ?*

Pas de droits, mais éventuellement des devoirs.

Le PACS ne crée pas de lien entre l'enfant et la personne avec laquelle le parent qui élève l'enfant est pacsé. Seules la ou les personnes qui ont reconnu l'enfant ont ou exercent l'autorité parentale.

Tout au plus, en cas de séparation, cette personne pourra revendiquer un droit de visite sur l'enfant (art. 371-4 CC).

Au quotidien, durant le temps de l'union, cette personne exerce les actes de la vie courante à l'égard de l'enfant, dès lors que vous ne vous y opposez pas.

Il faut relever que le fait d'être dans une relation d'autorité – au moins morale – pourra être tenu comme une circonstance aggravante en cas de violences physiques ou sexuelles à l'égard de l'enfant.

**240. *Mon fils continue à voir mon ex-compagnon qui n'est pas son père. Comment puis-je m'y opposer ?***

Difficile. Votre fils a le droit d'entretenir des relations avec cette personne et réciproquement. En cas de désaccord de votre part, il doit obtenir une décision de justice. Votre enfant ne peut pas saisir le juge, mais votre ex-compagnon le peut.

Article 371-4, alinéa 2 :

« *Si tel est l'intérêt de l'enfant, le juge aux affaires familiales fixe les modalités des relations entre l'enfant et un tiers, parent ou non, en particulier lorsque ce tiers a résidé de manière stable avec lui et l'un de ses parents, a pourvu à son éducation, à son entretien ou à son installation, et a noué avec lui des liens affectifs durables.* »

On relèvera qu'il faut établir une relation forte et un investissement tout aussi réel au bénéfice de l'enfant.

Cette disposition, précisée en 2013, s'entend bien, car on ne peut pas vivre sur une longue durée avec un enfant, sinon l'avoir à charge et l'élever, sans s'y attacher et souhaiter voir ses relations perdurer par-delà la séparation conjugale. L'enfant n'est pas un objet insensible qui peut passer de mains en mains. Il peut aussi s'attacher aux adultes qui partagent sa vie. Le JAF décidera, à défaut d'accord entre les intéressés. Il prendra en compte l'intérêt de l'enfant. À tout le moins faut-il que l'enfant, s'il est en état de donner son avis, puisse s'exprimer. Peu importe que cette ex-compagne ou cet ex-compagnon soit du même sexe que le parent dont il est séparé. Concrètement, le juge peut admettre un droit de correspondance, mais aussi un droit de visite et d'hébergement.

**241.** ***Mon mari, qui n'est pas le père de mes enfants, peut-il être candidat aux élections de parents d'élèves?***

Non, puisqu'il n'est pas parent de l'enfant.

**242.** ***Quels sont les droits et les devoirs de mon mari sur mes enfants qui ne sont pas les siens?***

C'est la vraie question du moment qui concerne plus de 6 à 8 millions de personnes, enfants et adultes: clarifier les responsabilités des beaux-parents à l'égard des enfants avec lesquels ils vivent. Qui doit décider de quoi entre le parent biologique et le beau-père ou la belle-mère? À qui l'enfant doit-il obéir?

Cette clarification s'impose pour faciliter la vie quotidienne au sein de la famille, apaiser des tensions *(« Tu n'es pas mon père! Tais-toi!»)* et dépasser des malaises ou non-dits, le beau-père ou la belle-mère ne sachant pas jusqu'où aller pour relayer ou soutenir son/sa conjoint(e)/partenaire. Ces tensions ne manquent pas de rejaillir sur la vie de couple quand déjà la situation est délicate pour l'enfant qui voit s'installer à la maison quelqu'un avec lequel il ne s'entend pas nécessairement. Elle s'impose encore plus parce que trop d'enfants profitent du malaise entre adultes pour assurer leur toute-puissance.

Notre droit est silencieux sur ces questions. Tout au plus prévoit-il qu'en cas de séparation, celui qui est lié à un enfant et réciproquement peut demander à entretenir des relations avec lui.

Le législateur qui a déjà eu le souci de veiller à ce que le parent qui n'a pas la résidence – souvent le père – ne démissionne pas mais au contraire se mobilise pour ses enfants craint que consacrer un « statut » du beau-père ou de la belle-mère n'aille à contre-sens.

Le développement des unions homosexuelles a pu servir aussi d'alibi pour ne rien faire, malgré les engagements pris. À l'inverse, certains ont cru qu'ils pourraient par ce biais faciliter la reconnaissance de la famille homosexuelle.

En d'autres termes, des beaux-parents jouissent d'une autorité morale à l'égard des enfants et peuvent au quotidien faire illusion aux yeux des institutions, mais, en droit, ils n'existent pas ou quasiment pas. On les tiendra cependant comme personne ayant autorité quand il s'agira de les sanctionner plus sévèrement dans leur comportement coupable à l'égard de leur belle-fille ou beau-fils.

Il est temps d'avancer, sans créer un « statut du beau-parent » en affirmant que celui-ci est en droit et en devoir d'exercer les actes de la vie quotidienne concernant les enfants avec lesquels il vit, le parent biologique et juridique ayant compétence sur les actes importants (voir p. 105)

### 243. *Le comportement de l'ami de mon ex-femme m'inquiète. Il prend des bains avec ma fille. Que faire ?*

Il est difficile de répondre d'une manière univoque à une situation qui peut être complexe et recouvrir le pire comme le moins grave.

Il convient déjà de vérifier de quoi on parle. D'où vient cette information et quelle crédibilité lui accorder ? Quel âge a votre fille ? Qu'en dit-elle exactement ?

Si vous êtes vraiment inquiet, selon vos relations avec votre ex-épouse, il faut lui en parler et voir comment elle réagit. Confirme-t-elle ? Banalise-t-elle ? Comment dénie-t-elle ?

Peut-être faudra-t-il alerter les services spécialisés de police ou de gendarmerie. Force est malheureusement de constater que, s'il peut y avoir des inquiétudes exacerbées, voire des mauvais coups montés contre le nouveau partenaire, des faits délictueux sinon criminels sont fréquents. Les policiers feront la part des choses. Soit pour vous rassurer, soit pour apporter la réponse qui s'impose.

## Avec les frères et sœurs, demi-frères et demi-sœurs

### 244. *Pourquoi séparer les frères et sœurs quand il y a des problèmes familiaux ?*

Ces dernières décennies, la loi est venue en plusieurs circonstances affirmer l'importance de maintenir par-delà les vicissitudes de la vie – recomposition familiale, prise en charge par des services sociaux – les liens entre frères et sœurs.

Article 371-5 CC :

« *L'enfant ne doit pas être séparé de ses frères et sœurs, sauf si cela n'est pas possible ou si son intérêt commande une autre solution. S'il y a lieu, le juge statue sur les relations personnelles entre les frères et sœurs.* »

Il était choquant qu'à l'occasion d'une séparation conjugale les frères et sœurs soient amenés à se séparer et à se perdre de vue.

De même, il était choquant de voir l'ASE séparer les frères et sœurs qui lui étaient confiés sans que cette séparation soit toujours justifiée par l'impossibilité de trouver une famille les accueillant tous ensemble.

L'orientation est claire.

Néanmoins, ce n'est qu'une orientation qui souffre encore trop d'exceptions, bien que la Cour européenne des droits de l'homme ait à plusieurs reprises condamné des États pour séparations injustifiées des frères et sœurs.

Et les demi-frères et demi-sœurs ?

La loi ne distingue pas entre demi ou frères et sœurs entiers.

**245. *Comment appeler l'enfant du mari de ma mère, ou de la femme de mon père ? Dois-je dire ma demi-sœur, ma quasi-sœur, la fille de la copine de mon père ?***

Les enfants qui vivent ensemble mais sont issus d'une union différente se posent régulièrement cette question de la définition de leur lien de parenté.

La loi est muette : dès lors qu'on a un parent en commun, on est juridiquement frère et sœur.

## Avec les grands-parents

**246.** ***Mes parents entendent se mêler de l'éducation de leurs petits-enfants. Le peuvent-ils ?***

C'est une caractéristique moderne des familles : les grands-parents non seulement sont vivants, mais dans un univers proche de leurs enfants et petits-enfants, voire arrière-petits-enfants. Mieux, ils disposent souvent de moyens économiques importants que n'ont pas les parents.

Dans la plupart des familles, les grands-parents jouent un rôle majeur auprès de leurs petits-enfants dans des relations apaisées et chaleureuses. On sait tous que les grands-parents sont avec la télévision l'un des modes de garde majeurs de la petite enfance ! La loi ne se mêle pas d'organiser ces relations.

Pourtant, il peut arriver que des tensions apparaissent entre les parents et leurs propres parents autour des petits-enfants. Certains grands-parents jugent les pratiques éducatives de leurs enfants, veulent leur donner des leçons, sinon se substituer à eux. Comme il est des parents, gendres ou belles-filles qui n'entendent pas que les grands-parents interfèrent en quoi que ce soit dans l'éducation donnée sinon dans les prescriptions plus ou moins draconiennes délivrées – nourriture, jeux, télévision, etc. Les prétextes à conflits plus ou moins tendus sont nombreux. Et parfois, ils se cristallisent sévèrement, à tel point que les grands-parents peuvent voir limitées leurs relations avec leurs petits-enfants.

Il leur revient de saisir le JAF pour faire établir leur droit de visite.

En revanche, les petits-enfants qui se voient privés de leurs grands-parents et ne les voient pas autant qu'ils le souhaiteraient ne peuvent rien faire directement. Il faudrait qu'ils prennent un administrateur *ad hoc* qui fera éventuellement appel à un avocat. Pourtant, les relations petits-enfants/grands-parents sont un droit de l'enfant et non un droit des grands-parents. Cependant, l'enfant ne peut pas agir en justice. Il devra attendre que les grands-parents prennent l'initiative de saisir le juge.

Art. 371-4 du code civil :

« *L'enfant a le droit d'entretenir des relations personnelles avec ses ascendants. Seul l'intérêt de l'enfant peut faire obstacle à l'exercice de ce droit.*

*Si tel est l'intérêt de l'enfant, le juge aux affaires familiales fixe les modalités des relations entre l'enfant et un tiers, parent ou non.* »

**247. *Mes enfants sont confiés à l'Aide sociale à l'enfance. Le juge peut-il autoriser mes beaux-parents à les voir contre mon gré ?***

D'évidence, la situation est délicate pour qu'un juge des enfants intervienne et le conflit avec vos beaux-parents n'arrange pas les choses et est peut-être à l'origine d'une partie des difficultés.

Le contentieux sur les relations enfants grands-parents relève du JAF (voir question 229). Mais si l'enfant est suivi par un juge des enfants, il revient à celui-ci de décider qui est en droit et selon quelles modalités d'entretenir des relations avec le ou les enfants concernés.

Il appréciera notamment en quoi le confit belle-fille/grand-parent peut être dépassé dans l'intérêt des enfants qui ont besoin de voir leurs grands-parents. Il tiendra compte de leur âge, de leur personnalité et de leurs propres attentes. Le service de l'ASE notamment fera remonter les attentes ou les refus des enfants. Le juge peut recevoir les enfants et les entendre sur ce point. Il tiendra également compte du point de vue des parents. Il tentera éventuellement une démarche de conciliation puis, en tout état de cause, il décidera. En effet, dans certains cas, pour permettre à la mère de se reconstruire et de vivre pleinement ses relations avec ses enfants, il faut tenir à l'écart des grands-parents perturbateurs et pathogènes. Dans d'autres cas, les grands-parents sont au contraire une bouée de sauvetage pour les petits-enfants.

Il peut aller jusqu'à autoriser non seulement un droit de visite mais encore un droit d'hébergement, s'il lui apparaît que ces relations avec les grands-parents sont essentielles pour les enfants.

### 248. Quid *des relations avec les arrière-grands-parents ?*

Les rapports des arrière-grands-parents avec leurs arrière-petits-enfants sont de la même nature que ceux des grands-parents : l'article 371-4 du code civil mentionne les relations avec les « ascendants », sans spécifier les degrés de parenté.

*A priori*, la loi n'interfère pas dans l'organisation de ces relations sauf s'il y a un conflit familial ou à la demande des intéressés. Le JAF sera alors amené à décider.

## Et qu'en est-il des tiers à part entière ?

**249.** ***Le médecin qui s'inquiète pour mon enfant pourrait-il faire un signalement à la police ?***

Oui, mais il n'y est pas obligé – il est tenu au secret professionnel – dès lors qu'il prend des dispositions tendant à faire disparaître la source du danger, mais en toute hypothèse il doit entreprendre quelque chose : parler ou agir. Le code pénal lui impose de faire cesser le danger «*par son action personnelle ou en provoquant des secours*» (art. L. 226-14 et L. 223-6 CP).

Il peut signaler à la Cellule de recueil des informations préoccupantes en demandant en retour à être informé des conclusions de l'évaluation qui sera faite et des décisions prises.

Il a encore la possibilité d'échanger discrètement avec le procureur ou le juge des enfants à la fois pour signaler la situation et pour pouvoir continuer son intervention.

À défaut, il engagerait sa responsabilité pénale.

**250.** ***Mon enfant se blesse alors que je ne suis pas présent. Peut-on l'emmener à l'hôpital sans mon accord ? Lui administrer des soins ?***

Bien sûr. Non seulement on le peut, mais on le doit.

Le bon sens veut que l'on prévienne au plus tôt les parents, mais on peut rencontrer des difficultés pour les joindre. On ne va pas attendre leur retour pour prendre des mesures provisoires. Les soins qui s'imposent en urgence auront été prodigués. Il peut s'agir d'un petit bobo mais également de faits plus conséquents qui justifieront un traitement médical approfondi, voire une intervention chirurgicale dans l'urgence.

Si on n'appelait pas les secours ou si on ne prodiguait pas les soins qui s'imposent, vous seriez en droit de demander des comptes, y compris devant le tribunal correctionnel, à celui ou ceux qui auraient failli. Vous pourriez même exiger des dommages et intérêts pour votre enfant et vous-même.

S'il n'y a pas urgence ou d'enjeu vital, on attendra votre accord pour pratiquer une intervention.

# 10

# ÊTRE PARENT UN JOUR, LE DEMEURER TOUJOURS…

## *Parent et enfant à vie*

*Son accession à la majorité donne à l'enfant le statut d'adulte. Il acquiert la plénitude de l'exercice de ses droits ; il devient un citoyen à part entière avec notamment le droit de vote aux élections publiques et, bien évidemment, il devient totalement responsable de ses actes : s'il cause un dégât à autrui, il devra le réparer sans que ses parents soient tenus de se substituer à lui ; s'il commet un délit ou un crime, par définition, il ne bénéficiera plus des garanties spécifiques du droit pénal des mineurs, notamment de l'excuse atténuante de responsabilité qui divise par deux la peine encourue par un enfant par rapport à celle encourue par un majeur. Bref, il a une pleine capacité juridique, civile, civique et politique.*

*Dès lors, il n'est plus sous l'autorité de ses parents ou tuteurs : il est « libre ».*

*Cela ne veut pas dire qu'il doive ou qu'il puisse rompre avec ses parents ! La plupart du temps, cette frontière des 18 ans est l'occasion d'une fête familiale – c'est un grand jour –, mais elle ne change rien à la vie pratique et quotidienne de l'enfant. Il vivra à la maison, continuera ses études, demandera conseil à ses parents (souvent aussi des sous !), suivra leurs recommandations, etc. Avant de voler vraiment de ses propres ailes, souvent bien plus tard quand il aura un emploi et/ou voudra se mettre en ménage.*

*Reste que son statut personnel a changé. Cela n'est pas indifférent, surtout si des tensions au sein de la famille existent ou surviennent. Il peut rester à la maison si ses parents le souhaitent, mais a-t-il un droit à y demeurer ? Il n'a plus formellement à demander des autorisations pour sortir et voir ses amis, mais peut-il se comporter comme à l'hôtel et déposer son linge pour qu'il soit blanchi ? Tout simplement, n'a-t-il pas lui-même des obligations envers ses parents ? Obligations juridiques, comme de les aider s'ils sont dans le besoin ou quand ils le seront ; obligation morale car une relation filiale existe entre eux qui n'est pas celle qui existe entre adultes ou entre copains.*

*De la même manière, sans nier que leur enfant soit devenu adulte au regard du droit, pour les parents, il reste leur enfant. Avec l'envie, l'obligation morale de s'en occuper, sinon s'en préoccuper. En commettant parfois des maladresses, car il a grandi, bien grandi. Reste que la loi elle-même leur impose des obligations, comme celle de contribuer aux études de leurs enfants. Leur tâche n'est pas achevée avec la majorité. Le voudraient-ils qu'ils ne pourraient renier le lien qui les unit : les enfants ne sont-ils pas héritiers réservataires du patrimoine de leurs parents ?*

*Plus tard, à l'occasion des unions et de l'arrivée de petits-enfants, une autre relation va se nouer.*

*Bref, une nouvelle phase de la vie familiale s'ouvre pour plusieurs dizaines d'années, de relations entre adultes, mais pas n'importe quels adultes : ascendants et descendants ! Avant qu'un jour, peu à peu, les enfants aient à s'occuper de leurs parents.*

*En tout cas, le droit a été conduit à se pencher sur cet après, qui peut parfois ne pas être tout rose.*

## 251. *Qu'est-ce que la majorité civile ?*

À sa majorité, tout individu est censé avoir acquis la capacité d'exercer personnellement tous les actes de la vie quotidienne en maîtrisant les enjeux, quitte aussi à en assumer pleinement les conséquences. Un enfant – la personne âgée de moins de 18 ans – est censé ne pas avoir la capacité d'apprécier ce qui est bon ou mauvais pour lui. Certes, il a des droits, mais ceux-ci sont exercés par ses représentants légaux, qui le représentent, l'autorisent ou, éventuellement, l'assistent.

Il va de soi que certains jeunes sont matures bien avant cet âge et que d'autres devront attendre longtemps pour obtenir ce niveau de maturité.

L'émancipation (voir question 186) prononcée par le juge des tutelles permet de déclarer majeur un jeune avant l'âge légal fixée à 18 ans depuis 1974 s'il s'avère capable de pourvoir à ses besoins et surtout de conduire sa vie.

## 252. *Mon fils est majeur, mais je reste inquiète de ses fréquentations. Que faire ?*

Juridiquement rien, sauf s'il est en danger physique. Il vous revient alors de faire appel aux secours nécessaires.

Pour le reste, il est majeur. Il fait ses choix et prend ses décisions. Il est censé être pleinement compétent.

Vous pouvez le conseiller. S'il vous le demande… Mais il faut tenir compte du fait qu'il a grandi. Si vous voulez trop précisément et ostensiblement vous mêler de sa vie et de ses fréquentations, vous risquez des « accidents relationnels ». Tout est affaire de doigté et de subtilité.

Il faut lui laisser mener sa vie et faire ses expériences.

### 253. *Dois-je continuer à financer les études de mon fils majeur, qui en est à son troisième changement d'orientation alors qu'il n'est plus sous mon autorité ?*

En tenant compte bien évidemment de vos moyens, la loi veut que vous contribuiez aux études de votre enfant devenu majeur, ce que la majorité des parents en France font à la hauteur de leurs moyens. Lui-même pourra, comme de nombreux jeunes, avoir un petit boulot, voire toucher une bourse.

Reste qu'en droit, vous vous devez de l'aider dans ses études dès lors que celles-ci sont adaptées à ses compétences et qu'il est sérieux dans leur suivi.

Si nécessaire, il est en droit de saisir la justice pour vous y obliger.

En effet, chacun des parents contribue à l'entretien et l'éducation des enfants à proportion de ses ressources, de celles de l'autre parent ainsi que des besoins de l'enfant ; cette obligation ne cesse pas de plein droit lorsque l'enfant est majeur. Cela concerne les couples mariés ou non mariés (art. 371-2 CC).

Encore faut-il que ces études ou cette formation soient sérieuses et adaptées et déjà soient suivies. Les juges du fond admettent que, compte tenu des difficultés d'orientation pour certains jeunes, il n'est pas nécessaire que les études s'inscrivent dans un cursus précis, il suffit que ces études apparaissent raisonnables et soient suivies avec sérieux.

Ainsi, des parents ont été déchargés de leur obligation d'entretien et d'éducation de l'enfant majeur, car la poursuite des études n'était qu'un prétexte pour n'exercer ou ne rechercher aucune profession ou emploi rémunérateur : ce jeune de 28 ans avait obtenu des diplômes universitaires et disposait de temps libre, mais au lieu de rechercher un travail à temps partiel qui lui permettrait de financer des études, il s'occupait à des activités bénévoles au sein d'associations sportives.

Les juges apprécieront le sérieux des études. Il est évident que si votre enfant a tout juste 19 ans, a commencé une fac de droit et a échoué, s'il s'oriente vers une fac d'anglais, vous pourrez difficilement arguer du fait que les études de droit n'étaient pas sérieuses. Votre enfant a droit à l'échec, au moins une fois. À l'inverse, si votre enfant ayant largement dépassé sa majorité a fait des études de droit, puis de lettres, puis de sciences pour finalement s'inscrire en langues, on peut affirmer que ses études ne sont pas raisonnables.

### 254. *Pouvons-nous demander une contribution financière à notre fils majeur qui vit à la maison ?*

Bien sûr. La loi ne vise pas cette situation, mais cela va de soi. Si votre fils a des revenus, rien ne s'oppose à ce que vous lui demandiez de participer un tant soit peu aux charges.

Vous en discuterez avec lui pour trouver une cote bien taillée avec l'idée symbolique de participer, le souci d'améliorer l'ordinaire du fait de la charge qu'il représente et tout simplement pour lui permettre de préparer l'étape suivante, celle de son envol. Il va de soi que cette démarche est purement privée et ne peut pas être sanctionnée en justice.

Soit votre fils accepte de participer, soit vous renoncez à votre demande, soit vous lui demandez de partir pour voler de ses propres ailes, mais la justice ne peut pas être saisie par l'un ou par l'autre.

### 255. *Pouvons-nous empêcher notre fils majeur de demeurer au foyer familial ?*

Une fois que votre enfant est majeur, vous n'avez plus l'obligation de l'héberger. Vous pouvez lui refuser votre domicile si vous estimez que la cohabitation est devenue impossible. Vous êtes en droit d'aspirer à une certaine quiétude.

En revanche, vous aurez éventuellement l'obligation de l'aider à poursuivre sa scolarité ou sa formation (voir question 138) dès lors que ces études sont adaptées à ses qualités et qu'il les suit avec sérieux. S'il est dans un besoin extrême, vous aurez l'obligation de l'aider financièrement.

### 256. *Mon fils pourrait-il me demander des comptes devant la justice au prétexte que je n'étais pas à la hauteur pendant son enfance ?*

Certains ont craint qu'on s'engage dans cette voie après les arrêts Perruche[1] – 2000 et 2001 – qui tenaient le médecin pour responsable de la naissance d'un enfant porteur d'un handicap alors que les parents ne

1. Du nom de cette famille dont la mère avait accouché d'un enfant gravement handicapé alors que les parents avaient explicitement demandé au corps médical en charge du suivi de la grossesse d'être informés de tout diagnostic de handicap, afin de procéder à une IVG le cas échéant. Parents et/ou médecins peuvent-ils engager leur responsabilité du fait qu'un enfant soit né avec un handicap ? L'enfant lui-même pourrait-il se retourner contre ses parents du fait de ses conditions de naissance, voire de sa conception ?

souhaitaient pas avoir à faire face à ce type de situation. Pouvait-on – d'abord le médecin, puis le parent – être rendu responsable de la naissance d'un enfant porteur de handicap?

On s'inquiétait ainsi qu'au bout du compte un enfant reproche à ses parents de l'avoir conçu et élevé dans des conditions de vie finalement difficiles: alcoolisme, maladie, précarité, etc. Dans cette dynamique, on pouvait même imaginer aller encore plus loin. Par exemple, un enfant reprochant à ses géniteurs de ne pas lui avoir consacré suffisamment de temps. Après tout, tout préjudice doit appeler à réparation, mais on voit bien la difficulté de l'exercice et encore plus la difficulté à placer des bornes.

En 2001, en brisant la jurisprudence Perruche, le parlement a coupé court à ces inquiétudes, indépendamment de faute médicale avérée dans l'intervention, les parents peuvent demander des indemnités correspondant à leur seul préjudice moral (privation de la possibilité d'interrompre la grossesse), le reste des allocations provenant de la «solidarité nationale».

On ne peut pas rechercher la responsabilité du médecin pour erreur de diagnostic. La loi a ainsi empêché qu'une spirale s'enclenche.

Il est vrai cependant que l'enfant qui aura été délaissé par ses parents et aura été confié à l'ASE pourra être exonéré de toute obligation alimentaire à l'égard de ses géniteurs. *A fortiori* pour l'enfant victime des mauvais traitements infligés par ses parents et constatés en justice. Dans la procédure pénale, il aura pu demander des dommages et intérêts à l'auteur ou aux complices de ces actes.

**257.** ***Mes enfants auront-ils à m'entretenir demain si je suis dans le besoin ?***

Oui. Selon la loi promulguée le 27 mars 1803 (un des plus vieux textes aujourd'hui en vigueur), « *les enfants doivent des aliments à leurs père et mère ou autres ascendants qui sont dans le besoin.* » (art. 205 CC)

Les enfants doivent apporter aide et soutien à leurs parents et autres ascendants.

Concrètement, cette obligation alimentaire est conditionnée à la fois par les besoins des ascendants et les moyens des enfants débiteurs. Il appartient à celui qui réclame des aliments de démontrer qu'il est dans la nécessité et hors d'état de pourvoir à ses besoins.

Il pourra arriver que des créanciers des ascendants comme l'hôpital ou l'Aide sociale se retournent contre les enfants pour qu'ils règlent les dettes de leurs parents.

DES MÊMES AUTEURS

*(suite)*

**Pierre Verdier**

*L'Enfant en miettes*, Dunod, 7e éd., 2013.

*Mon Enfant est placé, j'ai des droits*, livret, avec Le Fil d'Ariane, 2002.

*L'Adoption aujourd'hui*, Bayard, 6e éd., 1999.

**En collaboration**

*De la protection de l'enfance à la protection de l'enfant*, avec Christophe Daadouch, Berger Levrault, 3e éd., 2018.

*La Nouvelle Autorité parentale et les actions de soutien à la parentalité*, avec Catherine Sellen, Berger Levrault, 2e éd., 2016.

*L'Aide sociale à l'enfance*, avec Fabienne Noé, Dunod, 2013.

*La Réforme de la protection de l'enfance*, avec Michel Eymenier, Berger Levrault, 2e éd., 2012.

*Enfant de personne*, avec Geneviève Delaisi de Parseval, Odile Jacob, 1994.

*Cet ouvrage a été composé*
*Par Atlant'Communication au Bernard (Vendée)*

*Impression réalisée par*
*CPI France*
*en mars 2019*
*pour le compte des Éditions de l'Archipel*
*département éditorial*
*de la S.A.S. Écriture-Communication.*

*Imprimé en France*
N° d'impression : 151197
Dépôt légal : avril 2019